समकालीन पत्रकारिता
मूल्यांकन और मुद्दे

समकालीन पत्रकारिता
मूल्यांकन और मुद्दे

सम्पादक
राजकिशोर

वाणी प्रकाशन

वाणी प्रकाशन का 'लोगो'
विख्यात चित्रकार मक़बूल फ़िदा हुसेन की
कूची से

ISBN : 81-7055-336-9

वाणी प्रकाशन
21-ए, दरियागंज, नयी दिल्ली-110002
द्वारा प्रकाशित

फोन : 0091#11#23273167, 23275710
फैक्स : 0091#11#23275710
ई-मेल : vaniprakashan@gmail.com
vani_prakasha n@yahoo.com
वेबसाइट : www.vaniprakashan.com
प्रथम संस्करण : 1994
द्वितीय संस्करण : 2006
आवृत्ति : 2009
मूल्य : 250.00

आवरण : वाणी प्रकाशन
आर टेक ऑफसेट, प्रिंटर्स, दिलशाद गार्डन, दिल्ली-95
द्वारा मुद्रित

SAMKAALEEN PATRAKAARITA :
MOOLYANKAN AUR MUDDE
Edited by : Raj Kishore

श्री अशोक सेकसरिया को
जिनका पत्रकारिता से,
क्रिकेट की तरह ही,
प्रेम-घृणा का द्वन्द्वात्मक सम्बन्ध
रहा है

संपादक की बात

सबसे पहले मुझे यह स्वीकार करना चाहिए कि समकालीन पत्रकारिता की पड़ताल का यह काम उतने अच्छे ढंग से सम्पन्न नहीं हो सका जितने की अपेक्षा थी। इसकी मुख्य जिम्मेदारी मेरी ही है। मेरे सम्पर्क सीमित हैं, अतः बहुत-से ऐसे लोगों से लिखने के लिए आग्रह नहीं कर सका, जो इसके सहज अधिकारी हैं। कुछ ने वादा करके भी सहयोग नहीं किया, तो इसमें भी कुछ कमी मेरी ही होगी। फिर भी पाठकों के हाथ में यह सामूहिक पड़ताल रखते हुए मुझे एक तरह का आत्मसंतोष हो रहा है। सिर्फ इसलिए नहीं कि हिंदी में यह अपने ढंग की पहली पुस्तक है, बल्कि इसलिए भी कि इससे समकालीन पत्रकारिता—खासकर हिंदी—तथा उसके माध्यम से समकालीन भारतीय समाज को समझने में काफी मदद मिल सकती है।

पूछा जा सकता है कि यह पड़ताल आवश्यक क्यों है। इसका उत्तर इस पुस्तक में शामिल लेखों से ही मिल जाता है। इन्हें पढ़ कर एक तरह की बेचैनी होती है। बेचैनी का कारण है समकालीन पत्रकारिता की मूल्यमूढ़ता। पत्रकारिता का यह एक मूल स्वभाव है कि वह नकारात्मक (निगेटिव) होती है: हर उस जगह, जहाँ गड़बड़ी है, विच्युति है, अस्वाभाविकता है, मौजूद रहना वह अपना कर्तव्य समझती है। इसीलिए कोई भी समाज पूरा का पूरा वैसा नहीं होता जैसा वह पत्र-पत्रिकाओं के पन्नों पर दिखाई देता है। यदि कोई लड़का शाम को स्कूल से घर नहीं लौटता, तो तुरंत उसकी खबर बन जाती है, लेकिन लाखों बच्चे सुरक्षित घर लौट आते हैं और गुमनाम बने रहते हैं। इस दृष्टि से समकालीन पत्रकारिता काफी सफल और ऊर्जावान कही जायेगी कि वह काफी श्रमपूर्वक हमारी विकृतियों को हमारे सामने रखती है। लेकिन सवाल उसके पीछे काम कर रही दृष्टि का है। क्या विकृतियों का ऐसा बखान उपयोगी हो सकता है, जिसके पीछे मूल्यों के प्रति कोई प्रतिबद्धता न हो? जाहिर है, जब हमारे सामने एक स्वस्थ-स्वाभाविक समाज का कोई सपना नहीं होता, हम विकृतियों की खोज करते हुए एक अंधी गली में पहुँच जाते हैं और अपने चारों ओर हताशा फैलाते हैं। सम-

कालीन पत्रकारिता शायद ऐसी ही हताशा फैला रही है। इसके कारण हमारी स्थिति में भी हैं, लेकिन सिर्फ इसी से गैर-जिम्मेदार पत्रकारिता वैध नहीं हो जाती। सच यह है कि वह खुद भी इस खेल में काफी हद तक शामिल है। स्वतंत्रता संघर्ष के दिनों की पत्रकारिता को याद करें, जिसका हवाला इस पुस्तक में बार-बार आता है, तो हम पायेंगे कि वह भी अधिकांशतः नकार और दोष दर्शन की ही पत्रकारिता थी, लेकिन इसके साथ ही वह कुछ मूल्यों, आदर्शों और, सबसे अधिक, संघर्ष के प्रति आस्था पैदा करती थी। यह अब विरल होता जा रहा है।

ऐसी क्यों है ? यही इस पड़ताल का उद्देश्य है।

यह अध्ययन और चाहे जो हो, एकांगी नहीं है। पड़ताल में भाग लेनेवालों में सक्रिय राजनीति से जुड़े हुए लोग हैं, विचारक हैं, लेखक और आलोचक हैं, आंदोलन से आये हुए या अब भी जुड़े हुए लोग हैं, संचार विशेषज्ञ हैं, प्रध्यापक हैं और वरिष्ठ पत्रकार भी हैं। ये सभी अपने-अपने क्षेत्र के मशहूर और प्रतिष्ठित लोग हैं। इनमें से कुछ नाम अगर आप पहली बार सुन रहे हैं, तो यह हमारे जन संचार माध्यमों का ही दोष है, जो कुछ खास तरह के चेहरों को ही बार-बार सामने लाना अपना धर्म मानते हैं। हाँ, कुछ नये लेखक जरूर हैं, लेकिन उनका विश्लेषण भी कम ओजस्वी नहीं है। जहाँ तक विचारधारा का सवाल है, वहाँ भी कम विविधता नहीं है। इन सभी लोगों ने विभिन्न दृष्टियों से समकालीन पत्रकारिता के परिदृश्य का जायजा लिया है। इससे इस अध्ययन में व्यापकता तो आयी ही है, उसकी प्रामाणिकता भी बढ़ गयी है। दो या तीन लेख कुछ पुराने लग सकते हैं, पर उनमें जो मुद्दे उठाये गये हैं, वे अब भी प्रासंगिक हैं। निस्संदेह पुस्तक के सभी विश्लेषणों या स्थापनाओं से सम्पादक का सहमत होना कठिन है, लेकिन इन्हें इस आशा से प्रस्तुत किया गया है कि बहस और विचार के लिए आवश्यक बौद्धिक उत्तेजन उपलब्ध होगा : किसी पुस्तक की उपयोगिता सिर्फ इसी में नहीं होती कि वह सहमति के कितने बिन्दु उभार पाती है, यह भी महत्वपूर्ण होता है कि वह प्रखर और ईमानदार बहस के लिए कितनी नयी जमीन तोड़ पाती है।

पुस्तक से कुल मिला कर समकालीन पत्रकारिता की जो तसवीर उभरती है, वह निराशा और मोहभंग की है। ऐसा नहीं है कि पत्रकारिता के रचनात्मक पहलुओं को याद नहीं किया गया है या उसके योगदान को नकारा गया है, लेकिन सामान्य मूड शिकायत का है। जैसे कोई ऋषि स्खलित हो गया हो या कुलवधू कोठे पर बैठ गयी हो। मामला शायद पतन से ज्यादा क्षय या क्षरण का है। बेशक पत्रकारिता से ऋषिवादी प्रत्याशाएँ हाल की उस आदर्शवादी आँधी से पैदा हुई हैं, जिसे भारत का स्वतंत्रता संघर्ष कहते हैं। लेकिन इस अतीत राग के साथ एक खतरा भी जुड़ा हुआ है। अपनी उज्ज्वल और गौरवपूर्ण विरासत का स्मरण जरूरी है, लेकिन उसका भजन समकालीन यथार्थ को समझने में कहीं

बाधक भी हो सकता है। अतः बजाय इस पर जरूरत से ज्यादा जोर देने के कि तब की और अब की स्थिति में क्या-क्या फर्क है, हमें मौजूदा स्थिति को गहराई से समझने की कोशिश करनी पड़ेगी तथा मौजूदा संदर्भ में ही वैकल्पिक रास्तों की तलाश करनी होगी। उदाहरण के लिए जब कोई यह कहता है कि पत्रकारिता को उद्योग बनना ही था, तब हमें इससे इनकार नहीं करना चाहिए, किन्तु साथ ही यह भी पूछना चाहिए कि क्या औद्योगिकता का एक ही चेहरा हो सकता है यानी वह चेहरा, जो पश्चिम में दिखाई पड़ता है? ऐसा नहीं है कि नवजागरण की हमारी विरासत में इस तरह के सवाल मौजूद नहीं हैं, लेकिन अब परिदृश्य काफी बदल चुका है। कल जो चेतावनी थी, वह अब यथार्थ है। इस यथार्थ से आगे का रास्ता निकालने के लिए हमें न केवल उस परंपरा का विकास करना होगा जो 1947 में अवरुद्ध हो गयी थी, बल्कि नये सवाल भी पूछने होंगे। पुस्तक में अनेक जगह इसके संकेत दिखाई पड़ते हैं।

आज भारतीय समाज एक कठिन समय से गुजर रहा है। जितनी तेजी से राजनीतिक, सामाजिक और सांस्कृतिक विपर्यय हुआ है, उतनी तेजी से तो नहीं, फिर भी काफी स्पष्ट रूप से न्याय की भूख भी बढ़ी है। शोषित और उपेक्षित वर्गों तया क्षेत्रों में काफी बेचैनी है। यह पहली बार है जब देश की इतनी बड़ी आबादी अपने को अभिव्यक्त करने के लिए तड़प रही है। ऐसे माहौल में पत्रकारिता तथा जन संचार के अन्य माध्यमों की महत्वपूर्ण भूमिका है। वे इस सामाजिक आलोड़न को न केवल समग्रता के साथ व्यक्त कर सकते हैं, बल्कि इसे एक सार्थक दिशा भी दे सकते हैं। अगर ऐसा नहीं हो रहा है, तो इसके लिए हम सभी को सचेष्ट होना होगा। बार-बार अपने पतन के गीत गाना या मरसिया पढ़ते रहना किसी स्वस्थ समाज का लक्षण नहीं है। सवाल सिर्फ यह नहीं है कि पत्रकारिता आज क्या कर रही है, सवाल यह भी है कि वह अपना प्रकृत कार्य कैसे करे।

आशा है, यह पुस्तक न केवल पत्रकार बिरादरी को आत्मसमीक्षा के लिए प्रेरित करेगी, बल्कि समाज के अन्य वर्गों को भी पत्रकारिता की भूमिका के बारे में नये ढंग से विचार करने को विवश करेगी। जाहिर है, इस प्रक्रिया में भारतीय समाज से संबंधित अनेक बुनियादी सवाल भी उठेंगे। यही इस कार्य की सार्थकता होगी।

दिल्ली
15 अगस्त 1994

रा० कि०

अनुक्रम

खंड 1 : मूल्यांकन

खंड 2 : मुद्दे

खंड 1

मूल्यांकन

नवजागरण की विरासत

कृष्णबिहारी मिश्र

देशी पत्रकारिता के आदिपुरुष राजा राममोहन राय ने अपने फारसी पत्र 'मीरात उलअखबार' में अपने संपादकीय दायित्व की चर्चा करते हुए लिखा था, 'मेरा सिर्फ यही उद्देश्य है कि मैं जनता के सामने ऐसे बौद्धिक निबंध उपस्थित करूँ जो उनके अनुभव को बढ़ावें और सामाजिक प्रगति में सहायक सिद्ध हों। मैं अपनी शक्ति भर शासकों को उनके शासकों द्वारा स्थापित कानून और तरीकों से परिचित कराना चाहता हूँ, ताकि शासक जनता को अधिक-से-अधिक सुविधा देने का अवसर पा सकें और जनता उन उपायों से परिचित हो सके जिनके द्वारा शासकों से सुरक्षा पायी जा सके और उचित माँगें पूरी करायी जा सकें।' स्वदेशी आंदोलन के प्रमुख प्रवक्ता 'वंदेमातरम्' के संबंध में श्री अरविंद ने कहा था, 'इसका जन्म एक सामाजिक प्रयोजन की पूर्ति और समष्टि-हित के उद्देश्य से हुआ था, न कि किसी व्यक्तिगत महत्वाकांक्षा से प्रेरित हो कर व्यक्ति-सुख के लिए। इसका आविर्भाव उस विशेष काल में हुआ था जो जातीय संक्रांति का काल था। इसे एक संदेश देना था, जिसे पृथ्वी पर कोई शक्ति रोक नहीं सकती थी। इसका दावा है कि इसने जनता की अभीप्सा को अभिव्यक्ति दी है और उसके आदर्शों और आकांक्षाओं को पूर्ण सच्चाई के साथ अंकित किया है।' कुछेक पत्रों को छोड़ पत्रकारिता के उत्कर्ष काल की यह सामान्य उपलब्धि है।

हिंदी के प्रथम पत्र 'उदंत मार्तंड' का प्रकाशन 'हिंदुस्तानियों के हित के हेतु' ही हुआ था। हिंदी पत्रकारिता की यह आदि प्रतिज्ञा है। पुराने पत्रकारों की यह दृढ़ धारणा थी कि 'समाचारपत्र प्रजा का प्रतिनिधिस्वरूप होता है।' (भारतमित्र, 17 मई 1878) यह एक महत प्रतीति थी, जो पूर्ववर्ती पत्रकारों को दायित्व-सुमुख बनाये हुए थी। कलकत्ता के दूसरे तेजस्वी पत्र 'सारसुधानिधि' (13 जनवरी 1878 को प्रकाशित) के दूसरे वर्ष के सत्तरहवें अंक में प्रकाशित 'हिंदी भाषा के समाचारपत्र संपादकों की वर्तमान दशा' शीर्षक निबंध में आनंदवन ने लिखा था, 'समाचारपत्रों के प्रचारित और विदित होने का प्रधान और मुख्य कारण यही है

कि वह पिष्टपेषण के प्रकरण से स्थानपूर्ति करने की अपेक्षा देशोपकारक विषयों से विभूषित किया जावे और गवर्नमेंट को अन्याय-न्याय विवेचना से वंचित न रक्खें और जो बात नीति के विरुद्ध हो, उसे गवर्नमेंट के सम्मुख उपस्थित कर देवे जिससे अन्याय का संचार और बुराई का अंकुर न फैलने पावे।' जरा अधिक तेज भाषा में कलकत्ता के महान हिंदी पत्रकार 'उचितवक्ता' के संपादक पं० दुर्गाप्रसाद मिश्र ने 12 मई 1883 को 'अपने पत्र' में देशी पत्रकारों को दायित्व-सजग करते लिखा था, 'देशी संपादको सावधान ! कहीं जेल का नाम सुन कर कर्तव्यविमूढ़ मत हो जाना। धर्म की रक्षा करते हुए यदि गवर्नमेंट को सत्परामर्श से जेल जाना पड़े तो क्या चिंता है। इससे मान हानि नहीं होती है। हाकिमों के जिन अन्याय आचरणों से गवर्नमेंट पर सर्वसाधारण की अश्रद्धा हो सकती है, उनका यथार्थ प्रतिवाद करने में जेल तो क्या द्वीपांतरित भी होना पड़े तो क्या बड़ी बात है।' वे अपने पत्रों द्वारा राष्ट्र-प्रीति की प्रेरणा को दीप्त करनेवाले पत्रकार थे, जो बड़ी साफ भाषा में देशवासियों को सत्परामर्श देते थे, 'भारत के दुर्भाग्य को अपना दुर्भाग्य और भारत के सौभाग्य को अपना सौभाग्य समझो। नहीं तो भारत का दुर्भाग्य कदापि दूर नहीं होयगा।' (सारसुधानिधि, वर्ष 2, अंक 25)

इसी जातीय प्रेरणा और उदग्र चेतना से पत्रकारिता की नींव निर्मित हुई है। साम्राज्यशाही अभिशाप से देश को उबारने के लिए, देश का दुर्भाग्य दूर करने के लिए पूर्ववर्ती पत्रकारों को कई मोर्चों पर संघर्ष करना पड़ा था। पत्रकारिता की उज्ज्वल विरासत के मूल में अटूट आस्था और कठोर साधना थी। हिंदी पत्रकारिता ही नहीं, पूर्ववर्ती भारतीय पत्रकारिता का आदर्श-उद्देश्य एक था। उनके पीछे एक ही प्रेरणा थी—शुद्ध राष्ट्रीय प्रेरणा। उस युग के जागरूक विद्याव्रती के सामने साम्राज्यशाही तोप खड़ी थी, जिसका मुकाबला वे अपने पत्रों की उदग्र मुद्रा से कर रहे थे। उनका एकांत उद्देश्य था देशोद्धार की भूमिका रचना, नयी रोशनी से गणदेवता को मुक्ति की राह दिखाना। जोखिम से घिरी जिम्मेदारी थी, जिसे भारतीय पत्रकारों की अतीत पीढ़ी ने—लोकमान्य तिलक, विपिन चंद्र पाल, लाला लाजपत राय, अरविंद घोष, कस्तूरी रंगा आयंगर, ब्रह्मबांधव उपाध्याय, महामना मदनमोहन मालवीय, महात्मा गाँधी, दुर्गाप्रसाद मिश्र, सदानंद मिश्र, बालमुकुंद गुप्त, सखाराम गणेश देउस्कर, बाबूराव विष्णु पराड़कर, रुद्रदत्त शर्मा, अमृतलाल चक्रवर्ती, माधवराव सप्रे, अंबिका प्रसाद वाजपेयी, रामानंद चटर्जी, लक्ष्मणनारायण गर्दे, माखनलाल चतुर्वेदी तथा गणेशशंकर विद्यार्थी जैसे मनीषी पत्रकारों ने—विधिवत पूरा किया।

अपने महत दायित्व को पूरा करते पूर्व पीढ़ी के पत्रकारों को द्वीपांतरित होना पड़ा, जेल की असह्य यातना झेलनी पड़ी, प्राणाहुति देनी पड़ी। नितांत प्रतिकूल परिस्थिति में रहते, अनेक प्रत्यूहों से पंजा लड़ाते पुराने पत्रकारों ने पत्रकारिता की

आलोकवर्षी परंपरा का निर्माण किया। लोकमान्य तिलक जैसे मनीषी पत्रकार को 'आर्यभूषण प्रेस', जहाँ से 'मराठा' और 'केसरी' का मुद्रण शुरू हुआ था, के टाइप की पेटियाँ अपने कंधों पर उठा कर ढोनी पड़ी थीं। बाबू बालमुकुंद गुप्त को 'हिंदोस्तान' और 'हिंदी बंगवासी' से अपना संपादकीय संबंध समेटने को विवश होना पड़ा था, क्योंकि इन पत्रों के उद्योक्ताओं को साम्राज्यशाही के प्रति गुप्त जी की युयुत्सु मुद्रा असह्य थी और गुप्त जी अपने विवेक के प्रतिकूल आचरण करने को राजी नहीं थे। जिस राष्ट्रीय अभीप्सा को प्रकाशित करने के लिए 'उचित-वक्ता' का जन्म हुआ था, उसे जीवित रखने के लिए पं० दुर्गाप्रसाद मिश्र को अनेक भूमिकाओं में उतरना पड़ता था। पत्र की सामग्री तैयार करना, कंपोज करना, छापना, ग्राहकों तक पहुँचाना और उन्हें पढ़ कर सुनाना-समझाना—यह अनेकमुखी दायित्व पं० दुर्गाप्रसाद मिश्र को अकेले पूरा करना पड़ता था। वाणी की स्वाधीनता की रक्षा के लिए 'सारसुधानिधि' संपादक पं० सदानंद मिश्र ने लॉर्ड लिटन जैसे असहिष्णु प्रशासक की कठोर नीतियों पर, वर्नाक्युलर प्रेस ऐक्ट पर वैसा ही कड़ा प्रहार किया था जैसे परवर्ती काल में 'भारतमित्र' संपादक बाबू बालमुकुंद गुप्त ने कर्जन की साम्राज्यवादी नीतियों-निर्णयों पर किया था। सदानंद मिश्र किसी भी मूल्य पर वाणी की स्वाधीनता की रक्षा के आग्रही थे, क्योंकि उन्हें अनौचित्य पर बेलाग टिप्पणी करनी थी कि 'प्रजा के आवेदन पर नजर नहीं करना अति संकीर्ण राजनीति है।···इस प्रकार की नीति अवलंबन करने से राज्य भी बहुत दिन रहने का नहीं।' (सारसुधानिधि, 23 जून 1879)। पत्रकारिता तब देश-सेवा की एक सशक्त विधा थी। पं० बाबूराव विष्णु पराड़कर ने एक बार कहा था कि 'कलकत्ता जाने का मेरा मुख्य उद्देश्य पत्रकारिता न थी, प्रत्युत क्रांतिकारी दल में सम्मिलित हो कर देश-सेवा का कार्य करना था। परिवार का खर्च चलाने और पुलिस की नजरों से बचने के लिए मैंने 'हिंदी बंगवासी' में सहायक संपादक का कार्य स्वीकार किया था। 'हितवार्ता' और 'भारतमित्र' के संपादन के साथ-साथ चंदननगर की गुप्त समिति का कार्य भी मैं कर रहा था।' लक्ष्मण-नारायण गर्दे ने संपादकीय 'आतमपरीक्षण' करते हुए अक्तूबर 1930 के 'विशाल भारत' में लिखा था कि 'पत्र-संपादन के कार्य क्षेत्र में प्रवेश करने का मेरे लिए प्रत्यक्ष कारण 'स्वदेशी आंदोलन' हुआ।' पं० सखाराम गणेश देउस्कर, पं० बाबूराव विष्णु पराड़कर, बाबू बालमुकुंद गुप्त, पं० अंबिका प्रसाद वाजपेयी और पं० लक्ष्मण-नारायण गर्दे उस राष्ट्रीय अभीप्सा को निर्भीक वाणी देनेवाले पत्रकार थे जो लोकमान्य तिलक, विपिन चंद्र पाल, ब्रह्मबांधव उपाध्याय और अरविंद घोष की लेखनी से दीप्त हुई थी। व्यक्तिगत सुख-सुविधा के लिए वे बड़े-से-बड़े प्रलोभन के सामने भी आदर्शच्युत होनेवाले पत्रकार नहीं थे। राष्ट्रीय प्रेरणा को जीवित-जाग्रत रखने के लिए वे बड़ी-से-बड़ी यातना झेलने को सदैव प्रस्तुत रहते थे।

'अमृत बाजार पत्रिका' के संपादक मोतीलाल घोष के आत्मीयतापूर्ण प्रस्ताव को लोकमान्य तिलक के जातीय स्वाभिमान ने अस्वीकार कर दिया था। 25 सितंबर 1897 को लिखे गये अपने पत्र में तिलक महाराज ने लिखा था, 'सत्य का समर्थन और राष्ट्रीय आदर्श की रक्षा करने के अपराध में यदि पूना के बदले अंडमान में रहना पड़े तो वह श्रयस्कर है। यदि मुझे सजा हुई तो देशवासियों की जो सहानुभूति मुझे प्राप्त होगी, वह मुझे बल देगी।' देश की जनता ने उन्हें 'भगवान' के विरुद से सम्मानित किया; विश्व मनीषा ने उनके सत्याग्रही प्रयत्न का मुखर समर्थन किया और उन्होंने निजी स्वार्थ को ताक पर रख कर अपनी प्रातिभ-शक्ति को देश के मुक्ति संग्राम में नियोजित कर दिया।

और, मुक्ति संग्राम में भारत जयी हुआ। मगर महात्मा गांधी के मन को पराजय की पीड़ा मथ रही थी। दूसरे योद्धाओं की चिंता दूसरे प्रकार की थी। कुछ लड़ाई की थकान मिटाने के लिए समझौते की किसी राह से चलने को व्याकुल थे, कुछ अपनी विलास-भूख के सामने निरुपाय। साम्राज्यशाही दुर्नीति से सव्यसाची की मुद्रा में लड़नेवाले पत्रकार पं० बाबूराव विष्णु पराड़कर ने 15 अगस्त 1947 (स्वतंत्रता दिवस) के 'आज' के अग्रलेख के माध्यम से देश के हर वर्ग को सचेत किया था कि 'स्वतंत्र होने के साथ-साथ हमारे कंधों पर जितना भारी उत्तरदायित्व आ गया है, उसे हमें न भूलना चाहिए। हमारी लेश मात्र की असावधानी का परिणाम घातक हो सकता है। हम जरा चूके नहीं कि सर्वनाश हमारे सम्मुख उपस्थित है।' इस चेतावनी पर न तो राजनेताओं ने ध्यान दिया और न उन्हें रोकने-टोकने और राह दिखानेवाले पराड़कर जी के सामानधर्मा पत्रकारों ने। परिणामत: अनुशासनहीनता का अंधड़ और विलासप्रियता सनकी मुद्रा में दिनों-दिन समृद्ध होती गयी। देखते-देखते पूरा देश भ्रष्टाचार के प्रदूषण और अपसंस्कृति की गिरफ्त में आ गया। संस्कृति और मूल्यों के प्रहरी बुद्धिजीवी-पत्रकार अपनी भूमिका में सबसे कच्चे सिद्ध हुए। रंगीन आबोहवा और विजातीय प्रलोभन के मोह में पड़ कर वे अपने दायित्व की गुरुता-महत्ता से उदासीन हो गये। उन्हें यह बोध नहीं रह गया कि पत्रकार की भूमिका सच्चे लोकनायक की भूमिका होती है। इसी गुरुतर भूमिका से समृद्ध है पत्रकारिता की विरासत। मगर अपनी आलोकवर्षी परंपरा को आज का पत्रकार अपना आदर्श बनाने को तैयार नहीं है। अपने को सुखी और समाज-विशिष्ट बनाने के उद्देश्य से ही वह पत्रकारिता से जुड़ता है। महत जातीय प्रेरणा से चालित पुराने पत्रकार 'घर का धान पुआल में मिला कर' अपने को कृतकार्य मानते थे। आज का पत्रकार समाज के दूसरे वर्गों के लोगों की तरह ही निजी समृद्धि और विलास-वैभव में जीने की आकुल स्पृहा से आंदोलित हो कर रंगीन राहों-घाटों पर दौड़ता नजर आता है।

पत्रकारिता की विकसित सुविधाओं और अनुकूल साधनों का विधायक दिशा

में यदि नियोजन नहीं हो रहा है और यथार्थ स्थिति यह है कि समाज-संस्कार की सजातीय और विशिष्ट भूमिका से सांप्रतिक पत्रकारिता काफी हद तक विरत हो चुकी है, तो यह धारणा पुष्ट होती है कि पत्रकार के व्यक्तित्व में स्खलन आया है और पत्रकारिता की उज्ज्वल विरासत मैली हो रही है। ऐतिहासिक तथ्य है कि लिटन और कर्जन जैसे शासकों की अनुदारता का, सारे प्रतिबंधों के बावजूद, भारतीय पत्रकारों ने युयुत्सु मुद्रा में मुकाबला किया था। वैसी तेजस्वी भूमिका स्वाधीन देश की पत्रकारिता की नहीं दिखाई पड़ी। स्वाधीन देश में चुनौतियों का अभाव नहीं रहा है। प्रत्यक्ष-अप्रत्यक्ष चुनौतियाँ बुद्धिजीवियों को ललकारती रही हैं। लेकिन स्वदेशी शासकों की तरह ही बुद्धिजीवी भी अपने दायित्व के प्रति उदासीन और व्यक्तिगत महत्वाकांक्षा के प्रति अतिशय सजग रहे।[1] जनता पार्टी की सरकार के पतन के मूल में व्यक्तिगत महत्वाकांक्षा और दलगत स्वार्थ था। देश के साथ इतना बड़ा विश्वासघात उस दल ने भी नहीं किया था, जिसकी दुर्नीतियों से ऊब कर देश की आम जनता ने जनता पार्टी को सत्तासीन किया था और आजाद देश के इतिहास को नया मोड़ दिया था। इसी प्रकार का छल पत्रकार और दूसरे बुद्धिजीवी आम आदमी के साथ करने के अभ्यस्त हो गये हैं। राजनीतिक दुश्चक्र और दुर्नीति से ऊब कर जनता बुद्धिजीवियों के दरवाजे पर दस्तक देती है। वहाँ भी उसे अंधकार का ही सामना करना पड़ता है। ऐसी निराशा की दशा में आम आदमी का दिशाहीन बन जाना नितांत स्वाभाविक नियति है। स्वाधीन देश की पत्रकारिता ने सामान्य लोगों को राजनीतिक गतिविधियों के प्रति, राजनीतिक अपराधों के प्रति सुमुख बनाया है, उसी परिणाम में उसकी मानवीय संवेदना और संस्कृति-बोध को दुर्बल किया है। यही सामान्य स्थिति है। इसके कुछेक अपवाद जरूर रहे हैं। इस अपवाद-श्रेणी में हिंदी के मनीषी पत्रकार अज्ञेय और उनके द्वारा तथा रघुवीर सहाय द्वारा संपादित 'दिनमान' का उल्लेख शीर्ष स्थानीय के रूप में किया जा सकता है।

व्यक्तिगत महत्वाकांक्षा और दलदल स्वार्थ के चलते प्रतिपक्ष की राजनीति एक मंच पर खड़ी नहीं हो पा रही है और दल-विशेष देश का भाग्यविधाता बनकर अपनी दुर्नीतियों से देश को जहन्नुम की ओर ठेले जा रहा है। इस जनद्रोही सत्ता-शैली के प्रतिरोध की आबोहवा पत्रकार रच सकते थे, मगर वे अपने दायित्व

1. कुछेक लघु पत्रिकाओं को अपवाद मान लें तो लघु पत्रिका आंदोलन व्यक्तिगत महत्वाकांक्षा का ही आयोजन कहा जा सकता है। हिंदी में 'सरस्वती' से 'कल्पना' तक साहित्यिक पत्रकारिता की समृद्ध परंपरा रही है। परवर्ती काल में हिंदी के विवेक और प्रतिभा का समग्रता में प्रतिनिधित्व करनेवाली एक भी पत्रिका नहीं दिखाई पड़ी।

की महत्ता से बेखबर और अपनी भोग-भूख से इतने दुर्बल हैं कि चुनौती का हर अवसर उनकी लोकहित-विवर्जित भूमिका को बेनकाब कर देता है। इंदिरा गाँधी द्वारा आरोपित आपातकाल स्वाधीन भारत के पत्रकारों के लिए सबसे बड़ी चुनौती थी, जिसने बहुतों की गुमानी मुद्रा को नमित कर दिया था। परीक्षा की ऐसी घड़ी में आज का पत्रकार प्रायः विफल सिद्ध हुआ हैं; औचित्य-समर्थन में उसका घिनौना स्वार्थ आड़े आता रहा है। फलतः आम आदमी सच्चे लोकनायक के अभाव में अपने को बेसहारा अनुभव करता रहा है। आम आदमी विकल्प-व्यवस्था के लिए व्याकुल है, किंतु उनकी व्याकुलता के समाधान की राह रचनेवाले पत्रकार की चारित्रिक धुरी कमजोर हो गयी है। देश की और मनुष्य जाति की अधोगति से रक्षा चरित्रवान बुद्धिजीवी ही कर सकते हैं। पत्रकार की भूमिका अपेक्षाकृत प्रत्यक्ष-प्रभावी होती है। दुर्भाग्यवश आज पत्रकार की वाणी का लोकमन पर विधायक प्रभाव नहीं पड़ रहा है और उसके चरित्र की विश्वसनीयता राजनेताओं की ही तरह संदिग्ध हो गयी है। हिंदी पत्रकारिता को अपनी साधना द्वारा आधुनिकता के नये आयाम से समृद्ध करनेवाले सच्चिदानंद वात्स्यायन 'अज्ञेय' ने श्रीहीन सांप्रतिक अवस्था पर बड़ी व्यथा के साथ टिप्पणी की है, 'हरिश्चंद्र कालीन संपाद्रक पत्रकार—या उतनी दूर न जायें तो महावीर प्रसाद द्विवेदी का समकालीन भी—हमसे अच्छा था। उसके पास मानदंड थे, नैतिक आधार थे और स्पष्ट नैतिक उद्देश्य भी। उनमें से अगर कोई ऐसे भी थे जिनके विचारों को हम दकियानूसी कहते तो भी उनका सम्मान करने को बाध्य होते थे, क्योंकि स्पष्ट नैतिक आधार पा कर वे उन पर अमल भी करते थे—वे चरित्रवान थे। आज विचार-क्षेत्र में हम अग्रगामी भी कहला लें, तो कर्म के नैतिक आधारों की अनुपस्थिति में निजी रूप से हम चरित्रहीन ही हैं और सम्मान के पात्र नहीं हैं…

'हिंदी पत्रकारिता के आरंभ के युग में हमारे पत्रकारों की जो प्रतिष्ठा थी, वह आज नहीं है। साधारण रूप से तो यह बात कही जा ही सकती है। अपवाद खोजने चलें तो भी यही पायेंगे कि आज का एक भी पत्रकार या संपादक वह सम्मान नहीं पाता जो कि 50-75 वर्ष पहले के अधिकतर पत्रकारों को प्राप्त था।…आज के संपादक-पत्रकार अगर इस अंतर पर विचार करें तो स्वीकार करने को बाध्य होंगे कि वे न केवल कम सम्मान पाते हैं, बल्कि कम सम्मान के पात्र हैं—या कदाचित सम्मान के पात्र बिलकुल नहीं हैं, जो पाते हैं वह पात्रता से नहीं; इतर कारणों से।'

ये इतर कारण ही आज के पत्रकारों को अपने मूल धर्म और आदर्श से विमुख कर रहे हैं। ज्वलंत प्रश्नों, चुनौतियों और दायित्व से जुड़े खतरों से बच कर भौतिक प्रलोभनों के चाकचिक्य में उलझा आज का पत्रकार अपनी समृद्ध विरासत से अपरिचित नहीं है, किन्तु उसकी भोग-भूख उसे विपथगामी और धर्मेतर आचरण

करने को विवश बनाती है। पुराने पत्रकार साधन की न्यूनता के बावजूद अपने व्यक्तित्व-बल से अपने दायित्व को पूरा करते थे। उनके सामने कठोर चुनौती और खतरे थे। जिन्हें वे संबोधित कर रहे थे, उनका राजनीतिक संस्कार अविकसित था और उनका समाज उनकी लड़ाई में भागीदार बनने को प्रस्तुत नहीं था। वे नींव-निर्माण के व्रती थे। अज्ञान की कठोर जमीन से उनकी आस्था की लड़ाई थी। देश-प्रीति की प्रेरणा से उन्होंने पत्रकारिता की विकट राह को अपनी यात्रा के लिए चुना था। उनका जाग्रत बोध उन्हें प्रत्यूहों से लड़ने का बल देता था। दायित्व-बोध अशिथिल बना रहे, इसलिए अपने समानधर्मा पत्रकारों को वे बीच-बीच में प्रेरित करते रहते थे। उत्तर-उन्नीसवीं शताब्दी के हिंदी पत्रकार 'सार-सुधानिधि'-संपादक पं० सदानंद मिश्र और 'उचितवक्ता'-संपादक पं० दुर्गाप्रसाद मिश्र इस बिंदु पर सदा सचेत रहते थे। पं० सदानंद मिश्र का विश्वास था कि 'राजनीति और समाजनीति का संशोधन जैसा समाचारपत्रों से होता है वैसा दूसरे उपाय से नहीं हो सकता।' इसलिए उन्होंने देशी पत्रकारों से अनुरोध किया था, 'हम अपने सहयोगियों से सविनय निवेदन करते हैं कि कदाचित हमारे हिंदुस्तानी भाइयों के राजनैतिक और समाजनैतिक संस्कारों को देख निराश हो राजनैतिक और समाजनैतिक विषयों की आलोचना छोड़ न दें।...जब हम सब संस्कारक कार्य में व्रती हुए हैं तो हम लोगों को उचित है कि यावज्जीवन इस गुरुतम कार्य के साधन में प्रवृत्त रहें।...हम लोगों के प्रधान आश्रय धीरता, साहस और अध्यवसाय हैं। यदि हम इन तीनों के आश्रय से निरंतर अपने कर्तव्य साधन में प्रवृत्त रहेंगे तो निःसंदेह ईश्वर हमारा सहायक हो हमारे हिंदुस्तानियों के संस्कारों को सुधार हमारी बृटिश गवर्नमेंट द्वारा भारतवर्ष की पूर्व स्वाधीनता, पूर्व समृद्धि और पूर्वोन्नति दिखावेगा। आपाततः इसका उपाय एक आप ही सब समाचारपत्र हो, अतएव हम पुनः अनुरोध करते हैं कि कदापि किसी के कहने से शिथिलप्रयत्न न होना। जो आपको विपरीत सुझाते हैं, वह उसी भ्रष्ट संस्कार के वशवर्ती हैं। यह निश्चय है कि जो कुछ भारतवर्ष का हित होना है, वह समाचारपत्रों से ही होना है।'

इसी विश्वास, निष्ठा और अशिथिल प्रयत्न ने पत्रकारिता की आलोकवर्षी परंपरा का निर्माण किया। इतिहास साक्ष्य देता है कि साम्राज्यशाही के अभिशाप से भारत को मुक्त करने में पत्रकारिता की महत्वपूर्ण भूमिका रही है। उन्नत चारित्र्य ही पत्रकारों को समाज का सम्मान्य बनाता है। पुराने पत्रकार इसी आधार पर सम्मानित हुए। आज चरित्र ही संदिग्ध हो गया है, जिसकी ओर अज्ञेय जी ने संकेत किया है। अपने विलास-उपकरण बटोरने के लिए बहुरूपिया बनना और वैचारिक धुरी को क्षत करते रहना चारित्रिक स्खलन का सबूत है। वर्तमान ढाही के लक्षणों को लक्ष्य कर पुराने पत्रकार आसन्न अंधकार के प्रति चिंतित थे।

'प्रताप'-संपादक गणेशशंकर विद्यार्थी ने बड़ी व्यथित मुद्रा में चिंता प्रकट की थी, 'केवल अपनी मक्खन-रोटी के लिए दिन भर में कई रंग बदलना ठीक नहीं है।··· इस देश में भी दुर्भाग्य से समाचारपत्र सर्वसाधारण के कल्याण के लिए नहीं रहे, सर्वसाधारण उनके प्रयोग की वस्तु बनते जा रहे हैं।···व्यक्तित्व न रहेगा, सत्य और असत्य का अंतर न रहेगा, अन्याय के विरुद्ध डट जाने और न्याय के लिए आफतों को बुलाने की चाह न रहेगी; रह जायेगा केवल खिंची हुई लकीर पर चलना।' यही चिंता बाबूराव विष्णु पराड़कर की थी, 'पत्रों की नीति देशभक्त, धर्मभक्त अथवा मानवता के उपासक महाप्राण संपादकों की नीति न होगी—इन गुणों से संपन्न लेखक विकृतमस्तिष्क समझे जायेंगे, संपादक की कुरसी तक उनकी पहुँच भी न होगी। वेतनभोगी संपादक मालिक का काम करेंगे और बड़ी खूबी के साथ करेंगे। पर आज भी हमें जो स्वतंत्रता प्राप्त है, वह उन्हें न होगी।'

यही यथार्थ स्थिति है आज की, जो ग्लानि का विषय है। मगर पत्रकार गर्व-पूर्वक अपने स्खलन को उपलब्धि घोषित करते हुए पत्रकारिता के सनातन आदर्श को बीते युग की अप्रासंगिक बात मानता है। बड़े जोर से कहा जाता है, पत्रकारिता आज व्यवसाय है, आदर्श की गुहार लगाना अप्रासंगिक राग टेरना है। ऐसी घोषणा करनेवाले, निरापद जिंदगी के कायल, आज के सुविधाभोगी लोग यह भूल जाते हैं कि हर व्यवसाय की स्वतंत्र आचार संहिता होती है। अन्य व्यवसायों से भिन्न प्रकृति है पत्रकारिता और अध्यापन की। इस भिन्नता में ही उसकी अपनी विशिष्टता और महत्ता है। व्यवसाय होते हुए भी पत्रकारिता और अध्यापन की आचार संहिता आदर्शभित्तिक होती है। स्वधर्म की इस विशिष्टता को छोड़ कर आज पत्रकार और अध्यापक दूसरे वर्ग के लोगों के साथ भौतिक समृद्धि की स्पर्द्धा में क्रियाशील हैं। उपभोक्ता संस्कृति के अभिशाप को लक्ष्य कर राजनेताओं की तरह वे भी आवाज टेरते हैं, लेकिन स्वयं व्यावसायिकता की गिरफ्त में आ गये हैं और उपभोक्ता संस्कृति ही इनकी अपनी संस्कृति बनती जा रही है।

पुराने पत्रकार अपने विवेक और समृद्ध व्यक्तित्व से राजनीति का दिशा-निर्देश करते थे। साम्राज्यवादी नृशंसता का बड़ी दृढ़ता के साथ वे मुकाबला करते थे। स्वदेशी राजनेताओं की च्युति पर भी औचित्य के आग्रह से टिप्पणी करने में उन्हें संकोच नहीं होता था। महात्मा गांधी जैसे लोकनायक पर पराड़कर जी ने कड़ी टिप्पणी की थी। आज का पत्रकार राजनीति और राजसत्ता का आनुकूल्य उपलब्ध करने के लिए आकुल-व्याकुल दिखाई पड़ता है। इस बिंदु पर आज की पत्रकारिता परंपरा से अलग और आगे है। रूप-रंग में मोहक समृद्धि आयी है। मगर उपलब्ध साधन-सुविधा को विधायक दिशा में नियोजित करनेवाला व्यक्तित्व आज विरल हो गया है। तकनीकी साधन-समृद्धि लोक-मंगल का निमित्त बन कर ही सार्थक हो सकती है। सामाजिक अपराधों और कुरीतियों से आज का पत्रकार

उदासीन नहीं है, लेकिन अपसंस्कृति की निर्लज्ज लीला-मुद्रा की रंगीन तस्वीर प्रस्तुत करना ही समाज-संस्कार की भूमिका पूरी करना नहीं है। यह विधि तो सामाजिक हित के विपरीत पड़ रही है। पत्रकारिता प्रकारांतर से अपराध का प्रसार कर रही है; वर्ग ग्रंथि और पाशव भाव को उत्तेजित कर समाज को हिंसा और अपसंस्कृति की राह पकड़ने को मजबूर कर रही है। सांप्रतिक पत्रकारिता की रंगीन मुद्रा स्वास्थ्य का लक्षण नहीं है। चिंताशील जगत मूल्यों की ढाही के प्रश्न को ले कर आज अशांत है। चिंता का बड़ा कारण यह है कि मूल्यों के प्रहरी ही मूल्यों के विघटन की आबोहवा तैयार करने लगे हैं। पहरुए चोर बन जायें तो सुरक्षा का आश्वासन दुर्बल हो जाता है—'पहरुई चोर हेर हिय हहरात हैं' तुलसीदास के उन्मथित चित्त की अभिव्यक्ति है। इस विपथगामी यात्रा के भयावह परिणाम को जब तक पत्रकार स्वयं नहीं समझेंगे और अपने गुरुतर दायित्व के प्रति सचेत नहीं होंगे, समाज को दुर्गति से उबारना कठिन है। भौतिक प्रलोभनों की बलवती माया से विरत हो कर ही समाज-संस्कार की भूमिका पत्रकार पूरी कर सकता है। हिंदी पत्रकारिता के पूर्वपुरुष गणेशशंकर विद्यार्थी की पुरानी कामना आज अधिक प्रासंगिक और महत्वपूर्ण है कि 'पैसे का मोह और बल की तृष्णा भारतवर्ष के किसी भी नये पत्रकार को ऊँचे आचरण के पवित्र आदर्श से बहकने न दें।' 'खेद की बात है कि उन्नति आचरणों की नहीं हुई। हिंदी के समाचारपत्र भी उन्नति के राजमार्ग पर आगे बढ़ रहे हैं। मैं हृदय से चाहता हूँ कि उनकी उन्नति उधर हो या न हो, किंतु कम-से-कम वे आचरण के क्षेत्र में पीछे न हटें।' मूल्यों के पक्षधर किसी भी जागरूक चिंतक की यह न्यूनतम अपेक्षा हो सकती है।

विशेषताएँ और विसंगतियाँ

श्यामाप्रसाद प्रदीप

घर से आयी है खबर हो गया चहलुम उनका
'पायनियर' लिखता है बीमार का हाल अच्छा है

'जब तोप मुकाबिल हो तो अखबार निकालो' की सलाह देनेवाले महाकवि अकबर इलाहाबादी के मुँह से स्वतःस्फूर्त रूप में उपर्युक्त शेर उस समय निःसृत हुआ जब उन्होंने उन दिनों इलाहाबाद से प्रकाशित (अब दिल्ली और लखनऊ से प्रकाशित) अंग्रेजी दैनिक 'पायनियर' में पढ़ा कि बेगम अकबर की हालत में सुधार हो रहा है। वास्तविकता इसके विपरीत यह थी कि तब तक बेगम अकबर दिवंगत हो चुकी थीं और उनका क्रियाकर्म (चेहल्लुम या चालीसवाँ) भी हो चुका था। उस जमाने में पत्रकारिता की स्थिति ही कुछ ऐसी थी कि संवाददाता को गाँव में बेगम की हालत में सुधार होने की जानकारी मिली तो उसने दो-चार दिन बाद कई और समाचार एकत्र हो जाने पर उन्हें मिला कर डाक से अपना डिस्पैच भेजा। डाकखाने की गति आज की तरह तेज नहीं थी। डाक आयी तो कुछ दिन संपादक की मेज पर पड़ी रही। फिर समाचार कंपोज हुआ तो लापरवाही से कई दिन गैली में पड़ा रह गया। किसी दिन मैटर की कमी के कारण बचती की ओर ध्यान गया तो वह समाचार लग गया। इसीलिए इतने विलंब से समाचार छपने पर महाकवि ने समाचारपत्र की हँसी उड़ायी।

आज के पत्रों में वह स्थिति नहीं है। संसार के किसी भी कोने में घटित किसी भी महत्वपूर्ण घटना का समाचार कुछ क्षण में ही टेलीप्रिंटर पर, रेडियोग्राम से या टेलीफोन द्वारा मिल जाता है। मुद्रण के क्षेत्र में इतनी बड़ी क्रांति हो चुकी है कि हैंड कंपोजिंग तो क्या, मोनो टाइप और लाइनो टाइप सभी कालातीत हो चुके हैं। उनका स्थान कंप्यूटर और फोटो प्रिंटिंग ने ले लिया है। पूरे-के-पूरे समाचारपत्र का फोटो उपग्रह से एक स्थान से दूसरे सुदूर स्थान पर पहुँच जाता है और वहाँ से, बात करते-करते, पत्र का संस्करण छप कर बाजार में पहुँच जाता है।

लेकिन इसी के साथ एक दूसरा सत्य भी है। प्रौद्योगिकी का जितना तेजी से विस्तार एवं विकास हुआ और हो रहा है, मानव ने चंद्र, मंगल और दूसरे ग्रहों की जिस तरह थाह ले ली और अंतरिक्ष में उपनिवेश बनाने की ओर अग्रसर हो रहा है, उतना ही वह बौना भी हुआ है। उसमें संकीर्णता और स्वार्थपरता बढ़ गयी है, वह आदर्शच्युत हुआ है और उसका हृदय बहुत छोटा हो गया है। त्वरा, प्रतिस्पर्धा और कथित दक्षता के आगे वस्तुनिष्ठता, शालीनता और सत्य गौण हो गये हैं। भाषा फूहड़, लद्धड़, गलत और बनावटी होती जा रही है। हिंदी की पत्रकारिता में तो वर्तनी की ऐसी दुर्गति हो रही है कि मद्यपान के विरुद्ध व्यक्त गाँधी जी की भाषा में कहा जाये तो एक दिन के लिए तानाशाही मिल जाने पर भाषा का पंडित पुराना पत्रकार आज के समाचार पत्रों के प्रकाशन पर प्रतिबंध लगा देगा।

समाचारीय पत्रकारिता के क्षेत्र में तीन बड़ी क्रांतियाँ हुईं : (1) लीड, इंट्रो, सिनॉप्सिस के रूप में सारतत्व, चरम परिणति या सर्वाधिक महत्वपूर्ण अंश को प्रारंभ में ही लिखने की शैली, जिसे उल्टा पिरामिड भी कहते हैं, (2) इंटरप्रिटेटिव या व्याख्यात्मक रिपोर्टिंग, और (3) इंवेस्टीगेटिव या अन्वेषणमूलक पत्रकारिता, जिसे आम तौर पर खोजी पत्रकारिता कहा जाता है। एक अंग्रेज विद्वान ने कहा है कि हर सुधार या क्रांति के साथ-साथ कुछ विकृतियाँ भी आ जाती हैं। पत्रकारिता के क्षेत्र में यह विकृतियाँ खास तौर से आयीं।

इंट्रो या उलटे पिरामिड की शैली वैसे कोई नयी चीज नहीं थी। गाँव का एक देहाती भी अगर कहीं कोई संदेश देने जाता है तो सारी बात कालक्रम की शैली में नहीं बताता। वह तुरंत चरम परिणति की सूचना देता है। उदाहरण के लिए यदि एक व्यक्ति मोटर दुर्घटना में दब कर मर गया है तो संदेश वाहक घर से उस व्यक्ति के चलने, रास्ते में अंधकार होने, दिखाई न पड़ने, मोटर में प्रकाश न रहने या घबरा कर इस पटरी से उस पटरी पर भागने आदि का वर्णन करने के बजाय पहले यही जानकारी देगा कि श्री अमुक मोटर से दब जाने के कारण मर गये। और बातें वह बाद में बताता है। पहले समाचार बिल्कुल साहित्यिक शैली में क्रॉनोलॉजिकल ऑर्डर में या कालक्रम के अनुसार लिखे जाते थे। इसमें पाठक को सारतत्व काफी पढ़ने के बाद मिलता था। फिर वह समाचार का अर्थ निकालता था। हर पाठक के पास न इतना पढ़ने का समय होता है और न अर्थ या गूढ़ तत्व समझने की बौद्धिक क्षमता। इसीलिए नार्थक्लिफ् या और किसी ने 'लीड' और उसके बाद के अंश महत्व के अनुसार लिखने की जो शुरुआत की, उससे पत्रकारिता शैली की दृष्टि से साहित्य से भिन्न हो गयी और इसे एक बहुत बड़ी क्रांति माना गया। आगे चल कर इसमें उत्तरोत्तर निखार आता गया और आज 'क्राउडेड' लीड से ले कर 'बुलेट' लीड तक पचीसों प्रकार की लीड लिखी जाती हैं।

इस क्रांति से जो दोष आये, उसका कुछ वर्णन प्रसिद्ध अंग्रेजी पत्रकार ए० जी०

गार्डिनर ने लगभग एक दशक पहले ब्रिटेन की नेशनल यूनियन ऑफ जर्नलिस्ट्स की एक भाषणमाला में किया था। उन्होंने एक उदाहरण से इसे इस प्रकार समझाया। प्रधानमंत्री डिजरायली ने पार्लियामेंट में भाषण किया तो रिपोर्टर ने उसकी रिपोर्टिंग 'मिस्टर स्पीकर सर' से ले कर अंत में धन्यवाद व्यक्त करने तक ज्यों-की-त्यों की। पत्र में वह एक पृष्ठ से दूसरे और दूसरे से तीसरे तक विस्तार के साथ छपा। पाठक उसमें अपनी तरह से निष्कर्ष निकालने के लिए स्वतंत्र था। उस रिपोर्ट में अपनी तरफ से न कोई व्याख्या होती थी न कोई 'एंगिल' दिया जाता था। आज का पाठक न इतना लंबा भाषण पढ़ सकता है और न समाचारपत्र उतना स्थान दे सकते हैं। शीर्षक, सिनॉप्सिस और सारतत्व उनके लिए काफी होता है। जो अधिक और विस्तार से जानना चाहते हैं, उनके लिए अच्छे और बड़े समाचारपत्र बीच के पृष्ठों में भाषण या घोषणा का अविकल रूप या टेक्स्ट प्रकाशित कर देते हैं। लेकिन सभी समाचार पत्र न ऐसा कर पाते हैं और न उनका ऐसा कर पाना संभव है। रिपोर्टर या संपादक पूरी तरह वस्तुनिष्ठ होते नहीं, बल्कि उत्तरोत्तर व्यक्तिनिष्ठ (सब्जेक्टिव) होते जा रहे हैं। इसलिए पाठक को जो चित्र मिलता है, वह कुछ-न-कुछ रंगीन जरूर होता है।

व्याख्यात्मक रिपोर्टिंग की अपनी उपादेयता है। इसका महत्व एक उदाहरण से समझा जा सकता है। हिटलर के शासन में जर्मनी में यहूदियों को बहुत उत्पीड़ित किया जा रहा था। बहुत-से यहूदी गैस चेंबर में बंद कर मार डाले गये, बहुतों के घरों में आग लगा दी गयी या उन्हें जेलों में डाल दिया गया। पश्चिमी समाचार पत्रों में यहूदियों के घर फूंके जाने के समाचार प्रकाशित होने लगे, तो जर्मनी के तत्कालीन प्रचार मंत्री गोबेल्स ने बर्लिन में एक प्रेस कांफ्रेंस बुलायी। हजरत खुद उसमें देर से पहुंचे और छोटा-सा भाषण करके कहा, मेरे पास अधिक समय नहीं है। मुझे दूसरे कार्यक्रम में जाना है। मैं आप लोगों से केवल इतना ही कहना चाहता हूं कि यहूदियों के घर फूंके जाने के जो समाचार दुनिया के पत्रों में छप रहे हैं, वे बिल्कुल झूठे हैं। केवल इतना कह कर गोबेल्स चले गये। इसकी व्याख्यात्मक रिपोर्टिंग न की जाये और केवल गोबेल्स का भाषण दे दिया जाये तो दूर बैठा हुआ पाठक असलियत को जान ही नहीं सकता। व्याख्यात्मक रिपोर्टिंग करनेवाला संवाददाता इसे कई तरह के इंट्रो दे कर बिल्कुल सजीव चित्र प्रस्तुत कर देगा। वह लिखेगा, 'यहूदियों के मकान के मकान जल रहे थे, धुआं प्रेस कांफ्रेंस के कमरे तक में आ रहा था, फिर भी हिटलर के प्रचार मंत्री गोबेल्स ने आज पश्चिमी पत्रों में प्रकाशित इन समाचारों का खंडन किया कि जर्मनी में यहूदियों के घर जलाये जा रहे हैं।'

कुछ अपवाद हो सकते हैं, लेकिन व्याख्यात्मक रिपोर्टिंग में कुछ-न-कुछ व्यक्तिनिष्ठता अवश्य रहती है। इसीलिए प्रधानमंत्री से ले कर छोटे नेता तक के

वक्तव्यों और भाषणों को समाचारपत्र अलग-अलग तरह से और अलग-अलग 'एंगिल' के साथ प्रकाशित करते हैं, जिससे पाठक वर्ग अपनी-अपनी तरह से अर्थ निकालते हैं। चिड़िया की बोली सुन कर भक्त कहता है, यह 'राम-लछिमन-दशरथ' बोल रही है, तो सब्जी बेचनेवाला कहता है कि नहीं, यह 'सोवा-मेथी-अदरख' कह रही है। मौलाना कहते हैं कि वह 'खुदा की कुदरत' कह रही है तो पहलवान कहता है कि नहीं, यह कह रही है 'दंड-मुग्दर-कसरत'। ठीक यही स्थिति व्याख्यात्मक रिपोर्टिंग की है।

खोजी पत्रकारिता में व्यक्ति के चरित्र का इतना हनन हो रहा है, 'प्राइवेसी' पर इस तरह हमले हो रहे हैं और शालीनता को इस तरह तिलांजलि दे दी गयी है कि इस शैली ने जितना नाम कमाया है, उससे ज्यादा यह बदनामी कमा रही है।

उलटा पिरामिड शैली हो या व्याख्यात्मक रिपोर्टिंग अथवा खोजी पत्रकारिता, सभी उपयोगी, कल्याणकारी एवं सम्मानास्पद तभी हो सकती हैं, जब समाचार-पत्र और उनके संपादक तथा रिपोर्टर पूर्णत: निष्पक्ष हों, ईमानदारी को ही सर्वोत्तम मानते हों, ट्रस्टी के रूप में काम करें और उनका चरित्र 'ना काहू से दोस्ती ना काहू से बैर' रखनेवाले योगी की तरह हो।

कोई आदमी बहुत गलत ही क्यों न हो, उसके पीछे हाथ धो कर पड़ जाने की प्रवृत्ति भी समकालीन पत्रकारिता में बहुत ज्यादा घर कर चुकी है। बड़े व्यक्ति के विरुद्ध अभियान चलानेवाले पत्र पर लोगों का ध्यान अधिक जाता है, लेकिन मध्यम और छोटे पत्र उनसे भी ज्यादा इस कार्य में लिप्त हैं। अंतर यही है कि 'अब्बर के हम बाप बाटीं जब्बर के हम बेटा' बन कर यह पत्र और पत्रकार बड़े सत्ताधारियों के विरुद्ध तो जबान नहीं खोलते और छोटे-छोटे लोगों के विरुद्ध अभियान चलाते या एकपक्षीय समाचार देते हैं। इस स्थिति में संतोष की बात यह है कि बहुसंख्यक पाठक इस प्रवृत्ति को जल्दी भाँप लेते हैं और पक्षधर की तरह अभियान चलानेवाले पत्रों और पत्रकारों को बहुत विश्वसनीय नहीं मानते। 'इंडियन एक्सप्रेस' समूह के पत्रों ने बोफोर्स तोपों और दूसरे रक्षा सौदों में भ्रष्टाचार को ले कर राजीव गाँधी के विरुद्ध व्यापक अभियान चलाया, लेकिन पक्षधर जैसा बन जाने के कारण उसके लेखों और समाचारों को बहुसंख्यक पाठकों ने वह महत्व नहीं दिया और उन्हें उतना विश्वसनीय नहीं माना जितना इन्हीं सौदों के संबंध में 'हिंदू' और 'स्टेट्समैन' के समाचारों और लेखों को। आकाशवाणी की अपेक्षा बी बी सी के समाचारों को सुनने में अधिक रुचि लेनेवाला श्रोता अपने देश के पत्रों में बिल्कुल निष्पक्षता देखना चाहता है, जो पत्र मालिकों और पत्रकारों के ईमानदार एवं पवित्र न रह जाने से समकालीन पत्रकारिता नहीं दे पा रही है।

'रहिमन देखि बड़ेन को लघु न दीजिए डारि' को तो आज के पत्र और पत्रकार कोई महत्व ही नहीं देते। यह दोष पहले भी था, लेकिन आज बहुत ज्यादा हो गया है। 1930 के दशक में सम्राट पंचम जॉर्ज ने ब्रिटेन में एक अस्पताल का उद्घाटन किया। उनका भाषण तो पत्रों में खूब छपा, लेकिन 'टाइम्स' जैसे सम्मानित पत्र तक ने उस व्यक्ति के बारे में कुछ नहीं लिखा, जिसने अपना सर्वस्व लगा कर वह अस्पताल बनवाया था। वह उदारमना व्यक्ति सेना का बड़ा अधिकारी था और धन संग्रह करने के लिए उसने युद्ध में वीरता के लिए प्राप्त सर्वोच्च पदक विक्टोरिया क्रॉस तक बेच डाला था। आज के पत्रों में विवरणात्मक रिपोर्टिंग तो होती ही नहीं। यदि कहीं किसी आयोजन के उद्घाटनकर्ता या मुख्य अतिथि राष्ट्रपति या प्रधानमंत्री हुए, तो उनके भाषण के अलावा समारोह के दूसरे पक्षों के विवरण रहते ही नहीं, जबकि पाठक की रुचि इस बात में खास तौर से रहती है कि और कौन लोग बोले, वहाँ का दृश्य क्या था, श्रोताओं की भीड़ कैसी थी, उनका व्यवहार कैसा था आदि। पत्रों से कहीं ज्यादा आकाशवाणी और दूरदर्शन इस विकार से ग्रस्त हैं। पहले संपादक किसी अभद्र शब्द के स्थान पर कर्णप्रिय एवं हृदयग्राही शब्द देने के लिए व्यग्र रहते थे। आचार्य महावीर प्रसाद द्विवेदी के पास एक विद्वान लेखक का ऐसा लेख 'सरस्वती' में प्रकाशित करने के लिए आया, जिसमें उसने लिखा था, 'काबुल में गधे भी होते हैं'। द्विवेदी जी कई दिनों तक सोचते रहे कि कैसे इस अंश को निकालें नहीं कि गधा शब्द न रहे और अर्थवत्ता में अंतर न आये। बहुत विचार के बाद उन्होंने इस पंक्ति को यों सुधार दिया, ' काबुल में सब घोड़े ही नहीं होते'। समकालीन पत्रकारिता में शायद ही थोड़े पत्रकार ऐसा संपादन करनेवाले हों। अब तो बिना अर्थ समझे 'चूना लगाया' लिखा जाता है, जिसे सुसंस्कृत व्यक्ति कभी नहीं बोल सकता। किसी स्त्री, खासकर अविवाहित लड़की, की अस्मत लुट जाने के समाचार में स्त्री या लड़की का नाम इसलिए नहीं दिया जाता था कि उसकी अधिक बदनामी न हो। पराड़कर जी ने तो 'बलात्कार' शब्द का प्रयोग प्रतिबंधित कर दिया था। उसकी जगह 'शीलभंग', 'शीलहरण' शब्द लिखे जाते थे। आज की पत्रकारिता में 'बलात्कार' शब्द ही नहीं लिखा जाता, बल्कि आततायी की हविस की शिकार नारी का नाम और पता तक फोटो के साथ छापा जाता है। पत्र और पत्रकार यह नहीं समझते कि इस तरह का प्रचार हो जाने पर समाज में उस बेचारी अबला की क्या स्थिति होगी। किसी दुर्घटना का ऐसा चित्र पहले नहीं दिया जाता था, जिसमें शव क्षत-विक्षत पड़े हों और दृश्य बड़ा वीभत्स हो। यह स्वत:मान्य नियम इसलिए था कि इस तरह के चित्र देख कर मृतक के नजदीकी लोगों को बहुत तकलीफ होती है और वे कमजोर हृदय के हों तो उन्हें दिल का दौरा भी पड़ सकता है। समकालीन पत्रकारिता इस बात को जैसे सोचती ही नहीं।

बंगला भाषा की प्रकृति है कि वह किसी भी शब्द को मीठा या कर्णप्रिय बना देती है, भले ही इसके लिए शब्द को कितना ही तोड़ना क्यों न पड़े। बंगाली महाशय को मोशाय, श्मशान को शशान, लक्ष्मी को लक्खी और अमेरिकन को मार्किन कहता है। हिंदी में इसके विपरीत मधुर शब्दों को भी कटु बनाया जा रहा है। इसका एक कारण यह है कि उर्दू और संस्कृत का ज्ञान न होने से लोग शब्द के सही रूप को नहीं जानते और दूसरा कारण यह है कि व्यक्ति जब अपने चरित्र और स्वभाव में कठोर होता जा रहा है, तो वह स्वभावतः कठोर शब्दों का प्रयोग करेगा और मधुर शब्द को भी कठोर बना देगा। यदि लिखना है कि 'यह सारी घटनाएँ एक ही दिन हुईं' तो आज का पत्रकार लिखेगा 'ये सारी घटनाएँ एक ही दिन हुईं'। उसे यह नहीं मालूम है कि उर्दू में 'ये' और 'हे' को मिला कर 'यह' शब्द बना है। इसी तरह 'वह कब तक आयेंगे' की जगह 'वे कब तक आयेंगे' लिखा जाता है। लिखनेवाले यह नहीं समझते कि शेर में 'ये' और 'वो' भले ही पढ़ दिया जाता है, लेकिन ऐसा लिखा नहीं जाता और न गद्य में कहा ही जाता है। इस तरह के अगणित उदाहरण हैं।

संपादक के विषय में एक नसीहत है कि काटने का काम 'वर्टिकल' (खड़ा) नहीं, 'होरिजेंटल' (बेड़ा) होना चाहिए। आज के पत्रकार के लिए यह बुद्धिसाध्य काम कठिन हो गया है। इसीलिए संपादन बहुत कम अच्छा हो पाता है और संपादक के बारे में बहुतों की धारणा अच्छी नहीं है। बिना समझे ही सही, लेकिन अब भी लोग कह देते हैं कि संवाददाता का काम रचनात्मक होता है और संपादक का इसके विपरीत। एक भद्र महिला एक बार 'टाइम्स' (लंदन) के दफ्तर में गयी। सब विभाग देख लेने के बाद जब उसे उपसंपादकों के कमरे में ले जाया जाने लगा तो उसने उस कमरे में जाने से यह कह कर इनकार कर दिया कि मैं 'कसाईखाने' में नहीं घुसना चाहती। वहाँ खड़े एक समझदार उपसंपादक ने यह सुन कर उसे समझाया, 'मैडम! यह कसाई का कमरा नहीं, बढ़ई का कमरा है। जिस प्रकार बढ़ई टेढ़ी-मेढ़ी और ऊबड़-खाबड़ लकड़ी को बसुले और रंदे से काट-छाँट और सँवार कर शृंगारदान, मेज, कुरसी, सोफा आदि बना देता है, उसी तरह उपसंपादक भी भोंडे समाचारों और लेखों को काट-छाँट कर निखार और सँवार देता है।' समकालीन पत्रकारिता में यह कला प्रदर्शित की जा रही है, ऐसा दावा नहीं किया जा सकता। हिंदी के समाचारपत्र और संवाद अभिकरण तो कतई नहीं करते।

हिंदी भाषा में बहुत-सी विकृतियाँ अंग्रेजी के प्रभाव के कारण आयीं। अंग्रेजी में रामचंद्र या कृष्णकुमार को अलग-अलग लिखा जायेगा, जबकि राम और चन्द्र, कृष्ण और कुमार अलग-अलग लिखने का कोई अर्थ ही नहीं है। चंद्रेश्वरप्रसादनारायण सिंह को भले ही सी पी एन सिंह कहा जाता है, लेकिन वे अपना पूरा नाम एक साथ लिखते हैं। सही नियम भी यही है। हिंदू, बौद्ध, जैन, सिख नाम एक

साथ लिखे जाते हैं, जबकि ईसाई, यहूदी और मुसलमान नाम अलग-अलग। मुहम्मद अयूब, जान क्रिस्टॉफर एक साथ नहीं लिखे जा सकते; वे अलग-अलग ही रहेंगे। इसके विपरीत राधाकृष्ण, अशोककुमार, सत्यनारायण, कृष्णानंद एक ही साथ लिखा जायेगा। उनके अलग-अलग लिखने का कोई अर्थ ही नहीं रह जायेगा। लेकिन अंग्रेजी का प्रभाव इतना गलत पड़ गया है कि अशोककुमार को संक्षिप्त रूप में ए के और सत्यनारायण को एस एन तो लिखते ही हैं, कृष्णानंद को भी के एन लिखा जाता है। ऐसा ही प्रभाव 'आर्टिकिल' का पड़ा है। अंग्रेजी में कहना हो कि 'आज यहाँ किसानों की सार्वजनिक सभा में' तो 'पब्लिक मीटिंग' के पहले 'ए' आर्टिकल भी लिखना होगा। हिंदीवाले अपनी भाषा की प्रकृति को न समझ कर यहाँ 'एक सार्वजनिक सभा' लिखेंगे। 'एक' लिखने की वस्तुतः कोई जरूरत नहीं है। 'इनडायरेक्ट नैरेशन' में लिखने की बीमारी तो इतनी ज्यादा बढ़ गयी है कि इस पर चेस्टर्टन को करारा व्यंग्य करना पड़ा। इस प्रवृत्ति पर प्रहार करते हुए उन्होंने लिखा, 'आज का पत्रकार ब्रूटस के प्रसिद्ध भाषण 'फ्रेंड्स, रोमंस, एंड कंट्रीमेन, गिव मी योर ईयर्स' को भी इनडायरेक्ट नैरेशन में लिख देगा।' हमने एक लेख में इसका उत्तर दिया था कि समझदार पत्रकार ऐसे श्रेष्ठ साहित्यिक अंश को डायरेक्ट नैरेशन में ज्यों का त्यों उद्धृत कर देगा। इस प्रभाव का परिणाम इतना बुरा हुआ कि हिंदी के पत्रकार लिखेंगे कि उन्होंने कहा कि उन्हें बचपन से ही संस्कृत से बहुत लगाव रहा है। उनकी यह लिखने की यह आदत ही नहीं बनी है कि उन्होंने कहा, 'मुझे बचपन से ही संस्कृत से बहुत लगाव रहा है'। भाषाई संस्कार बिगड़ जाने के ही कारण अब लोग बातचीत में कह देते हैं, 'मैं मेरे घर जाऊँगा'। संस्कृत विश्वविद्यालय से शास्त्री परीक्षा उत्तीर्ण एक लड़की ने पत्र में 'हुई' के बजाय 'हुयी' लिखा। मैंने जब पूछा कि तुमने बड़ी 'ई' के स्थान पर 'यी' क्यों लिखा, तो उसने उत्तर दिया कि हिन्दी अखबारों में तो ऐसा ही छपता है। कहाँ पर 'ई' 'ए' लिखा जायेगा और कहाँ पर 'यी' 'ये', इसका नियम है। (यह युक्तिसंगत नियम कलकत्ता की हिंदी पत्रकारिता की देन है।) 'लड़का गया', 'लड़की गयी', 'लड़के गये' इसमें स्वर के 'ई' और 'ए' का प्रयोग इस शैली के अनुसार नहीं किया जाता। इसी तरह 'अ', 'इ' और 'ए' का भी नियम हैं। आयोजन हुआ, सभा हुई, झगड़े हुए। इनमें 'य' पर 'ई' और 'ए' की मात्रा लगा कर स्वरों का ही प्रयोग होगा। 'मैंने अपने लिए चार आम लिये' लिखना है तो पहले 'लिए' अव्यय में 'ए' का प्रयोग होगा और दूसरे में, जो क्रिया पद है, 'ये' लिखा जायेगा। यदि किसी की समझ में यह सरल नियम नहीं आता तो बेहतर है कि वह स्वर का ही प्रयोग करे। वैसे युक्तिसंगत यही है कि 'नया' का स्त्रीलिंग 'नयी' में स्वर की 'ई' और बहुवचन 'नये' में स्वर का 'ए' न लिख कर 'यी' और 'ये' ही लिखा जाये। समकालीन पत्रकारिता ने इस मामले में अराजकता पैदा कर दी है। वैसे वर्तनी का यह विषय बहुत

विस्तार से पुस्तक के रूप में लिखने योग्य है।

समकालीन पत्रकारिता में एक दोष यह भी आया है कि वह मूल को न पकड़ कर पल्लव को प्रमुखता देती है। जैसे प्रधानमंत्री, राष्ट्रपति या किसी अन्य ने बहुत बड़े बाँध ता अन्य परियोजना का उद्घाटन किया, तो पत्र लिखेगा—'प्रधानमंत्री ने आज यहाँ घोषणा की कि 10 वर्ष में देश में कोई भी गरीब नहीं रह जायेगा। उन्होंने विरोधी दलों के गठबंधन को अपवित्र कहा और चेतावनी दी कि जनता उसके चक्कर में न आये।' इसके बाद लिखा जायेगा, 'प्रधानमंत्री ने, जो डेढ़ अरब रुपये की लागत से निर्मित अमुक बाँध का उद्घाटन कर रहे थे, कहा कि··।' बड़ी बात प्रधानमंत्री का 'प्रोपेगंडा' नहीं, अपितु यह है कि उन्होंने डेढ़ अरब रुपये की लागत से बने बाँध का उद्घाटन किया। इसलिए रिपोर्ट वस्तुतः इस प्रकार शुरू होनी चाहिए—'प्रधानमंत्री ने आज यहाँ डेढ़ अरब रुपये की लागत से निर्मित अमुक बाँध का उद्घाटन किया।' भाषण के अंश इसके बाद आने चाहिए।

समाचार पत्रों का काम है सूचना देना, व्याख्या करना, शिक्षा देना और मनोरंजन करना। चारों काम पत्र पूरी जिम्मेदारी और ईमानदारी के साथ नहीं कर रहे हैं या नहीं कर पा रहे हैं। शिक्षित करने की तो जैसे उनकी कोई जिम्मेदारी ही नहीं रह गयी है। सिनेमावाले जिस तरह कहते हैं कि हम वही चित्र बनाते हैं, जो जनता पसंद करे और वे इस दृष्टिकोण के कारण मारधाड़, अपराध और सेक्स प्रधान चित्र बनाते हैं, उसी प्रकार पत्रों ने भी सोच लिया है। विज्ञापनदाता के विरुद्ध तो वे कुछ लिखना ही नहीं चाहते। और, आज की सबसे बड़ी विज्ञापनदाता सरकार है। मनोरंजन के नाम पर ज्यादातर पत्र चलचित्र जगत की भद्दी और भोंडी भाषा में लिखित जानकारियाँ देते हैं, जिससे चरित्र निर्माण न हो कर चरित्र विकृति बढ़ रही है।

समकालीन पत्रकारिता में सब दोष नहीं हैं, कुछ अच्छाइयाँ भी आयी हैं। कभी-कभी तो ऐसे शब्दों का प्रयोग होता है जो बहुत ही प्रभावशाली होते हैं। जैसे किसी सड़क की खराबी का वर्णन करते हुए शीर्षक दिया गया 'मुजफ्फरपुर की गर्भ-गिराऊ सड़कें।' सड़क की दुरवस्था का वर्णन करने के लिए 'गर्भ गिराऊ' से अधिक शक्तिशाली शब्द का प्रयोग नहीं हो सकता। लेकिन यह शब्द शालीन होने के बजाय बहुत फूहड़ है।

1965 के भारत-पाकिस्तान युद्ध में हमने वागा-डोगराई सेक्टर में एक उच्च सैनिक अधिकारी से प्रश्न किया कि पाकिस्तान के पास इतने अच्छे टैंक और श्रेष्ठ शस्त्र होते हुए भी आप कैसे विजयी हुए, तो उसने कहा—अस्त्र का उतना महत्व नहीं है जितना उसे चलानेवाले का। हमारे पत्रों की भी दशा वैसी ही है। पत्र संचालक के लिए पत्र धन कमाने का साधन है, सेवा और आदर्श से उसे कुछ लेना-देना नहीं है। पत्रकार इधर कुछ वर्षों में पत्र-संचालकों से भी अधिक नीचे गिरा है।

दिल्ली हो या बंबई, लखनऊ हो या पटना, सर्वत्र पत्रकार बुरी तरह से सत्ता के प्रभाव में हैं और आते जा रहे हैं। कहीं किसी पत्रकार ने विदेश में इलाज कराने के लिए तीन लाख रुपया ले लिया और इलाज करने नहीं गया, तो कहीं विदेश यात्रा के लिए पत्रकार दल को असहाय कोष से पैसा दिया गया। कहीं सचिवालय के सरकारी जलपानगृह में उन्हें मुफ्त में कुछ भी और कितना भी पीने को छूट है तो कहीं के मुख्यमंत्री ने उन्हें बड़े-बड़े अधिकारियों के तबादले करा कर धन कमाने की सुविधा दी। यह बात छिपी हुई नहीं है, इसे सभी जानते हैं। जाहिर है कि ऐसे तत्व पत्रकारिता की सही सेवा नहीं कर सकते। समाचार पत्र में उनका चरित्र ही तो प्रतिबिंबित होगा। इस दृष्टि से पहले की पत्रकारिता और समकालीन पत्रकारिता में क्या अन्तर है, इसे अकबर इलाहाबादी की यह पंक्तियाँ बहुत अच्छे ढंग से स्पष्ट करती हैं—

पुरानी रोशनी में और नयी में फर्क इतना है
उसे कश्ती नहीं मिलती, इसे साहिल नहीं मिलता

उत्कर्ष और विघटन के आयाम

धर्मवीर भारती

1962 एक वहुत महत्वपूर्ण वर्ष है हमारे स्वातंत्र्योत्तर इतिहास का। यानी आजादी पाने के ठीक 15 वर्ष बाद सन 62 में हम एक ऐसे दौर से गुजरे, जो बहुत अजीब था। चीनी आक्रमण, हमारी लज्जाजनक पराजय और कुछ वक्त बाद मानसिक आघात से न उबर पाने के कारण पंडित नेहरू का दुखद निधन। आजादी के पहले हमारी पत्रकारिता एक जुझारू दौर से गुजरी थी, पर आजादी के बाद अजीब मिलाजुला मूड था। आजादी पाने का उल्लास भी, विभाजन की ठेस और कसक भी, फिर भी एक आश्वस्ति कि हम एशिया-अफ्रीका के देशों में अग्रणी हैं। देश के अंदर कुछ भी हालत हो, पर नेहरू सारी तीसरी दुनिया के महान नायक हैं। पंचशील के विधायक हैं। हमारी आजादी दुनिया को एक नया आलोक दे रही है, हमारी नैतिक वरिष्ठता के आगे नतमस्तक हैं दुनिया की महाशक्तियां। कुछ इसी मिले-जुले आत्मसंतोष, बल्कि 'सेल्फ-ग्लोरीफिकेशन' के दौर से गुजर रही थी हमारी पत्रकारिता भी।

आया सन 62। अकस्मात 'हिंदी-चीनी भाई-भाई' वाले चीन ने न सिर्फ हम पर बर्बर आक्रमण किया, बल्कि हमें हराया और सारी दुनिया के सामने हमें जलील कर छोड़ दिया।

दो प्रतिक्रियाएँ हुई इसकी। एक ओर तो इस धक्के से हमारी रूमानी कल्पनाओं की दुनिया कांच के खिलौने की तरह बिखर गयी, पर दूसरी ओर हमने पाया कि भारत के सामान्य जन में एक नया संकल्प उभरा, एक नयी प्रौढ़ दृष्टि उभरी राष्ट्रीय सवालों पर। याद कीजिए, उस समय सारे देश में क्षेत्रीय आंदोलन और भाषागत विवाद एक झटके से बंद हो गये। तमिलनाडु से कश्मीर तक और केरल से असम तक भारत एकमन हो कर सोचने लगा था, एक स्वर में बोलने लगा था। भारत इतना एक कभी नहीं हुआ था, इतना जाग्रत कभी नहीं हुआ था, जितना आजादी के पंद्रहवें साल में 1962 में हुआ। और, यह एकता और जागरण हमारे नेताओं के सफल नेतृत्व की देन नहीं थे। वे तो असफल साबित हो चुके थे।

उनका आसरा छोड़ कर जनमानस अपने आप कमर कस कर, आपसी विरोध भुला कर उठ खड़ा हुआ था।

और यही समय था, जब जनमानस की इस जाग्रति के कारण जनसंपर्क माध्यमों में, हमारे दैनिक अखबारों में, हमारी पत्रिकाओं में एक नयी यथार्थ चेतना, एक नयी ताजगी, एक नया संकल्प प्रकट हुआ था—खास तौर से देशी भाषाओं की पत्रकारिता में, उसमें भी खास तौर से हिंदी में। एक नया संकल्पवान व्यापक जनमानस तैयार था। 'अधिक व्यापक, अधिक सार्थक, अधिक यथार्थदर्शी पत्रकारिता'—यह उसकी माँग थी और उसी भावभूमि में देशी भाषाओं की पत्र-पत्रिकाओं ने अपनी नयी भूमिका की पहचान हासिल की। उनका क्षितिज व्यापक हुआ, उनकी दृष्टि गहरी हुई, उनको एक संस्कार मिला और उसी समय पहली बार पत्रों के छोटे-बड़े प्रकाशन संस्थानों ने देशी भाषा—विशेषकर हिंदी—की पत्र-पत्रिकाओं की अमित संभावनाओं को पहचाना। वह पहचान बाजारू पहचान नहीं थी, सोद्देश्यता की पहचान थी। केवल तीन वर्ष बाद 1965 में जब पाकिस्तानी आक्रमण का मुँहतोड़ जवाब एक धोती-कुरता पहननेवाले, हिंदी प्रदेश के एक 'मामूली आदमी जैसे' लालबहादुर शास्त्री ने दिया, तो अंग्रेजीदाँ पत्रकारिता देशी भाषा के 'मामूलीपन' के आगे झुकती हुई नजर आयी। धुआँधार अंग्रेजी बोलनेवाले नेहरू युग के कृष्ण मेनन ने चीन के हाथों जलील कराया था, लेकिन गाजीपुर के किसान के हिंदीभाषी बेटे अब्दुल हमीद खाँ ने अपनी शहादत से 1965 में अमेरिका-पाकिस्तानी आक्रमणकारियों के दाँत खट्टे कर दिये थे। वह हिंदी पत्रकारिता की शानदार विकास यात्रा का आरंभ बिंदु था। अंग्रेजी पत्रकारिता इस कदर पिट रही थी कि खुशवंत सिंह को नंगी तस्वीरों, जातिवाद का बेशर्म प्रचार करनेवाले फीचरों और अश्लील मजाकों का सहारा लेना पड़ा अंग्रेजी पत्रकारिता को डूबने से बचाने के लिए। उस पतनोन्मुखता से बेचारा प्रीतीश नंदी अभी तक उबर नहीं पा रहा है।

जहाँ अंग्रेजी पत्रकारिता इन सस्ते 'स्कूपों' का सहारा ले रही थी, वहाँ हिंदी पत्रकारिता दिनोंदिन अपना 'स्कोप' विस्तृत कर रही थी। राजनीति और सामाजिक आचरण के बुनियादी सिद्धांतों का विवेचन, भाषा, साहित्य और संस्कृति से एक गहराता सरोकार, ज्ञान-विज्ञान, समाजशास्त्र, मानवीय संवेदना तथा कितने नये-नये आयाम! शहरवासी 'इंडिया' के बजाय ग्राम और कस्बों में बसनेवाले 'भारत' की दशा के यथार्थ विवरण, सामान्य जन की आशाओं-आकांक्षाओं के प्रति एक बढ़ती प्रतिबद्धता, जिसका चरमोत्कर्ष हुआ पहले बंगलादेश मुक्ति आंदोलन और फिर जयप्रकाश के जनजागरण अभियान के प्रति गहरी संलग्नता में। 10 वर्ष पूरे हुए। 1962 से 1971-72 तक हिंदी पत्रकारिता का सारा स्वरूप बदल चुका था।

और तभी एक गहरा झटका लगा। जयप्रकाश गिरफ्तार हुए। देश में इमरजेंसी घोषित कर दी गयी और पत्र-पत्रिकाओं पर सख्ती से सेंसरशिप लागू कर दी गयी। कहाँ हिंदी पत्र-पत्रिकाओं की परवान चढ़ती हुई तेजस्विता और कहाँ सेंसरशिप का सहसा वज्रपात। तुलसीदास के शब्दों में 'लिखत सुधाकर लिखिगा राहू'।

और जहाँ विजय का उद्‌घोष हो रहा था, वहाँ पत्र-पत्रिकाओं की दुनिया में एक गहरा मातम छा गया। एक बेबसी, सहसा लगनेवाले मानसिक आघात के बाद की संज्ञाशून्यता, उचटा-उचटा-सा मन हर निष्ठावान पत्रकार का !

मुझे याद है वह दिन, जब उदास मुँह लटकाये हमारे युवा सहयोगी सुरेन्द्र प्रताप सिंह आये, 'डॉक्टर साहब, कामकाज में जी नहीं लग रहा, महीने-दो-महीने छुट्टी ले कर घूम आऊँ कहीं ?' मैंने उदासी से मुस्करा कर कहा था, 'सुरेंद्र, मुझे खुद छुट्टी दिला दो, मेरा भी मन आजकल नहीं लगता।' यही वे दिन थे, जब हमारे तीन प्रखर सहयोगी एक-एक कर कुछ ही महीनों के अंतराल से नयी जमीन की तलाश में निकले—एम जे अकबर, फिर सुरेंद्र प्रताप सिंह, फिर उदयन शर्मा। और फिर इमरजेंसी उठी, चुनाव हुए—जनता पार्टी जीती और शुरुआत हुई 'संडे' की, 'रविवार' की। और हम सबने अपने तीनों प्यारे सहयोगी मित्रों के एक नये अभियान का बड़ी ललक से स्वागत किया।

यह था 1977। एक और महत्वपूर्ण बिंदु 1962 के ठीक 15 वर्ष बाद। हमारे समकालीन इतिहास का एक और न केवल महत्वपूर्ण, बल्कि विस्फोटक बिंदु। इमरजेंसी उठी, पत्र-पत्रिकाओं में जो गतिरोध की मूर्च्छना थी, वह झटके से टूटी। सामान्यजन, जो इतने दिनों से आकाशवाणी की आधी-अधूरी खबरों और झूठी-सच्ची अफवाहों के अंधलोक में प्यासा भटक रहा था, अकस्मात पत्र-पत्रिकाओं की ओर टूट पड़ा। अखबार और पत्रिकाएँ जितनी आतुरता से उस समय पढ़े गये, वैसा पहले कभी नहीं हुआ था। जनमानस का 'मास मीडिया' से जैसे एक नया भावनात्मक रिश्ता जुड़ा।

केवल भावनात्मक ही नहीं, लोग एक नये आदर और संभ्रम के भाव से पत्रकारों को देखने लगे। पत्रकारों की एक नयी 'इमेज' बनी। वे सामाजिक-राजनीतिक जीवन के 'ग्लैमर ब्वॉय' के रूप में देखे जाने लगे। इसका श्रेय कितना पत्रकारों के कृतित्व को जाता है, कितना इंदिरा जी के कृतित्व को, यह विचारणीय है। इंदिरा जी ने सेंसर लगा कर और कुछ पत्रकारों को गिरफ्तार करा कर उन्हें 'हीरो' बना दिया साधारण जन की आँखों में। और, इस धारणा की पुष्टि हुई, जब चुनाव हुए। अधिकांश पत्रकारों ने खुल कर इमरजेंसी के दौरान हुए अत्याचारों का परदाफाश किया और शक्तिपुंज मानी जानेवाली इंदिरा जी और उनकी पार्टी चुनावों में इस बुरी तरह हारी, जिसका किसी को अनुमान भी नहीं था।

पत्रकारिता के इस चरमोत्कर्ष के काल में ही उसके भावी ह्रास के बीज छिपे हुए थे। हो सकता है, आप मेरी अनेक बातों से सहमत न हों, पर इतनी प्रार्थना जरूर करूँगा कि आगे जो कहने जा रहा हूँ, उस पर जरा ठंडे मन से विचार करेंगे, तो पायेंगे कि उनमें काफी सच्चाई है, हालाँकि यह जरूर है कि वह सच्चाई जरा कड़वी है।

'हीरोपन' और 'ग्लैमर' का जो नया प्रभामंडल पत्रकारों को मिला, उसका श्रेयस्कर प्रभाव तो यह होना चाहिए था कि वह उन्हें वैचारिक धरातल पर परिपक्व बनाता, जनकल्याण के प्रति अधिक प्रतिबद्ध, अधिक निस्पृह बनाता, सनसनी के बजाय सत्य के प्रति अधिक निष्ठावान बनाता और 'स्व' के बजाय सर्व के प्रति अधिक समर्पित बनाता, लेकिन हुआ क्या ?

पत्रकारों के एक बड़े वर्ग में तो यह चेतना जागी, लेकिन कुछ अंशों में इसका कुछ और प्रभाव भी हुआ। अपने इस नव-प्राप्त ग्लैमर की आभा में एक नयी आत्मप्रवंचना अनेक पत्रकारों में जागी और कुछ तो तुरंत उसे भुनाने के लिए दौड़ पड़े। कुछ बड़े लाभदायक पदों से ले कर राज्यसभा के नामांकन तक के लिए जनता सरकार के मंत्रियों तक ही नहीं, बल्कि बेचारे बीमार जेपी की रोगशय्या तक लेखकों-पत्रकारों के जो 'क्यू' उस समय लगे थे, उसे याद कर हँसी भी आती है और रोना भी। पत्रकारिता अपने में शब्द की सच्चाई और उसे जन तक संप्रेषित करने की जिम्मेदारी है, यह बात तो गौण हो गयी। हाँ, पत्रकारिता शक्ति-संचय की एक नयी विधा है, यह बात प्रमुख होने लगी। एक बार शक्ति-संचय के नये बिंदु के रूप में प्रतिष्ठित होने के बाद जाहिर है कि बड़े शक्ति-केंद्र उसे चुंबक शक्ति से अपनी ओर खींचने लगे। एक नया हासिल किया हुआ बड़प्पन तो तभी चरितार्थ होगा न, जब वह बड़े मंत्रियों के दरबार, बड़े अफसरों के सत्संग, बड़े नेताओं की छत्रछाया और बड़े देशों के बड़े दूतावासों के बड़े विदेश-आमंत्रणों से समर्थित हो ! छोटी, कमजोर, पिछड़ी हुई जनता और नवसाक्षर पाठक वर्ग ? वह बेचारा तो इस बड़प्पन के आगे यों ही नतमस्तक हो चुका था।

पत्रकारिता का इस्तेमाल तिलक ने भी किया था 'स्वराज' के द्वारा, गाँधी जी ने किया था 'हरिजन' के द्वारा, गणेशशंकर विद्यार्थी ने 'प्रताप' के द्वारा, माखनलाल चतुर्वेदी ने 'कर्मवीर' के द्वारा, शिवप्रसाद गुप्त ने 'आज' के द्वारा, रामानंद चटर्जी ने 'मॉडर्न रिव्यू' और 'विशाल भारत' के द्वारा, डॉ० लोहिया ने 'जन' के द्वारा। इन स्वनामधन्य पत्रकारों का लक्ष्य क्या था ? केवल ब्रिटिश साम्राज्यवाद के अत्याचारों का लोमहर्षक विवरण दे कर पाठकों को एक सनसनी-खेज/चटखारेदार उत्तेजना प्रदान करना ? नहीं, जनसाधारण में इस बात की चेतना भी जगाना कि जाने या अनजाने में इस उपनिवेशवादी शोषणचक्र के अंग वे स्वयं न बन जायें, इस बात का संकल्प उनके मन में जगाना कि वे एक बेहतर,

समतावादी, स्वतंत्र, स्वाभिमानी समाज के निर्माण के लिए पहले स्वयं अपने निजी आचरण में सादगी, स्वतंत्र विवेक, और सामाजिक उदारता और नैतिक शुद्धता लायें। वह पत्रकारिता व्यक्ति और समाज के नव-रचनात्मक निर्माण के प्रति प्रतिबद्ध थी और इसके लिए जहाँ एक ओर ब्रिटिश साम्राज्यवाद के पाखंड का उद्घाटन करती थी, वहीं अपने पाठक वर्ग को एक नया व्यक्तित्व बनाने की प्रेरणा देती थी, उसे सुरुचि का संस्कार देती थी, एक नैतिक चरित्र-निर्माण की प्रेरणा देती थी और उसके लिए पत्रकार पहले अपने व्यक्तित्व को सादगी, निष्ठा, स्वाभिमान और निस्पृहता के साँचे में ढालता था। याद कीजिए तिलक की, मदनमोहन मालवीय की, गणेशशंकर विद्यार्थी की, उनके युवा उपसंपादक भगत सिंह की, पराड़कर की, गांधी की, लाजपत राय की और उनके अखबारों की और उनके सादा-त्यागपूर्ण व्यक्तित्व की। वहाँ सनसनीखेज भंडाफोड़, चीखती हुई सुर्खियों और अंधी एकांगी पक्षधरता के बजाय एक वैचारिक उद्‌बोधन था, सच्चाई का वस्तुनिष्ठ चित्रण था, जिसका विरोध कर रहे हैं, उसके प्रति भी सदाशयता थी और सबसे बढ़ कर अपने पाठक वर्ग, अपने समाज और देश के अंदर एक आत्मज्योति जगाने की व्यग्रता थी। वे इस बात की गुहार लगाते थे कि सरकार जब बदलेगी तब बदलेगी, पहले वे और उसके पाठक बदलें, अपने दायित्व के प्रति सचेत हों, अपने आचरण में सामाजिक और राष्ट्रीय मर्यादा लायें—और तभी वे राष्ट्रीय संग्राम के अपराजेय सैनिक बन सकेंगे और भ्रष्ट विदेशी प्रशासन को उखाड़ सकेंगे। वह पत्रकारिता सामाजिक बदलाव की, मौन क्रांति की एक सार्थक, सोद्देश्य प्रक्रिया थी। और आज ?

नहीं, मेरे इस सवाल से आप कतई यह न समझें कि मैं आज की तथाकथित 'खोजी पत्रकारिता' के महत्व या उपलब्धियों को नकार रहा हूँ। उस क्षेत्र की अनेक प्रतिभाओं ने अनेक महत्वपूर्ण कार्य किये हैं। मैं उनका, उनके कार्य का बहुत आदर करता हूँ, पर मेरा आग्रह इस बात पर जरूर है कि नकारात्मक और मूल्य-मर्यादाविहीन होने पर उस पत्रकारिता का भी सामाजिक उपयोग नगण्य हो जायेगा। क्या आपको कभी-कभी ऐसे उदाहरण देखने में नहीं आते कि किसी भ्रष्ट मंत्री या उद्योगपति या अफसर या नेता या अभिनेता का भंडाफोड़ कर रहा है कोई ऐसा पत्रकार, जो स्वयं मंत्रियों या दूतावासों या अफ़सरों से अपने छोटे या बड़े स्वार्थ साधने की जुगाड़ में रहता है। और, उसके उस भंडाफोड़-लेखन को रस ले कर कौन पढ़ता है ? कोई घूस लेनेवाला क्लर्क, या दोहरे बहीखाता रखनेवाला व्यापारी, या पढ़ाई के अलावा हर दूसरे शौक में मुब्तिला छात्र। क्या इनमें से किसी में यह भावना जागती है कि वह स्वयं अपने जीवन या अपने आसपास के जीवन से भ्रष्टाचार मिटाने की कोशिश शुरू करे ? फिर ऐसे लेखन का फायदा क्या हुआ ? समाज तो जहाँ का तहाँ रहा, बल्कि भ्रष्टाचार, जो सामाजिक विक्षोभ का विषय

बनना चाहिए, केवल वक्त काटनेवाले सनसनीखेज मनोरंजन का शाब्दिक उपकरण बन जाता है। यह सामाजिक बदलाव की प्रक्रिया नहीं हुई। बल्कि उसका उलटा ही हुआ। छोटे स्तर पर भ्रष्टाचार करनेवाले को एक मानसिक सहारा मिला कि वह तो बड़े-बड़ों की जमात में शामिल है। धीरे-धीरे भ्रष्टाचार में उसे रस आने लगता है, लज्जा नहीं आती।

यह उलटा परिणाम क्यों निकल आया ? इसीलिए न कि तथाकथित खोजी पत्रकारिता और भंडाफोड़ू लेखन में लेखक या पत्रकार के स्वयं के संयमित, मर्यादित, अनुशासित आत्मबोध और आचरण का अभाव रहा और स्पष्ट सामाजिक सोद्देश्यता का उद्‌बोधन—जो हर व्यक्ति और हर समुदाय को अपने-अपने स्तर पर, अपने दायरे में, अपने निज के चरित्र से भ्रष्टाचार को उखाड़ फेंकने का संकल्प और आत्मबल दे—या तो रहा ही नहीं या रहा तो गौण और नाम मात्र का बन कर रह गया।

दरअसल, पत्रकार स्वयं एक बदलते सामाजिक परिवेश का अंग है और उस सामाजिक परिवेश की सीमाओं के अंदर ही उसका विकास होता है। यह ठीक है कि वह उस दूषित सामाजिक परिवेश का अतिक्रमण करे और उसे बदलने के लिए उसमें मूल्यपरक निष्ठा और साहसपूर्ण संकल्प भी होना चाहिए, लेकिन उस पत्रकार पर फैसला देने के लिए पहले हमें यह भी देखना होगा कि उस समय वे कौन-सी सामाजिक, राजनीतिक परिस्थितियाँ थीं, जो उसकी मूल्यवत्ता और उसकी संकल्प शक्ति को रचनात्मक ढंग से या नकारात्मक ढंग से प्रभावित कर रही थीं। इस मामले में नकारात्मक ढंग से ज्यादा !

आइए, इसके लिए फिर एक बार लौटें 1977 के माहौल में। अजीब-सा वक्त था वह। एक कमजोर, बीमार, 72 वर्ष के लोकनायक के आह्वान पर सारा देश, सारे देश का जनसामान्य उठ खड़ा हुआ था, महान शक्तिमान राजसत्ता को चुनौती देने और एक जबरदस्त धक्के से वह राजसत्ता उलट दी गयी थी, जो पहले अपराजेय मालूम होती थी। एक नये आत्मविश्वास, कमजोरों और मजलूमों की विजय का क्षण था वह। ऐसी चीजें घटित हो रही थीं, जो पहले असंभव लगती थीं, कि अब राजनीति मूल्यों के आधार पर चलेगी, कि अब शासन जनकल्याण के लिए होगा, कि अब किस्से कुरसी के दोहराये नहीं जायेंगे, कि पहली आजादी तो दिग्भ्रमित हो गयी थी, यह 'दूसरी आजादी' मुकम्मल और ज्यादा अर्थवती होगी। राजनेताओं ने, विविध दलों के राजनेताओं ने मिल कर जयप्रकाश की उपस्थिति में राज भवन में नहीं, बल्कि महात्मा गाँधी की समाधि पर खड़े हो कर शपथ खायी थी कि अब देश का निर्माण, स्वतन्त्रता की रक्षा और गरीबों का कल्याण ही उनका लक्ष्य होगा, निहित राजनीतिक स्वार्थों को वे सदा के लिए तिलांजलि दे रहे हैं। मानो एक स्वर्ग उतर आया हो धरती पर।

लेकिन चरमोत्कर्ष के इस ज्योतिक्षण के बाद देखते-देखते एक एंटी-क्लाइमेक्स शुरू हो गया। ज्यों-ज्यों स्वर्ग के दरवाजे खुले और लोगों ने अंदर झाँकना शुरू किया, त्यों-त्यों तस्वीर बदलने लगी। प्रधानमंत्री के चुनाव के समय से ही 'किस्सा कुरसी का' फिर से वापस लौटने लगा। कुरसी चरण सिंह की हो या मोरारजी की या जगजीवन बाबू की? किसके सहयोग के लिए क्या शर्तें हों, कौन पहले मंत्रियों की एक सूची बना कर बाद में चुपके से सूची बदल कर अपने गुट के लोगों को घुसा रहा है—ये सब किस्से बाहर आने शुरू हुए, तो देश के सामान्य सहज विश्वासी नागरिक को गहरा धक्का लगा। फिर भी उसने धीरज धरा कि यह संक्रमण काल की उलझनें हैं, शीघ्र दूर हो जायेंगी। लेकिन एक-दो साल के अंदर घटनाक्रम इस तेजी से घूमा कि लोगों की आस्था चूर-चूर हो गयी। जनता सरकार ने जो कुछ अच्छे काम भी किये थे, वे पृष्ठभूमि में चले गये और सत्ता के लिए अंदर-ही-अंदर जो जोड़-तोड़ किये जा रहे थे, वे घरों में, दुकानों पर, बाजार में, चौपालों में चर्चा के विषय बन गये।

और एक झटके में जो जबरदस्त मोहभंग हुआ और उसने सारे वातावरण में जो जहर फैला दिया, उसकी तुलना तो केवल भोपाल गैस कांड से ही की जा सकती है। रातोंरात आदर्श, मूल्य, संकल्प सभी गैस के शिकार हो गये। पीछे छूट गया हक्का-बक्का, शोक में डूबा जनसामान्य, जो न केवल दिग्भ्रमित था, बल्कि क्रुद्ध था। उसके सहज विश्वासों के साथ जो घात हुआ था, उसकी मर्मांतक वेदना उसे अनास्थावान बना गयी थी। ये बड़ी-बड़ी बातें करनेवाले भी केवल शेर की खाल ओढ़नेवाले हैं, अंदर इनमें वही लिप्सा, वही सत्ता-लोभ, वही बेईमानी, वही मूल्यहीनता है, जिसके विरोध में नारे लगा कर ये सत्ता में आये थे। बल्कि जो सत्ता में आ गये थे, उनमें से एक-दो ने तो जयप्रकाश की भूमिका को ही नकारना शुरू कर दिया था। 'विरोध की राजनीति तो मैंने शुरू की थी, उसका श्रेय जयप्रकाश चतुराई से ले गये' या 'संवैधानिक दृष्टि से तो मैं राष्ट्रनायक हूँ, वे तो असंवैधानिक सत्ता केंद्र बनते जा रहे हैं'—ऐसे अमृत वचन भी कानों में जहर घोलने लगे। अंत में '80 के चुनावों में किस तरह इनका तख्ता पलट कर जनता ने इनको इनकी औकात पर उतार कर धर दिया, वह इतिहास अभी आपकी याद में ताजा होगा, उसे दुहराने की जरूरत नहीं।

पर ट्रेजेडी यह नहीं हुई कि जनता सरकार टूटी। सरकारें तो आती-जाती रहती हैं। ट्रेजेडी यह हुई कि जनमानस में मूल्यों का अवमूल्यन हो गया, आदर्शों पर से आस्था उठ गयी, चिंतन में सोद्देश्यता खत्म होने लगी, तात्कालिक स्वार्थ और निजी हित किसमें है—इसकी चेतना प्रबल होने लगी। मूल्यों के इस सर्वव्यापी विघटन के दौर में अगर पत्रकारिता में भी सोद्देश्यता समाप्त हो कर मूल्यों का, आदर्शों का विघटन होने लगा, तो इसमें आश्चर्य की क्या बात! आखिर पत्र-

कारिता भी तो व्यापक सामाजिक प्रक्रिया की एक उपधारा ही है न ! निरर्थक है आदर्शों की बात करना, निरर्थक है सामाजिक बदलाव की बात करना, निरर्थक है जनकल्याण की बात करना, कुछ नहीं बदलेगा—सिर्फ बाहरी रूपाकार बदलेंगे, नारे बदलेंगे, पार्टियों के नाम बदलेंगे । अंदर सब वही रहेगा—सड़ा, गला, भ्रष्ट, लोलुप और दोमुँहा ! छोड़ो, इस विराट विघटन में किसी तरह अपने को बचाओ। सब बना रहे हैं, हो सके तो तुम भी जितना जो कुछ बना सको बनाओ। ईमानदारी की आवाजें पत्रकारिता में तब भी थीं, पर अब वे पराजित जैसी थीं, उनके स्वर निष्प्राण पड़ने लगे थे, एक हताशा उनमें व्याप्त थी। जोर पर वे स्वर आने लगे, जो बदलते सत्ता-समीकरणों के साथ बदल सकें या जो सार्थक-सोद्देश्य राजनीति या सामाजिक चेतना के बजाय एक सनसनीखेज, हलके-फुलके लेखन के द्वारा पाठकों को आकर्षित कर सकें या अपने प्रभाव को उन क्षेत्रों में बढ़ा सकें, जो पत्रकार-धर्म के दायरे के बाहर हों, लेकिन उनको त्वरित लाभ पहुँचा सकते हों ।

और, धीरे-धीरे समाचारों, फीचरों और विवरण-रिपोर्ताजों की आधारभूमि अनजाने ही बदलती चली गयी। अब सामाजिक, राजनीतिक, आर्थिक जीवन के यथातथ्य सर्वेक्षण, सही-सही वस्तुनिष्ठ सीधी-सादी सूचनाएँ, ये सब नीरस लगने लगे, वैचारिक विश्लेपण और उद्‌बोधन शब्दाडंबर लगने लगा। थका हुआ, वैचारिक गंभीरता से विरत पाठक अपनी ऊब में कुछ ऐसा ढूँढ़ने लगा जिसमें रहस्योद्‌घाटन का मिर्च-मसाला हो, जरा चटखारा हो, जरा दरवाजे की सेंध से प्राइवेट बेडरूम में झाँक पाने का रोमांच हो, जासूसी के पेच हों, दुरभिसंधियों का रहस्य हो। और, ऐसा मिर्च-मसाला जनता सरकार की अंदरूनी गतिविधियों में काफी था। क्या इंदिरा गाँधी ने चरण सिंह को गुप्त संदेशा भिजवाया ? मधु लिमये अंदर-अंदर किसका समर्थन कर रहे हैं ? क्या संजय गाँधी ने बहुगुणा से मिलने पर उन्हें मामा जी कहकर पुकारा ? घटिया किस्म की फिल्मी पत्रकारिता जिस तरह स्टार-स्टारनियों के अंतरंग निजी भेदों के उद्‌घाटन पर पलती है, उसी स्तर पर राज-नीतिक पत्रकारिता उतरने लगी। यही नहीं, कहते हैं, फिल्मी स्टारों ने ही यह प्रवृत्ति शुरू की थी कि वे एक-दूसरे के निजी अंतरंग प्रसंग पत्रकारों को बता कर अपने प्रतिद्वंद्वी सितारों की छवि धूमिल कराते थे। वही हालत यहाँ हो रही थी—पत्रकार सुब्रह्मण्यम स्वामी के इर्द-गिर्द चक्कर काट रहे हैं, ताकि अटलबिहारी वाजपेयी के बारे में कोई चटखारेदार समाचार मिले; राजनारायण कांति देसाई और मोरारजी के बारे में अंदरूनी खबरें सप्लाई कर रहे हैं; कर्पूरी ठाकुर ने नेपाल में क्या किया, चंद्रशेखर बंबई में किससे मिले—कैसी रँगीली थी उस वक्त राज-नीतिक खबरों की दुनिया ।

लेकिन इस प्रदूषण के लिए क्या केवल जनता सरकार और उसकी गति-विधियों को ही जिम्मेवार ठहरायें ? प्रकारांतर से यह वातावरण तो श्रीमती इंदिरा

गाँधी की नीतियों के परिणामस्वरूप उभरा था। इमरजेंसी लगने के पहले ही उनकी पार्टी के भ्रष्टाचार के कुछ रहस्य उद्‌घाटित होने लगे थे (याद कीजिए तुलमोहन राम की कथा)। इंदिरा जी ने बजाय भ्रष्टाचार पर बंदिश लगाने के समाचार पत्रों की स्वतंत्रता पर बंदिश लगा दी, सेंसरशिप बैठा दी, सरकार की राजनीतिक गतिविधियों पर सात परदे लटका दिये और जब अनावश्यक रूप से सार्वजनिक राजनीति को परदानशीन बना दिया जाये, तो फिर तमाशबीन जनता में परदे उठा कर अंदर झाँकने का कुतूहल बढ़ना स्वाभाविक ही है ! और, एक बार जब परदे उठा कर निजी जीवन में झाँक कर चटखारेदार दृश्य देखने का रुचि-विकार शुरू हुआ, तो वह राजनीतिक वीआइपी तक ही सीमित क्यों रहे ? फिर तो उस विकृत रुचि के तहत वह यह भी जानना चाहेगा कि क्षेत्रीय नेताओं के रहस्य क्या हैं, किस बंगले में अफसरों को कौन-सी लड़कियाँ पहुँचायी जाती हैं, थाने में पाँच कांस्टेबलों ने मिल कर एक स्त्री से कैसे बलात्कार किया, किस धर्माचार्य के आश्रम में कपड़े उतार कर शिष्य-शिष्याएँ नृत्य करते हैं, क्या तंत्र में गुप्त साधनाएँ होती हैं, साधु ने कैसे पर-पत्नी को बहकाया आदि-आदि। सामाजिक प्रदूषण को रोकने के मंतव्य से इन विषयों पर सही जानकारी दी जाये और जनरुचि को प्रशिक्षित किया जाये, यह तो पत्रकारिता का धर्म है, लेकिन विकृत जनरुचि के लिए मिर्च-मसाला जुटाने के लिए, पत्र-पत्रिकाओं को सनसनीखेज, रोमांचक और बिकाऊ बनाने के लिए यह किया जाये, तो फिर वह समाज-विरोधी साबित होने लगता है।

सबसे पहला लाभ इसका वे व्यवसायी उठाते हैं, जिनमें पाठकों के इस नव विस्तारित समुदाय के प्रति कोई विशेष सामाजिक दायित्व की भावना नहीं होती। वे इस प्रवृत्ति को तुरत भुना लेना चाहते हैं। सहसा जासूसी, अपराध, सेक्स, राजनीतिक रहस्योद्‌घाटन बिकाऊ माल वन जाते हैं, बाजार उनसे पट जाता है। फिर जो सही राजनीतिक, सामाजिक या आर्थिक समस्याएँ हैं, वे भी एक चटखारेदार नौटंकी का अंग बन जाती हैं और जनसाधारण के समक्ष सही परिवेश उजागर नहीं हो पाता। जनतंत्र की बुनियाद तो सामान्यजन ही है। वह अगर विचारशील, विवेकवान, वस्तुनिष्ठ और मूल्यनिष्ठ रहता है, तभी जनतंत्र सही दिशा में विकास कर पाता है। लेकिन अगर उसे हमेशा एक सस्पेंस-थ्रिलर फिल्म के माहौल में रखा जाये, तो उस बेचारे का विवेक कहाँ तक उसका साथ देगा ? चीखती सुर्खियाँ और पक्षधरीय अंध-प्रचार भी पाठक की 'ब्रेन वाशिंग' ज्यादा करते हैं, उसकी चिंतनशीलता को वढ़ावा नहीं देते। लेकिन बाजार में अपना माल ज्यादा-से-ज्यादा खपानेवाली व्यवसाय-बुद्धि कुछ पत्र-प्रकाशकों के लिए ज्यादा आसान और तुरत लाभ देनेवाली सिद्ध होती है।

कुछ प्रकाशक ऐसे भी होते हैं, जिनमें लाभार्जन के अतिरिक्त एक सत्ता बोध

भी जाग जाता है। अखबार या पत्र-पत्रिका हमारे हाथ में जनशिक्षण या वस्तुनिष्ठ ज्ञान-प्रसार का साधन ही नहीं, एक सशक्त उपकरण भी है, जिससे हम सरकारें उठाने-गिराने का खेल खेल सकते हैं। यह चेतना नीचे से ऊपर तक जाग सकती है। जिले का अखबार अपने कलक्टर या कोतवाल का तबादला कराने की शक्ति रखता है, शहर का अखबार प्रांत की राजधानी में मंत्रिमंडल को बना-बिगाड़ सकता है, तथाकथित राष्ट्रीय प्रसारवाले अखबार केंद्रीय सरकार को हिला सकते हैं—यह शक्ति बोध अगर उन्हें अपनी जिम्मेवारी को और गहराई से महसूस करने को प्रेरित करे, तब तो इसका स्वागत है। लेकिन अगर इसके कारण वे स्वयं सत्ता की उठापटक में पक्षधरता के साथ शामिल हो जायें, तो उनकी पत्रकारिता की तटस्थता और वस्तुनिष्ठता का क्षय होता है। आप सारी बात, सारी स्थिति इस पक्ष की और उस पक्ष की, बिना किसी दुराव के अपने पाठक के सामने रख दें और फिर उसे निर्णय करने दें कि उसे क्या करना है क्या नहीं। अपने संपादकीय में अपना मंतव्य भी दे दें, पर आप समाचार प्रस्तुतीकरण से ले कर सुर्खियों तक में एक पूर्वाग्रह बना लें और समाचारों को भी कटाई-छँटाई के साथ पेश करें, यह पत्रकारिता की स्वस्थ परंपरा में तो नहीं गिना जायेगा।

एक और परिणाम जो इसका हो रहा है, वह यह कि पत्रककारिता की दृष्टि जनसामान्य से हट कर दिनोंदिन वीआइपी बस्ती में सिमटती जा रही है। राष्ट्रपति भवन से चलती है, प्रधानमंत्री भवन तक पहुँचती है। रास्ते में कमलापति त्रिपाठी, विश्वनाथ प्रताप सिंह, अर्जुन सिंह, आरिफ मुहम्मद खाँ, कल्पनाथ राय, के के तिवारी के बंगलों में झांक लेती है और रात-बिरात अमिताभ बच्चन और अरुण सिंह के फार्म हाउसों का चक्कर भी लगा आती है। फिर आते हैं राष्ट्रीय महत्व के समाचार कि अरुण सिंह और राजीव गाँधी के बंगलों के बीच की दीवार में एक रास्ता है, वह अब बंद हो गया है या खुल गया है। विवाह भोज में दिनेश सिंह की प्लेट में विश्वनाथप्रताप सिंह ने कचौड़ी परसी, तो दिनेश सिंह ने मना नहीं किया, कि अमुक पार्टी में राजीव गाँधी ने अजित सिंह से कुशल-मंगल पूछा, कि आजकल अमुक युवा मंत्री इटालियन काट के सूट पहनने लगा है, कि सोनिया गाँधी ने कोल्हापुरी चप्पल पहनना शुरू कर दिया है—और फिर ये महत्वपूर्ण खबरें सिर्फ गॉसिप कॉलम तक ही सीमित नहीं रहतीं, ये राजनीतिक आकलन और अनुमानों का माध्यम बनने लगती हैं। गोया भारतीय जनतंत्र का समकालीन इतिहास भारतीय जनता के दुख-सुख, उसकी चिंतना और उसकी मानसिकता के आधार पर नहीं बनेगा। वह तो इस आधार पर बने-बिगड़ेगा कि किस वीआइपी के बंगले की दीवार किस दूसरे वीआइपी के बंगले से जुड़ती है, कौन किस डिजाइन के कपड़े सिलवा रहा है, किस दावत में किससे बात कर रहा है।

जनजीवन से मुँह फेर कर वीआइपी रेगिस्तान में अपनी चोंच और अपनी

गरदन गाड़ लेने की यह शुतुरमुर्गी प्रवृत्ति हमारी पत्रकारिता को स्वनामधन्य अंग्रेजी भाषी पत्रकारों की नायाब देन है। हिंदी भाषी पत्रकार बेचारा तो पहले ही से हीन ग्रंथि का शिकार होता है और अगर उसमें मौलिक चिंतन और स्वाभिमान और जनोन्मुख मूल्यनिष्ठा हो, तो बात दीगर, वरना वह अंग्रेजी की नकल कर तुरंत सफलता पाने के लोभ का शिकार हो जाता है।

अंग्रेजी पत्रकारिता की यह प्रवृत्ति आज की नहीं है। इसकी जड़ें सौ साल से भी अधिक पुरानी हैं। उस समय जो अंग्रेजी अखबार निकले (19वीं शताब्दी के उत्तरार्द्ध में), उनके संवाददाता देशी भाषा बोलना भी हतक-इज्जती समझते थे। जनता से उनका प्रत्यक्ष संपर्क था ही नहीं, वे तो शाम को उस क्लब में जा कर बैठ जाते थे, जहाँ बड़े अंग्रेज अफसर, उनकी बीवियाँ, उनकी बीवियों के प्रेमी और बड़े जागीरदार और उनके अंग्रेजपरस्त चमचे इकट्ठे होते थे और वहीं से अंग्रेजी अखबारनवीस को वे खबरें मिलती थीं, जिन्हें नमक-मिर्च लगा कर वह अपने अंग्रेजपरस्त पाठकों के समक्ष पेश करता था। उसके लिए देश था शहरों की सिविल लाइंस, फौजी छावनियाँ, गवर्नर से ले कर कलक्टर का बंगला। इसके बाहर जो कुछ था, वह देश नहीं था—वह मुफस्सल था। इस मुफस्सल की खबरें भी कभी-कभी छपती थीं (उस समय शीर्षक होते थे 'न्यूज फ्रॉम मुफस्सल' या 'बाजार न्यूज'), जिसके संपर्क सूत्र होते थे खानसामा या बावर्ची या बहुत हुआ तो टूटी-फूटी अंग्रेजी बोल लेनेवाले पटवारी या तहसीलदार। और भी अंतरंग खबरों की जरूरत हुई, तो मेम साहब की जवान आया या अंडे, पाव रोटी पहुँचानेवाली भठियारिन—उनसे उसे 'बाजार की न्यूज' मिल जाती थी। और क्या चाहिए, काफी है! क्षमा करेंगे, लेकिन कड़वी सच्चाई यही है कि भारत की अंग्रेजी पत्रकारिता की नींव तो यही है।

यह बात जरूर है कि राष्ट्रीय संग्राम के दौरान अनेक तेजस्वी भारतीय पत्रकार अंग्रेजी में आये, जिन्होंने अंग्रेजी पत्रकारिता को भी राष्ट्रीय संस्कार दिये। दक्षिण से आये श्रीनिवास शास्त्री, सी वाइ चिंतामणि, रामराव, चेलापति राव, सदानंद, उत्तर से रामानंद चटर्जी, देवदास गाँधी, मदनमोहन मालवीय और स्वयं महात्मा गाँधी—उन्होंने एक नया धरातल दिया अंग्रेजी पत्रकारिता को। स्वतंत्रता के बाद भी फ्रैंक मोरेस जैसे लोगों ने वह प्रखर तेजस्वी राष्ट्रीयता बनाये रखी, लेकिन धीरे-धीरे 'मुफस्सल न्यूज' और 'बाजार न्यूज' वाले संस्कार लौटने लगे। हाँ, इस बार उनका लहजा कैंब्रिज या दून स्कूलवाला हो गया। यस्टरडेवाली इंडिया और टुडेवाली इंडिया में इतना बदलाव तो स्वाभाविक ही है। पर यह बदलाव सिर्फ उतना ही है, जितना किसी इबारत के मूल और उसके अनुवाद में होता है—बाकी बैरागी जी के शब्दों में 'सब कुछ वही-वही है, कुछ भी नया नहीं है।'

संकट गहरा है। एक ओर पत्रकारिता की ये आंतरिक अंतर्विरोधी संकटापन्न स्थितियाँ हैं, दिशा-भ्रांति है, जिसमें हिंदी और देशी भाषाओं की पत्रकारिता को अंग्रेजी पत्रकारिता के अस्वाभाविक वर्चस्व के कारण और भी खतरनाक स्थितियों का सामना करना पड़ रहा है। दूसरी ओर, बाजार की बिगड़ती हालत है।

इंदिरा जी ने अखबारों को सबक सिखाने के लिए दो दूरगामी नीतियाँ निर्धारित की थीं, जिसके प्रभाव आज नजर आ रहे हैं। एक तो उन्होंने अखबारी कागज का मामला हमेशा अधर में लटकाये रखा। अखबारी कागज देश में बन कर सस्ता मिलने लगे या विदेश से आयातित अच्छा न्यूजप्रिंट सस्ता मिले, ताकि देश की गरीब और मध्यवर्गीय जनता को अखबार और पत्र-पत्रिकाएँ सस्ते दामों पर मिलते रहें, इसका कोई बानक ही नहीं बन पाया। पिछले दस सालों में अखबारों और पत्र-पत्रिकाओं के दाम जिस तरह बढ़ते गये हैं, उसका कोई हिसाब है क्या! कलर टीवी और इलेक्ट्रॉनिक मालों पर रियायतें दी गयी हैं, ताकि उनकी कीमतें काबू में रहें, पर न्यूजप्रिंट के दाम बराबर बढ़ाये जाते रहे, ताकि सामान्य जनता उन्हें न खरीद सके और उनसे कटती चली जाये।

दूसरी चतुर नीति थी टीवी के विशाल विस्तार की, ताकि लिखे व छपे हुए शब्द की महिमा घटे और सरकार द्वारा प्रसारित और प्रदर्शित समाचार और फीचर अधिक-से-अधिक लोगों तक घर बैठे पहुँचते रहें। रहा-सहा धक्का अखबारी दुनिया को तब लगा, जब दूरदर्शन ने विज्ञापन भी बटोरने शुरू कर दिये। अब निकालो अखबार और बेचो अखबार! देखें क्या लेते हैं प्रेसवाले! घबराये हुए हैं संचालक, विवश और महँगाई के मारे हुए हैं पाठक, दिशाहारा हैं पत्रकार—एक अजीब अफरातफरी से गुजर रही है आज की पत्रकारिता।

लेकिन मैं निराश नहीं हूँ। निराशा की कोई बात भी नहीं है। दूसरे देशों की पत्रकारिता इससे भी अधिक अंधकारमय दौर से गुजरी है, जहाँ अंदरूनी विघटन, बाजार का संकट, टीवी का धक्का तो था ही, एक तानाशाह राजसत्ता की धौंस भी थी। जब उन देशों में पत्रकारिता ने इन संकटों से उबर कर अपने को पुनः प्रतिष्ठित कर लिया, तो यहाँ अभी भी लिखे और छपे शब्द की गरिमा दूरदर्शन के बावजूद बरकरार है। बस जरा-सी मूल्यनिष्ठा, आत्मसंकल्प और जरा-सी जन-कल्याण की भावना और व्यवसाय-नीति के सहज संतुलन की खोज—अगर इनको हम साध लें, तो फिर पत्रकारिता के नये सूर्योदय में कोई बाधा नहीं। मैं आशावान हूँ, क्योंकि नयी पीढ़ी में मुझे विश्वास है। वह इन चुनौतियों के समक्ष अपना नया रास्ता खोज ही लेगी। चुनौतियाँ न हों, तो फिर संघर्ष और सफलता में मजा ही क्या है?

व्यावसायिकता के बावजूद

गणेश मंत्री

पत्रकारिता के क्षेत्र में 'व्यवसाय' और 'मिशन' का द्वंद्व मूलतः यथाथ और आदर्श का संघर्ष है। इसके साथ ही यह किसी हद तक वर्तमान और अतीत के अंतर को भी दरसाता है। पहले वर्तमान और अतीत के अंतर की बात लें। यानी सरसरी तौर पर उन चरणों को चीन्हें, जिनमें से गुजर कर पत्रकारिता वर्तमान स्थिति में पहुँची है।

अतीत में, अपने आरंभिक दौर में, पत्रकार का काम भी कमोबेश शिक्षक जैसा ही रहा है। आदर्श-प्रेरणा उसकी मुख्य शक्ति रही है। तब अध्यापन के काम की तरह ही पत्रकारिता भी हमारे यहाँ निष्ठावान व्यक्तियों को ही आकृष्ट करती थी। कारण, तब यह सब ओर से घाटे का धंधा था। देश राष्ट्रीय जागरण के दौर में से गुजर रहा था। वह विदेशी सत्ता से संघर्ष का युग था। अंधविश्वासों और सामाजिक कुरीतियों को चुनौती दी जा रही थी। देश का प्रबुद्ध वर्ग स्वतंत्रता के साथ-साथ आदर्श भारत के नवनिर्माण का स्वप्न सँजो रहा था। सच्चे और अच्छे पत्रकार का काम तब उस जागरण और संघर्ष को, चुनौती और स्वप्न को अपने पाठकों तक पहुँचाना था। एक ऐसा काम, जिसमें सब ओर जोखिम ही जोखिम थी। जोखिम सरकार से टकराव की, जोखिम रूढ़िवादी समाज से संघर्ष की और जोखिम आर्थिक तंगी तथा अभावों के अटूट साहचर्य की। इन तमाम प्रतिकूल परिस्थितियों में भी अगर अधिकांश पत्रकार उन दिनों अपनी भूमिका ठीक से निभा पाते थे, तो उसके मूल में थी वह शक्ति जो उन्हें आदर्शों के लिए उत्सर्ग करने की भावना से मिलती थी, राष्ट्रीय आंदोलन में अपनी भूमिका निभाने की तृप्ति से प्राप्त होती थी। धीरे-धीरे समाज भी पत्रकार की इस महत्वपूर्ण भूमिका को मान्य करने लगा था। वह उसे सम्मान देता था। यह वह युग था, जब पत्रकारिता की दुनिया में संपादक का व्यक्तित्व सर्वोपरि होता था। वह अपनी कलम की शक्ति से पत्र-पत्रिका को चलाता था।

किंतु पत्रकारिता के विकास का वही युग हमारे यहाँ दो महत्वपूर्ण सामाजिक

शक्तियों के उदय का भी युग था। एक ओर उद्योग-व्यापार का दायरा बढ़ रहा था, जिससे बड़ा कारोबारी वर्ग सामने आ रहा था; दूसरी ओर राजनीति का क्षेत्र विस्तार पा रहा था और परिणामस्वरूप राजनीतिज्ञ और राजनीतिक दल उल्लेखनीय सामाजिक शक्ति के रूप में तेजी से उभर रहे थे। कभी अलग-अलग तो बहुत बार मिल कर भी, इन दोनों शक्तियों ने अपनी स्वतंत्र सत्ता बनाने के लिए प्रयत्न कर रही पत्रकारिता को गहराई से प्रभावित किया। राजनीतिक दलों का प्रयत्न रहा प्रेस को अपना मुखपत्र बनाने का। आवश्यक संगठन क्षमता और पर्याप्त सामग्री के अभाव में उनका वह प्रयत्न विफल हुआ, तो कारोबारी पूँजी ने पत्र-पत्रिकाओं के क्षेत्र में अपने हाथ-पाँव पसारे। ऐसा नहीं है कि इससे पत्रकारिता को कोई लाभ नहीं हुआ। पत्रकार को थोड़ा आर्थिक सहारा मिला। वेतन जरा बढ़े; सेवा शर्तों में कुछ सुधार हुआ। इस सबसे उसमें थोड़ी आर्थिक निश्चितता आयी। किंतु इससे घाटा भी कम नहीं हुआ। पत्रकार की प्रतिष्ठा को आँच आयी। जैसे-जैसे प्रेस-प्रतिष्ठान में पूँजी की महिमा बढ़ती गयी, पत्रकार की अपनी प्रतिष्ठा घटती गयी। वह विशाल यंत्र का एक छोटा-सा पुरजा बन कर रह गया।

पत्रकारिता के क्षेत्र में धीरे-धीरे हो रहे इस महत्वपूर्ण परिवर्तन को निष्ठावान पत्रकारों ने आज से साठ वर्ष पहले ही पहचान लिया था। 1925 में वृंदावन हिंदी साहित्य सम्मेलन के अंतर्गत आयोजित प्रथम संपादक सम्मेलन की अध्यक्षता करते हुए संपादकाचार्य बाबूराव विष्णु पराड़कर ने अपने अनुभव के आधार पर कहा था कि पहले के संपादकों जैसी स्वतंत्रता 'हमें उस समय भी प्राप्त नहीं थी, जब 1905 ई० में मैं हिंदी बंगवासी का सहकारी संपादक बन कर कलकत्ते गया था। पत्रों की उन्नति के साथ-साथ श्रम विभाग हो गया था। मुद्रक और व्यवस्थापक की स्वतंत्र सृष्टि हो गयी थी और उसी परिणाम में संपादक परमुखापेक्षी बन गये थे।' (संपादक पराड़कर : संपादक : लक्ष्मीशंकर व्यास : पृष्ठ 119) भविष्य की प्रवृत्ति की ओर संकेत करते हुए उसी व्याख्यान में पराड़कर जी ने यह भी कहा था कि 'पत्र निकाल कर सफलतापूर्वक चलाना बड़े-बड़े धनियों और सुसंगठित कंपनियों के लिए ही संभव होगा। पत्र सर्वांग सुंदर होंगे। आकार बड़े होंगे। छपाई अच्छी होगी, मनोहर, मनोरंजक और ज्ञानवर्धक चित्रों से सुसज्जित होंगे, लेखों में विविधता होगी, कल्पकता होगी, गंभीर गवेषणा की झलक होगी और मनोहारिणी शक्ति भी होगी, ग्राहकों की संख्या लाखों में गिनी जायेगी। यह सब कुछ होगा, पर पत्र प्राणहीन होंगे।' (वही, पृष्ठ 120)

इस बात पर आज शायद बहस हो सकती है कि क्या हमारे पत्र पहले के पत्रों की तुलना में प्राणहीन हैं। किंतु इस मुद्दे पर बहस की गुंजाइश नहीं है कि समय के साथ पत्रकारिता के क्षेत्र में पूंजी और व्यवसाय-बुद्धि का महत्व निरंतर बढ़ता गया है। यह भी कि उसी अनुपात में पत्रकार का महत्व, उसकी प्रतिष्ठा कम

होती गयी है। साथ ही, खुद अपनी नजरों में उसकी छवि भी बदलती गयी है। आज जब हम अपने काम को मिशन मानने के बजाय व्यावसायिक कार्य मानने लगे हैं, तो उसके मूल में भी यह प्रत्यक्ष खड़ी वास्तविकता और यह बदली हुई आत्मछवि ही होती है।

प्रत्यक्ष वास्तविकता यह है कि समाचार पत्रों और पत्रिकाओं का प्रकाशन अब अनेक पेचीदगियों से भरे कारोबार का रूप ले चुका है। एक ओर तो यह भी दूसरे उद्योगों की तरह ही एक उद्योग है। दूसरी ओर, यह एक पेशा या प्रोफेशन भी है, जिसकी अपनी विशिष्ट सामाजिक भूमिका है। इस सामाजिक भूमिका की चर्चा बाद में करेंगे, पहले उद्योग के रूप में समाचार पत्र प्रकाशन के काम को देखें। अन्य उद्योगों की तरह ही समाचार उद्योग को भी वित्त, उत्पादन, श्रम, बिक्री तथा ऐसी अनेक प्रक्रियाओं से गुजरना और उनसे जुड़ी समस्याओं से निपटना होता है। पिछली आधी शताब्दी में देश एवं दुनिया में जो भी महत्वपूर्ण परिवर्तन हुए हैं, उन्होंने पत्र-पत्रिकाओं के प्रकाशन के कारोबार को गहराई से प्रभावित किया है। महायुद्ध, देश की स्वतंत्रता, संचार-साधनों का तेजी से विकास, साक्षरता का प्रसार, जीवन-स्तर में उन्नति, शहरीकरण की बढ़ती प्रवृत्ति, अपने आस-पास की दुनिया को समझने के लिए सामान्य जन की बढ़ती उत्सुकता और अपने अधिकारों के प्रति उसमें आ रही नयी चेतना—इन सभी ने मिला कर भारतीय समाचार पत्रों के विस्तार और प्रसार का मार्ग प्रशस्त किया है। आज उनके सामने निरंतर फैलता हुआ बाजार है। किंतु इस बाजार तक पहुँचने के लिए जरूरत होती है मुद्रण की नयी-से-नयी प्रौद्योगिकी की, विपणन और वितरण के कुशल प्रबंध की। ये दोनों ही तत्व अधिकाधिक पूँजी की अपेक्षा करते हैं। साथ ही ये इस उद्योग में पूँजी लगाने और उसका प्रबंध करनेवाले वर्ग की भूमिका को महत्वपूर्ण बनाते हैं। चाहे पत्र-पत्रिकाओं के लिए सामग्री जुटाने का मामला हो या मुद्रण के बाद अपने प्रकाशन को जल्दी-से-जल्दी अधिकाधिक पाठकों तक पहुँचाने का मामला, हम लाख चाहें तो भी उसमें पूँजी और कारोबारी बुद्धि के महत्व को अब कम नहीं किया जा सकता।

कहावत है कि ओछी पूँजी धनी को खा जाती है। अन्य उद्योगों की बात हम नहीं जानते, किंतु समाचारपत्र उद्योग में यह बात आज पूरी तरह से सही उतर रही है। इस बात का खास महत्व नहीं रह गया है कि आप पूँजी कैसे और कहां से जुटाते हैं। व्यवहार में यह बात भी गौण हो गयी है कि आपकी साधनहीनता के मूल में किन्हीं आदर्शों के प्रति आपका लगाव या साधन शुचिता की भावना है। महत्व की बात अब केवल यह है कि आप कितने साधन जुटा पाते हैं और उन्हें कितनी चतुराई से काम लाते हैं। यदि आप अपने संवाददाताओं को विमान से घटनास्थल पर भेज कर दूसरों से पहले जानकारी जुटा लेते हैं, उसे आधुनिकतम

तकनीक से अधिक-से-अधिक आकर्षक ढंग से पाठक के सामने औरों से पहले प्रस्तुत करते हैं, तो आपका पत्र या पत्रिका चमकती है, उसे प्रतिष्ठा मिलती है, उसकी बिक्री बढ़ती है। बिक्री बढ़ती है, तो विज्ञापन अधिक मिलते हैं। विज्ञापन की आय आपको दूसरों से होड़ करने, उनसे आगे बढ़ने, अन्य पत्र-पत्रिकाओं से प्रतिभा-संपन्न पत्रकारों और कुशल प्रबंधकों को अधिक पैसा दे कर खींचने में सहायता करती हैं। यही क़ारण है कि व्यक्तिगत प्रेरणा और प्रयत्न से चलनेवाले अकेले पत्रों के पाँव उखड़ने लगे हैं और पत्र-शृंखलाओं का प्रभुत्व बढ़ता जा रहा है। यह है समाचार पत्र उद्योग का प्रत्यक्ष यथार्थ, उसका व्यावसायिक दायरा।

इस दायरे में पत्रकार का स्थान क्या हो सकता है? एक आसान-सा जवाब होगा कि वह महज वेतनभोगी कर्मचारी है और यह जवाव वास्तविकता से बहुत दूर भी नहीं है। अधिकतर मालिक और प्रबंधक तो पत्रकार को इस रूप में देखते ही हैं, स्वयं ज्यादातर पत्रकार अपने को कुछ-कुछ इसी दृष्टि से देखने लगे हैं। इसके दो विशेष कारण भी हैं, जिनकी चर्चा यहाँ कर देना मैं आवश्यक समझता हूँ। वे इस प्रकार हैं :

(1) अखबारी दुनिया में बड़ी पूँजी के प्रवेश से पत्रकार को मिले जिन आर्थिक लाभों की बात ऊपर कही गयी है, वे लाभ बड़ी पूँजी ने अपनी प्रेरणा से या प्रसन्नता से उसे प्रदान नहीं किये। उनके लिए, अन्य सभी उद्योगों के श्रमिकों की तरह, पत्रकारों को भी जूझना पड़ा। जूझने के लिए एकजुट होने की प्रक्रिया में इस धारणा और भावना को सहज ही बल मिला कि पत्रकारिता व्यवसाय है और पत्रकार पेशेवराना श्रमिक या कुशल कार्यकर्ता है।

(2) मुद्रण और संचार (यानी संवाद प्रेषण) की प्रौद्योगिकियों में लगातार और तेजी से हो रही प्रगति ने यह अनिवार्य कर दिया है कि पत्रकार इन प्रौद्योगिकियों के तकाजों को समझे और उनके अनुरूप अपने को ढालता चले। इसी तरह, पहले की तुलना में पत्रकारिता का व्याप्ति क्षेत्र अनेक गुना बढ़ गया है, क्योंकि आज का पाठक राजनीति-अर्थनीति से ले कर अंतरिक्ष विज्ञान एवं पारिस्थितिकी तक तमाम क्षेत्रों की नवीनतम बातें पुस्तकों के बजाय पत्र-पत्रिकाओं के जरिये जानना चाहता है। इसके लिए पत्रकार का कुछ विषयों में निरंतर ज्ञानार्जन करना अनिवार्य हो चला है। इस आवश्यकता की पूर्ति पत्रकारिता को व्यवसाय मानने पर अधिक सहजता से संभव है। वस्तुतः यह प्रक्रिया हमारे यहाँ अभी प्रारंभ ही हुई है, सो भी मुख्यतया अंग्रेजी पत्रकारिता में। पर देर-सबेर यह भारतीय भाषाओं की पत्रकारिता में भी जोर पकड़ेगी ही।

बहरहाल, यह मानने की प्रवृत्ति बढ़ती जा रही है कि जैसे अन्य कौशल हैं, वैसे ही पत्रकारिता भी एक कौशल है। इसी सोच से यह तर्क भी निकलता है कि जैसे अन्य कुशल कर्मचारी और दस्तकार बाजार की जरूरत के अनुसार अपना

माल तैयार करते हैं, वैसे ही पत्रकार को भी करना होगा। इसे व्यवहार बुद्धि का तकाजा माना जाता है कि हम वही कुछ लिखें, वही सूचनाएँ एकत्र करें, वही माल तैयार करें, जो हमारे मालिक को जँचे, जो हमारे पाठकों को रुचे और तुरंत खप सके, ताकि हमारे प्रकाशन की बिक्री बढ़े। अपने तईं यह तर्क बहुत गलत भी नहीं है, लेकिन तभी, जब पत्रकारिता के अतीत को बिलकुल भुला दिया जाये। साथ ही, समाज में समाचार पत्र उद्योग की और विशेषकर पत्रकारिता की विशिष्ट भूमिका को पूरी तरह नजरअंदाज कर दिया जाये, जबकि असल में यह विशिष्ट भूमिका ही पत्रकारिता के व्यावसायिक पहलू को आदर्श से जोड़ती है, जिससे अनुप्राणित होने के कारण समाचार जुटाने, उन्हें सँजोने-सँवारने और उन पर टीका-टिप्पणी करने का यह पेशा इतना महिमामय बन सका कि इसे 'फोर्थ इस्टेट' की संज्ञा दी गयी और इसकी स्वतंत्रता को लोकतांत्रिक व्यवस्था की अनिवार्य शर्त माना गया।

पत्र-पत्रिकाओं का प्रकाशन और पत्रकारिता का व्यवसाय इसलिए महिमामंडित हुआ कि वह अभिव्यक्ति की स्वतंत्रता का एक सशक्त माध्यम है। इस माध्यम को कुंठित कर लोकतंत्र चल नहीं सकता, नागरिक अधिकारों और बुनियादी स्वतंत्रताओं की हिफाजत हो नहीं सकती। लोकतंत्र तभी कारगर हो सकता है, जब नागरिकों को अपने समाज और संसार की, ज्ञान-विज्ञान के विभिन्न क्षेत्रों की, नयी-से-नयी घटनाओं की तथा उनके मूल में काम कर रही प्रेरणाओं और प्रवृत्तियों की निरंतर जानकारी मिलती रहे। नागरिक को यह जानकारी देना ही समाचारपत्रों-पत्रिकाओं की विशिष्ट भूमिका है। इसीलिए लोकतांत्रिक समाज में उनकी इतनी प्रतिष्ठा है। द्वितीय प्रेस आयोग के शब्दों में कहें तो 'प्रेस सार्वजनिक महत्व के मामलों में नागरिकों को शिक्षित करने का एक नितांत महत्वपूर्ण साधन है। यह उन्हें देश के भाग्य का निर्णय करनेवाले शासकों के रूप में अपनी भूमिका निभाने के लिए आवश्यक फैसले लेने में सहायता करता है।' (पृष्ठ 149) प्रेस आयोग ने अपनी रिपोर्ट में गाँधी जी की 'आत्मकथा' से ये पंक्तियाँ भी उद्धृत की हैं कि 'समाचारपत्रों का एक लक्ष्य जनता की भावनाओं को समझना और उन्हें अभिव्यक्ति देना है; दूसरा लक्ष्य है लोगों में वांछनीय भावनाएँ जगाना; और तीसरा लक्ष्य है लोगों में प्रचलित दोषों को निर्भयतापूर्वक सबके सामने लाना।'

स्वाभाविक ही ये लक्ष्य पत्रकारिता की सामाजिक शक्ति को रेखांकित करने के साथ ही उसकी कुछ मर्यादाएँ भी निर्धारित करते हैं। यही कि पत्रकारिता जैसे शक्तिशाली साधन का उपयोग अन्य व्यवसायों की तरह महज मुनाफे में इजाफा करने की भावना से नहीं किया जा सकता। मुनाफे के लिए चलायी जानेवाली सस्ती, सनसनीखेज और भड़कीली पत्रकारिता को स्वस्थ और समाजोपयोगी नहीं

माना जा सकता। न एकपक्षीय दृष्टिकोण और पूर्वाग्रहों से प्रेरित पत्रकारिता को सही रूप में पत्रकारिता कहा जा सकता है। सही अर्थों में पत्रकारिता वह है, जो तथ्यों को ठीक से जाँचती-परखती है, उन्हें बेलौस ढंग से समाज के सामने रखती है, घटनाओं की तह में जा कर उनका निर्भीकता से विश्लेषण करती है और अपने से असहमति रखनेवाले व्यक्तियों और वर्गों को, साधनहीनों और वंचितों को भी अपने विचार अभिव्यक्त करने का अवसर देती है। पत्रकारिता के इस सर्वग्राही दायित्व को ध्यान में रख कर ही 'आत्मकथा' में गाँधी जी ने लिखा था, 'समाचार पत्र सेवा भाव से ही चलाने चाहिए। समाचार पत्र एक जबरदस्त शक्ति है, किंतु जिस प्रकार निरंकुश पानी का प्रभाव गाँव-के-गाँव डुबो देता है और फसल को नष्ट कर देता है, उसी प्रकार कलम का निरंतर प्रवाह भी नाश की सृष्टि करता है। यदि ऐसा अंकुश बाहर से आता है, तो वह निरंकुशता से भी अधिक विषैला सिद्ध होता है। अंकुश तो अंदर का ही लाभदायक सिद्ध हो सकता है।'

इस अंदर के अंकुश की बात पर आज जोर देना लाजिमी हो गया है। कारण, समाचारपत्रों की स्वतंत्रता के सामने आज एक नहीं, अनेक खतरे हैं। एक खतरा है बढ़ती हुई व्यावसायिकता, उसके साथ जुड़े सस्तेपन और बाजारू वृत्ति के फैलाव का। यदि यह तर्क स्वीकार कर लिया जाये कि पत्रकारिता पूरी तरह से मुनाफे के उद्देश्य से प्रेरित व्यवसाय मात्र है, तो आप पत्रकारिता के नाम पर बढ़ रही इन विकृतियों और विरूपताओं को कैसे टोकेंगे? दूसरा खतरा यह है कि कहीं पत्रकारिता चंद संपत्तिशाली वर्गों की हित रक्षा का साधन और उनकी पैरोकार बन कर न रह जाये! इस खतरे के बचाव के नाम पर पत्र-पत्रिकाओं की आर्थिक आत्मनिर्भरता खत्म करने और उन्हें अधिकाधिक सरकार-आश्रित बनाने के भी सुझाव कई बार दिये गये हैं। द्वितीय प्रेस आयोग ने भी बहुमत की रिपोर्ट में ऐसे कुछ सुझाव दिये हैं। इन सुझावों की बारीकी से पड़ताल होनी चाहिए। जहाँ समाचार पत्रों को बड़ी औद्योगिक पूंजी के नियंत्रण से मुक्त रखना जरूरी है, वहीं उनकी आर्थिक आत्मनिर्भरता को बचाना भी जरूरी है। आर्थिक आत्मनिर्भरता प्रेस की स्वतंत्रता का मूल आधार है। पराश्रित प्रेस जो कुछ भी हो, परंतु स्वतंत्र प्रेस नहीं हो सकता। न ही पराश्रित प्रेस उत्कृष्ट पत्रकारिता को प्रोत्साहन और संरक्षण दे सकता है। इस खतरे से आगाह करने का यह अभिप्राय नहीं कि आर्थिक रूप से संपन्न हो जाने मात्र से समाचारपत्र अपने आप स्वतंत्र हो जाते हैं।

समाचार पत्रों की संपन्नता को, उनकी प्रसार शक्ति को पत्रों के मालिक अपने अन्य न्यस्त स्वार्थों के लिए इस्तेमाल कर सकते हैं। यह खतरा भारत जैसे देश में और भी अधिक है, जहाँ समाचार पत्र प्रतिष्ठानों में ऐसे पूंजीपतियों का पैसा लगा है, जो दूसरे उद्योगों के भी मालिक हैं। ऐसे उदाहरण भी हमारे यहाँ देखे गये हैं कि समाचार पत्रों से अर्जित मुनाफा जान-बूझ कर ऐसे उद्योग में लगाया

गया, जो घाटे में आ जानेवाले थे। इस संदर्भ में यह बात तो जग जाहिर है कि आर्थिक सवालों पर तथा निजी क्षेत्र और सार्वजनिक क्षेत्र को ले कर चलनेवाली बहस में इस तरह की पत्र-पत्रिकाओं का रुख प्रायः पूंजीपरस्त रहता आया है। मालिक का राजनीतिक स्वार्थ उलझा होने के कारण भी अच्छे पत्रों की दुर्दशा हो जाती है। इसके उदाहरण हम आसानी से खोज सकते हैं।

आर्थिक दृष्टि से संपन्न और आत्मनिर्भर होते हुए भी समाचार पत्र अपनी स्वतंत्रता के उपयोग से कतरा सकते हैं। सत्ता प्रतिष्ठान की नाराजगी का खौफ, अंधविश्वासों में जनता की अनुरक्ति, धार्मिक कट्टरता का भय, रूढ़ियों को चुनौती देने से पाठकों एवं विज्ञापनदाताओं के रूठने की आशंका और इन सबसे बढ़ कर मालिकों के नुकसान की चिंता—ये चीजें भी पत्रकारों को स्वतंत्रतापूर्वक अपना दायित्व निभाने से रोक सकती हैं और बहुधा रोकती हैं। इन सामाजिक-राजनीतिक अवरोधों के साथ अगर हम एक ओर मालिक और संपादक के और दूसरी ओर संपादक तथा श्रमजीवी पत्रकारों के नाजुक रिश्ते को रख लें, तो पत्रकार के सामाजिक दायित्व तथा अपने पेशे के प्रति उसकी निष्ठा की पहेली कुछ और जटिल हो जाती है। क्या कोई भी संपादक संपादकीय मामलों में मालिक अथवा प्रबंधकों की राय को लगातार अनसुनी कर सकता है? क्या वह अपने कनिष्ठ सहकर्मियों को भी अभिव्यक्ति और विचार की पूर्ण स्वतंत्रता देने को तैयार रहता है? यदि वह ऐसी स्वतंत्रता दे भी, तो इस बात की क्या गारंटी है कि कनिष्ठ पत्रकार इस स्वतंत्रता का दुरुपयोग नहीं करेंगे? बहुत मुमकिन है कि वे अपने-अपने हितों और पूर्वाग्रहों की दिशा में पत्र की नीति-रीति को खींचने का प्रयत्न करें और इस संघर्ष का खमियाजा पाठकों को भुगतना पड़े।

इन तमाम विषम परिस्थितियों में इसका क्या उपाय हो कि पत्रकारिता के व्यावसायिक पहलू की वास्तविकता को स्वीकारते हुए भी उसे अपने व्यापक सामाजिक दायित्व के प्रति जागरूक रखा जा सके, निर्बंध जानकारी और निर्भीक विचार के माध्यम के रूप में उसकी धार बनी रह सके? अवश्य ही बाहरी प्रतिबंध, सरकारी अंकुश और गैरपेशेवराना बंदिशों से यह लक्ष्य सिद्ध नहीं हो सकता। इस लक्ष्य की सिद्धि का एक ही साधन हो सकता है। वह है पत्रकार का अपना आंतरिक विवेक, अपने दायित्व के प्रति उसकी जागरूकता, उस उत्तरदायित्व को पूरा करने का उसका निष्ठापूर्ण प्रयास। 'मिशन' शब्द आज के संदर्भ में इन्हीं का वाचक है। यह विवेक, जागरूकता और प्रयास ही पत्रकारिता को पूर्ण व्यवसायीकरण के उस महासंकट से किसी हद तक बचा सकेगा, जो आज उसके सामने मुँह बाये खड़ा है। पूछा जा सकता है कि घटिया पत्र-पत्रिकाओं और पेशेवराना नैतिकता के विरुद्ध काम करनेवाले पत्रकारों को कौन रोकेगा? शायद कोई नहीं रोकेगा, न उनकी तादाद ही कम होगी, परंतु समाज को, पाठकों को उत्कृष्ट और

निकृष्ट में से चुनने का अवसर तो रहेगा। यह सवाल गांधी जी ने भी 'आत्मकथा' में उठाया था और स्वयं ही उसका उत्तर यों दिया था : 'लेकिन निकम्मों को बंद कौन करे ? कौन किसे निकम्मा समझे ? उपयोगी और निकम्मे दोनों साथ-साथ ही चलते रहेंगे ! उनमें मनुष्य को स्वयं चुनाव करना होगा।'

इस नजरिये से, मुख्य प्रश्न यह है कि हम पत्रकारिता को व्यवसाय के रूप में अपना कर भी उसके व्यापक मानवीय लक्ष्य को आत्मसात कर पाते हैं या नहीं ? भले ही पत्रकारिता आज मिशन न रह गयी हो, भले ही वह व्यवसाय का रूप ले चुकी हो, किन्तु वह स्वयं अपनी और समाज की दृष्टि में अपनी प्रतिष्ठा गँवाने की शर्त पर ही इस व्यापक लक्ष्य को दरगुजर कर सकती है और उस स्थिति में वह सामान और सेवाएँ बेचने की तिजारत के दरजे पर उतर जायेगी। अगर पत्रकारिता का अपना कोई सामाजिक संदर्भ नहीं है, अगर वह महज मुनाफे के लिए चलाया जानेवाला व्यवसाय है, तो फिर जैसा कि प्रेस आयोग ने सवाल किया है, 'समाचार जुटानेवालों और समाचार विक्रेताओं के रूप में पत्रकार दूसरे सामान और सेवाएँ बेचनेवालों से अधिक ऊँचे सम्मान का दावा कैसे कर सकते हैं ?' (पृष्ठ 145)

पर निश्चय ही हम पत्रकार अधिक ऊँचे सम्मान का दावा करते हैं, अपने लिए अलग तरह का सामाजिक स्थान चाहते हैं, अपना दायित्व निभाते हुए सरकार या मालिक के हाथों सताये जाने पर समाज से खास तरह की सहानुभूति और समर्थन चाहते हैं, इसका अर्थ ही यह है कि हम एक व्यवसाय के अंग हो कर भी मात्र व्यावसायिक नहीं हैं। यदि हम व्यावसायिक हैं तो उसी अर्थ में जिस अर्थ में डॉक्टर व्यावसायिक है या अध्यापक व्यावसायिक है। ये दोनों भी अपने-अपने व्यवसाय से आजीविका कमाते हैं, किन्तु समाज को उनसे सिर्फ इतनी ही अपेक्षा नहीं होती कि वे अपने व्यवसाय में दक्ष हों। समाज डॉक्टर से रोगी के प्रति सहानुभूति की और रोग को अपना कारोबार न बनाने की अपेक्षा रखता है और अध्यापक से विद्यानुरागी और छात्रों का हितचिंतक होने की अपेक्षा रखता है। चौतरफा पतन के इस दौर में डॉक्टर का पेशा भी विकृतियों का शिकार हुआ है और अध्यापक का भी। किंतु इससे क्या विकृतियाँ नैतिक और स्वाभाविक हो जाती हैं ? उन्हें सामाजिक मान्यता मिल जाती है ? पत्रकारिता भी इस पतन और विकृति से अछूती नहीं रही है। किंतु इसे अनिवार्य यथार्थ मानने और उनके आगे हथियार डालने के बजाय आज आवश्यकता इस बात की है कि हम सब अपना-अपना हृदय टटोलें, स्वस्थ अंगों की स्वास्थ्य रक्षा का प्रयत्न करें और अस्वस्थ अंगों को स्वस्थ बनाने के लिए आवश्यक परिस्थितियाँ पनपायें।

व्यावसायिकता के विरुद्ध

सच्चिदानंद सिन्हा

मोटे तौर पर यह कहा जा सकता है कि वर्तमान भारतीय पत्रकारिता सामाजिक दायित्व से शून्य है। प्रकाशित सामग्री में चटखारे और चापलूसी की ही प्रमुखता होती है। यह बात खास तौर से उन पत्र-पत्रिकाओं पर लागू होती है जिनके पीछे बड़ी-बड़ी थैलियाँ हैं। छोटी पत्रिकाएँ अभी भी जहाँ-तहाँ कुछ मूल्यों और आदर्शों को ले कर चल रही हैं, लेकिन उनका स्वर भारतीय पत्रकारिता का मूल स्वर नहीं है। यह मूल्यहीनता खास तौर से उन पत्र-पत्रिकाओं पर छायी है जो हजारों या लाखों में छपती और बिकती हैं। इस व्यावसायिक सफलता का नशा इन पत्र-पत्रिकाओं के संपादकों पर इस कदर छाया है कि ये इस विचार का कि पत्रकारिता सोद्देश्य भी हो सकती है, मजाक तक उड़ाते हैं। उनके लिए प्रतिबद्धता की पत्रकारिता वैसी ही अरुचिकर या अनजान वस्तु है जैसे साज-सज्जा और देह व्यवसाय में लगी वेश्याओं के लिए मदर टेरेसा जैसी महिलाओं का समर्पित जीवन। हमारे पाँचसितारा पत्रकारों को शायद यह तुलना कुछ तीखी लगे, लेकिन हमें भूलना नहीं चाहिए कि प्रख्यात लेखक जॉर्ज ऑरवेल ने कलम का व्यवसाय करनेवाले ऐसे ही लोगों को 'पेन प्रॉस्टिच्यूट' कहा था। इन दोनों स्थितियों में फर्क इतना ही है कि वेश्याओं और समाज सेवा के लिए समर्पित महिलाओं ने शुरू में ही परिस्थितिवश या भावनावश अलग-अलग तरह का जीवन अपना लिया होता है, जबकि पत्रकारिता के क्षेत्र में हुआ परिवर्तन कुलवधू के हरजाईपन पर उतर आने जैसा है। पत्रकारिता के इतिहास पर विचार करने से सहज ही इस बात की सत्यता जाहिर हो जाती है।

व्यावसायिक पत्रों के कुछ संपादक पत्रकारिता के बदले हुए रूप और भूमिका के समर्थन में यह तर्क देते हैं कि आजादी की लड़ाई के समय प्रतिबद्धता की पत्रकारिता के लिए स्थान था, लेकिन अब 'प्रोफेशनलिज्म' या व्यावसायिकता की जरूरत है। मतलब यह कि पत्रिका की बिक्री ही महत्वपूर्ण है, उसके लिए चाहे जो उपाय किये जायें। किस चीज की बिक्री हो रही है यानी पाठकों को कैसी

सामग्री दी जा रही है, इसका महत्व इतना ही भर है कि लोगों की भूख ऐसी सामग्री के लिए निरंतर बनी रहे। यहाँ यह बतला देना जरूरी है कि इस विचार के प्रतिपादन में हमारे पत्रकार कोई मौलिक बात नहीं कह रहे हैं, बल्कि पश्चिमी देशों में फैल रही एक खास तरह की व्यावसायिक पत्रकारिता के तर्क का ही तोता-रटंत कर रहे हैं।

पश्चिमी समाज के बुनियादी मूल्य व्यावसायिक हैं और इस व्यावसायिकता के दबाव में पत्रकारिता पर भी यह मूल्य काफी हद तक छा गया है। फिर भी वहाँ लोगों में शुद्ध रूप से व्यावसायिक पत्रिका (जिसकी चरम परिणति पीत पत्रकारिता है) और गंभीर पत्रकारिता में फर्क करने की तमीज है। इसीलिए, हालाँकि इंग्लैंड में सनसनीखेज खबरें देनेवाले कुछ अखबारों की बिक्री दसियों लाख है और दैनिक 'टाइम्स' की महज चंद लाख, लोगों के विचार को प्रभावित करने में 'टाइम्स' की खास भूमिका होती है। जब 'टाइम्स' के मालिकों ने इसे शुद्ध व्यावसायिक साँचे में ढालना शुरू किया यानी 'प्रोफेशनलिज्म' अपनाना शुरू किया, तो इसके संपादन से संबद्ध अनेक प्रभावशाली लोगों ने नौकरी छोड़ एक अलग अखबार 'इंडिपेंडेंट' निकालना शुरू कर दिया। अब यह अखबार न सिर्फ चल निकला है, बल्कि इसने काफी प्रतिष्ठा हासिल कर ली है। इससे यह जाहिर होता है कि 'प्रोफेशनलिज्म' का तर्क अखबारों को बाजारू बनाने का बहाना भर है।

भारतीय पत्र-पत्रिकाओं की साज-सज्जा देखने से लगता है जैसे हम बाजार के बीच खड़े हों और फेरीवाले चिल्ला-चिल्ला कर अपने माल की ओर हमारा ध्यान खींच रहे हों। बिक्री का सर्वमान्य फार्मूला है 'रेप, रायट ऐंड रुइन मेक ए न्यूजपेपर सेल' यानी बलात्कार, दंगे और बरबादी की खबरों से अखबार बिकते हैं। भारतीय पत्रकार देश के आम नागरिकों को वयस्क मान कर भी नहीं लिखते, बल्कि यह मान कर चलते हैं कि देश के लोग आर्थिक रूप से निर्धन होने के साथ बौद्धिक रूप से भी निर्धन हैं, अतः सारी सामग्री का चयन भी उनकी बौद्धिक निर्धनता के हिसाब से ही होता है। पत्र-पत्रिकाओं में चित्रों, खासकर रंगीन चित्रों या रंगीन पृष्ठों का प्रकाशन (चाहे वह लेखों से जुड़ा हुआ हो या विज्ञापन के लिए) दिनोंदिन बढ़ रहा है। यह बच्चों को तस्वीरों या रंगों से रिझाने के प्रयत्न जैसा ही है। इससे पाठकों की आदत ऐसी बनती जा रही है कि वे ऐसी पत्र-पत्रिकाओं को पढ़ ही नहीं सकते जो पहली ही नजर में तस्वीर की तरह सब कुछ व्यक्त न कर देती हों या मनोरंजक न हों। पत्रकारिता के प्रारंभिक दिनों में ज्यादा से ज्यादा लोगों के बीच पहुँचने के लिए पत्रिकाओं को सस्ते दाम पर उपलब्ध कराने के प्रयास होते थे, लेकिन अब भारतीय पत्रकारिता में बिक्री बढ़ाने के लिए पत्र-पत्रिकाओं को नहीं, बल्कि प्रकाशित सामग्री को सस्ता बनाने की होड़ लगी हुई है।

राजनीतिक रपटों के नाम पर सत्ताधारी दल के नेताओं के भाषणों और वक्तव्यों, खासकर प्रधानमंत्री के वक्तव्यों, से अखबार भरे होते हैं। बीच-बीच में होते हैं विरोधी दलों के उन नेताओं के आलाप, जिनकी सत्ता में आने की संभावना होती है। चूंकि अभी पत्र-पत्रिकाओं की आवाज बहुत कुछ उनके मालिकों की आवाज़ बन गयी है, कभी-कभी मालिक और राजनेताओं के समीकरण के हिसाब से भी यह तय किया जाता है कि किस नेता के बारे में कितना या क्या प्रकाशित किया जाये। राजनीतिक विश्लेषण के नाम पर नेताओं के निजी संबंधों के विवरणों और स्कैंडलों की प्रचुरता होती है। लेकिन सबसे अधिक ध्यान रखा जाता है चटखारा प्रदान करने का। सामूहिक बलात्कार की घटनाओं की रपटें घोर पीड़ा और त्रासदी का एहसास करानेवाली हो सकती हैं, लेकिन अखबारों में इनकी रपटों से लोगों में इस तरह की भावना नहीं पैदा होती और न आक्रोश होता है। इन घटनाओं के विवरण इस तरह छपते हैं और अक्सर तस्वीर आदि से इन्हें ऐसा सजाया जाता है, ताकि लोग इनमें चटखारे का आनंद ले सकें। इससे लोगों में ऐसी रपटों को पढ़ने की लत लगती है। इस तरह पाठकों और अखबारों, दोनों के लिए जरूरी हो जाता है कि ऐसी घटनाएं होती रहें, ताकि लोगों का मनोरंजन हो और अखबारों की बिक्री बढ़े। कलाकृतियों के विषय में कहा जाता है कि वे त्रासद घटनाओं से भी आनंद की अनुभूति पैदा कर देती हैं। इस अर्थ में भारतीय पत्रकारिता एक खास तरह की कला में महारत हासिल कर रही है, जहां देश की सभी त्रासदियां पत्रिकाओं के पाठक वर्ग के लिए मनोहारी आनंद का स्रोत बन रही हैं। कुछ मिला कर भारतीय पत्रकारिता उस अफीम का काम कर रही है जो लोगों की संवेदनशीलता को इस हद तक कुंद कर दे कि उनके लिए देश में घटनेवाली घटनाएं अच्छी या बुरी नहीं, महज कम या अधिक मनोरंजक यानी पत्रकारिता की कसौटी के अनुसार कम 'न्यूज वैल्यू' वाली या अधिक 'न्यूज वैल्यू' वाली हो जायें। ऐसी सामग्री को पढ़ते-पढ़ते लोगों की भूख उत्तरोत्तर अधिक उत्तेजक अनुभूति के लिए बढ़ती जाती है। बर्नार्ड शॉ ने उन्नीसवीं सदी के अंत में देह प्रदर्शन के जरिये लोकप्रिय बनने के ब्रिटिश रंगमंच के प्रयास पर अपने नाटक 'मिसेज वैरेंस प्रोफेशन' की भूमिका में यह टिप्पणी की थी कि ऐसी प्रक्रिया की परिणति सिर्फ एक ही हो सकती है—नाटक की विधा का मिसेज वैरेंस के प्रोफेशन (यानी संगठित वेश्यावृत्ति) में तब्दील हो जाना। अपने आज के रास्ते पर चल कर हमारी पत्रकारिता को भी कुछ ऐसे ही धंधे की तलाश करनी होगी। कुछ बड़े पत्रकारों पर तो यह आरोप भी है कि मालिक और सत्ताधारी लोगों के बीच दलाली उनका मुख्य पेशा है, पत्रकारिता तो एक मुखौटा भर है। इसलिए अक्सर बड़े अखबारों के संपादक अपनी संपादकीय प्रतिभा के कारण नहीं, बल्कि सत्ता के गलियारे में अपनी घुसपैठ के कारण नियुक्त किये जाते हैं।

पश्चिमी देशों की पत्रिकाएँ भी त्रासदियों को चटखारे के रूप में पेश करती हैं, लेकिन तभी जब ऐसी रपटें तीसरी दुनिया की घटनाओं से संबद्ध हों। उनके अपने देश की ऐसी घटनाओं के प्रति वे इतना तीव्र प्रतिरोध पैदा करती हैं कि कभी-कभी सरकार का तख्ता पलट जाता है। राष्ट्रपति निक्सन का पदत्याग एक हाल की मिसाल है।

भारतीय पत्रकारिता का ऐसा चरित्र अकारण नहीं है। इसका कारण सिर्फ यह भी नहीं है कि बड़े अखबारों और पत्रिकाओं के मालिक पूँजीपति हैं, जो मुनाफे के लिए या सरकार पर डबाव डालने के लिए अखबारों का प्रकाशन करते हैं। हालांकि यह भी एक कारण है, लेकिन असल कारण है पत्रकारों का अपना वर्ग चरित्र। इक्का-दुक्का अपवाद को छोड़ कर इस देश के सभी पत्रकार, खासकर वे जो शीर्ष स्थानों पर हैं, उस औपनिवेशिक अभिजात वर्ग से जाते हैं, जिसे अंग्रेजों ने इस देश में अपनी सत्ता चलाने के लिए पैदा किया था और जो आज भी मूल्यों और मान्यताओं के धरातल पर साम्राज्यवादियों की विरासत जी रहा है। हवाई सैर, विदेशी शराब और मौज-मस्ती—बस यही इस वर्ग के अरमान हैं। यही वर्ग आज सत्तासीन है और देश के बड़े हिस्से के शोषण पर संपन्नता का सुख ठीक उसी तरह भोग रहा है जैसे पहले साम्राज्यवादी शासक भोगते थे। आम लोगों पर होनेवाले अत्याचारों से वे भावनात्मक रूप से असंपृक्त हैं, क्योंकि ऐसे अत्याचार अंततोगत्वा उनकी अपनी संपन्नता का भी आधार हैं। पत्रकार रस्मी तौर पर ऐसे अत्याचारों के खिलाफ चाहे जो लिख-बोल लें, कहीं-न-कहीं उनके मन में यह एहसास है कि देश की गरीबी के समुद्र में वे संपन्नता के उस द्वीप के हिस्से हैं, जो बाकी देश के घोर शोषण पर टिका है। इसलिए वे कभी कुछ ऐसा नहीं लिखेंगे जिससे व्यवस्था की बुनियाद हिल जाये। फिर भी चूंकि पाठकों के एक हिस्से में अन्याय के विरुद्ध आक्रोश भी होता है और उसकी जानकारी प्राप्त करने की भूख होती है, इसलिए कभी-कभी कुछ प्रतिरोध पैदा करनेवाली रपटें भी छपती हैं, लेकिन वे इतने सतही ढंग से और तोड़मोड़ कर छापी जाती हैं कि अन्याय के विरुद्ध आंदोलन का कोई व्यापक आधार न बन पाये।

देश में बलात्कार की शिकार खास तौर से आदिवासी, हरिजन या अन्य गरीब वर्गों की महिलाएँ ही होती हैं। पुलिस लॉकअप में जिनकी हड्डियाँ तोड़ी जाती हैं या जिन्हें मार डाला जाता है, वे भी ज्यादातर इन्हीं समूहों से आते हैं। इन समूहों के लोग बड़े बंगलों या सजे-धजे फ्लैटों में मौज की जिंदगी जीनेवाले पत्रकारों के लिए एक अलग दुनिया के लोग हैं। इसलिए इन पर होनेवाले अत्याचार महज 'न्यूज वैल्यू' के हिसाब से आँके जाते हैं। अगर बड़े अखबारों के संपादकों की पत्नियाँ पुलिस के सामूहिक बलात्कार की शिकार होने लगें या इन संपादकों की हड्डियाँ पुलिस लॉकअप में तोड़ी जाने लगें, तब स्थिति भिन्न होगी। तब ये घटनाएँ

सिर्फ चटखारे का मसाला नहीं होंगी। तब पत्रकारों की कलम में वह तीखापन आयेगा जिससे कभी पत्रकारों ने इस देश में भी सत्ता की जड़ हिला दी थी और जिसे अब अतीत की चीज बता नये संपादक और पत्रकार खारिज कर रहे हैं। वैसी हालत में पत्रकार स्कैंडलों की जगह समस्याओं के विश्लेषण पर अपनी ऊर्जा लगाने लगेंगे, क्योंकि तब समस्या उनकी अपनी बन जायेगी और उसके समाधान की तलाश शुरू होगी।

'प्रोफेशनलिज्म' के नाम पर जो तर्क वर्तमान ढंग की पत्रकारिता के पक्ष में दिये जा रहे हैं, वे या तो गुमराह करनेवाले हैं या पत्रकारिता के बुनियादी रोल के प्रति घोर अनभिज्ञता जाहिर करते हैं। अगर इसका उद्देश्य महज लोगों का मनोरंजन करना होता तो इसे जनता का 'सेंटिनल' (पहरेदार) या आधुनिक लोकतांत्रिक संज्ञा के उदय काल के तीन इस्टेटों—लॉर्ड, क्लर्जी और कॉमन्स (सामंत, पुरोहित, जनता) के साथ 'फोर्थ इस्टेट' (चौथा इस्टेट) की उपाधि से क्यों विभूषित किया जाता? असलियत यह है कि पत्रकारिता का विकास मोटे तौर से लोकतांत्रिक संस्थाओं और व्यवस्था के विकास के साथ ही हुआ और इस व्यवस्था में पत्रकारिता की एक खास भूमिका थी।

आधुनिक लोकतांत्रिक राज्य एथेंस के नगर राज्य की तरह नहीं होते, जिसमें सभी नागरिक एक-दूसरे से मिल सकते हों तथा घटनाओं और राज्य की नीतियों पर आमने-सामने चर्चा कर किसी निर्णय पर पहुँच सकते हों। आधुनिक राज्यों का सीमा विस्तार इतना अधिक हो चुका है कि नागरिकों के लिए एक-दूसरे को जानना या राज्य के विभिन्न क्षेत्रों में होनेवाली घटनाओं की प्रत्यक्ष जानकारी प्राप्त करना असंभव हो गया है। इसलिए पत्र-पत्रिकाओं का रोल लोगों को घटनाओं की सूचना देने, इन घटनाओं का विश्लेषण कर उनके पीछे के अदृश्य कारणों को खोल कर रखने तथा आवश्यकता होने पर आम हितों के प्रश्न पर किसी नीति के प्रश्न में लोगों की राय बनाने में सर्वोपरि महत्व का हो जाता है। अगर लोगों को राज्य के भीतर या उससे संबद्ध दूर की घटनाओं की सही सूचना और इनके कारणों की जानकारी न मिले, अगर उनके सामने आनेवाली समस्याओं के समाधान के मुतल्लिक वैकल्पिक नीतियों की कोई तस्वीर न हो, तो फिर वे नीतियों और नेताओं का चयन किस आधार पर करेंगे? जब पत्रकारिता अपनी इस भूमिका से छुट्टी ले लेती है तब मुट्ठी भर लोगों के स्वेच्छाचारी शासन का पथ प्रशस्त करती है। स्वेच्छाचारी शासक स्वतंत्र प्रेस की भूमिका समझते हैं और इसीलिए उनका पहला काम होता है पत्र-पत्रिकाओं को नियंत्रित करना ताकि वे गंभीर राजनीतिक विवेचना से मुँह मोड़ लें। नेपोलियन ने इस संबंध में बड़ी सूझ दिखलायी थी, जब उसने कहा था कि चार अखबार एक लाख सशस्त्र दुश्मनों के मुकाबले ज्यादा नुकसान पहुंचानेवाले होते हैं। इसीलिए उसने 1800 में पेरिस के

इलाके में सेंसरशिप के अंदर चलनेवाले पत्रों को छोड़ कर बाकी सभी राजनीतिक पत्रों पर प्रतिबंध लगा दिया था। अगर पत्रकारिता की कोई साफ राजनीतिक भूमिका नहीं है, तो इंदिरा गांधी ने इमरजेंसी के समय अखबारों का मुंह क्यों बंद कर दिया ? भारतीय पत्रकारों ने जिस आसानी से इस स्थिति को कबूल कर लिया और अपने कार्य पर सरकार के नियंत्रण को लागू (सेल्फ-सेंसरशिप) कर लिया, वह अपने आपमें भारतीय पत्र कारों के चरित्र पर एक गंभीर टिप्पणी है।

जनता को राजनेताओं के कार्यकलाप से अवगत कराने के अधिकार को पत्रकारों ने काफी कीमत चुका कर हासिल किया था। इंग्लैंड में भी, जहाँ लोकतांत्रिक व्यवस्था और पत्रकारिता दूसरी जगहों से पहले विकसित हो रही थी, स्वयं पार्लियामेंट अपनी बहसों की रपटों के छपने के खिलाफ थी। लेकिन वहाँ के पत्रकारों ने जनता के प्रति अपने दायित्व को समझते हुए जोखिम उठा कर यह काम किया। एडवार्ड केव नामक एक व्यक्ति को 1727 में पार्लियामेंट की बहस को 'ग्लाउसेस्टर जर्नल' में छपवाने के लिए जेल जाना पड़ा था। फिर 1762 में जॉन विल्के ने 'नॉर्थ ब्रिटन' नामक पत्र में सत्ताधारियों की आलोचना के अधिकार के लिए जिहाद शुरू किया। इस पर उसे अपराधी घोषित कर दिया गया और कुछ काल के लिए उसे देश छोड़ भागना पड़ा। लेकिन ऐसे प्रयत्नों से जन मानस बदला और 1768 में वह पुनः वापस आया तथा बाद में पार्लियामेंट का सदस्य भी चुना गया।

इसी तरह अमेरिका में पत्रकारों ने काफी जोखिम उठा कर राजनीतिक समस्याओं पर लोगों को प्रशिक्षित करने की जवाबदेही निभायी। 1733 से प्रकाशित 'न्यू यॉर्क वीकली जर्नल' के संपादक पीटर जेंगलर को ब्रिटिश शासन की आलोचना के लिए जेल जाना पड़ा था और इस घटना से प्रेस की आजादी का सवाल राजनीति का महत्वपूर्ण मुद्दा बन गया। 'न्यू यॉर्क ट्रिब्यून' के संस्थापक होरेस ग्रीली ने, जिसे अमरीकी पत्रकारिता का पिता कहा जाता है, साफ तौर से समाज सुधार को अपनी पत्रकारिता का मिशन बनाया। ध्यान देने की बात यह है कि उसने न तो स्कैंडल प्रकाशित किये और न ही गलत तरह के विज्ञापन छापे। इसके बावजूद उसने अपनी पत्रिका को सफलता से चलाया। इसी तरह 'न्यू यॉर्क टाइम्स' के संस्थापक-संपादक हेनरी जे रेमंड ने अपने पत्र में न तो चटखारे के लिए खबरों को स्थान दिया और न ही गलत तरह के विज्ञापन को। फिर भी रेमंड जनहित में सही और सुरुचिपूर्ण रपटें दे कर अपने पत्र को निखार सका। पत्रकारिता में प्रतिबद्धता के ऐसे उदाहरण भरे पड़े हैं। फ्रांस में ड्रेफस के बहुचर्चित मामले में सैनिक व्यवस्था के यहूदी विरोधी पूर्वाग्रहों को अखबारों में खुली चुनौती देने के कारण एमिल जोला जैसे प्रख्यात लेखक को साल भर जेल काटनी पड़ी। ऐसी निर्भीक पत्रकारिता से ही ड्रेफस को न्याय मिल सका। ध्यान देने की बात यह है

कि एक को छोड़ ये सब घटनाएँ स्वतंत्र देशों की थीं। इसलिए आजाद और गुलाम मुल्कों की पत्रकारिता के रोल को किसी विभाजन रेखा से साफ-साफ अलग करना बेमानी है।

सच तो यह है कि विदेशी शासन के अंत से पत्रकारों का सामाजिक दायित्व और भी बढ़ जाता है। विदेशी शासन के समय शासन के प्रति सही और गलत रुख में भेद करना अति सरल था। गोरी चमड़ी और विदेशी शासन की बर्बरता अलग से दिख सकती थी। अपने देश के विभिन्न समूहों के दावों के बीच निर्णय करने में ही खोजपूर्ण रपटों और गहरे विश्लेषणों की जरूरत खास तौर से होती है। लेकिन प्रश्न सिर्फ सामाजिक-राजनीतिक रपटों या विश्लेषणों का ही नहीं है। जब दुनिया में वैज्ञानिक या तकनीकी खोजें बड़े पैमाने पर हो रही हैं या कला आदि के क्षेत्र में तरह-तरह के प्रयोग हो रहे हैं, तब इन सबके संबंध में आम लोगों को जानकारी देना और प्रशिक्षित करना भी पत्रकारिता का काम हो जाता है। यह काम सिर्फ इन क्षेत्रों के प्रोफेशनल पत्रों का नहीं है, जो सीमित पाठक वर्ग के लिए होते हैं और जिनकी तकनीकी शब्दावली आम लोगों के पल्ले नहीं पड़ती। सरल भाषा में इनका अर्थ बताना और फिर लोक जीवन से इनके संबंध बतलाना, यह भी पत्रकारिता की जवाबदेही है। लेकिन इन सबकी रपटें हमारी पत्र-पत्रिकाओं में सिर्फ खानापूरी के लिए छपती हैं, जिनसे कोई स्पष्ट जानकारी नहीं होती। कुछ अपवादों को छोड़ कर कला, साहित्य, पुस्तकों आदि की समीक्षाएँ पाठकों की जानकारी या रुचि बढ़ानेवाली नहीं होतीं और अक्सर बेसिरपैर की होती हैं, क्योंकि संपादक जानते हैं कि जैसा पाठक वर्ग वे तैयार कर रहे हैं या जो उनके टार्गेट (लक्ष्य) समूह हैं, उनके लिए ये सब अर्थहीन हैं।

आज जिस तरह की पत्रकारिता देश पर छा रही है, वह किसी नयी आवश्यकता की पूर्ति के लिए नहीं, बल्कि देश में लूट-खसोट से जल्दी संपन्न बनने का जो माहौल एक वर्ग में पैदा हो गया है, उसी के अनुरूप आचरण का परिणाम है। लेकिन पत्रकार अभिव्यक्ति के धनी होते हैं और विचारों के व्यापारी, इसलिए अपनी लिप्सा को 'प्रोफेशनलिज्म' का अप-टू-डेट जामा पहना कर कुत्सित कामों को भी प्रतिष्ठित बना पेश कर सकते हैं। इसमें संदेह नहीं कि इस काम में आज के 'सफल' पत्रकारों ने काफी सफलता पायी है।

है बनाम चाहिए

राजकिशोर

एक जमाने में दिल्ली में यह विज्ञापन अक्सर निगाहों से टकरा जाता था: 'इण्डियन एक्सप्रेस—क्योंकि सच्चाई में हम सबका साझा है।' जाहिर है, किसी भी समाचार पत्र के लिए इससे महत्वपूर्ण दावा कुछ और नहीं हो सकता कि वह सच्चाई—और सिर्फ सच्चाई—को उद्घाटित करता है। लेकिन 'इण्डियन एक्सप्रेस' का आशय शायद यह नहीं था कि भारत में सच्चाई का ठेकेदार एक मात्र वही है, कि दूसरे सब पत्र झूठे छापते हैं। अगर ऐसा होता, तो उनमें से बहुतों का प्रकाशन कभी का बन्द हो गया होता। सिर्फ झूठ छाप कर कोई भी समाचार पत्र जीवित नहीं रह सकता। सच्चाई तो यह है कि 'इण्डियन एक्सप्रेस' और अन्य पत्रों में फर्क सच और झूठ का है भी नहीं। फर्क इस बात का है कि आप किसके साथ 'फ्लर्ट' करते हैं। कोई सच के साथ 'फ्लर्ट' करता है, कोई झूठ के साथ। शब्दावली में अन्तर के बावजूद लेकिन दोनों एक ही चीज हैं। दरअसल, यह 'फ्लर्टेशन' ही व्यावसायिक पत्रकारिता का केन्द्रीय मूल्य है। वह सच्चाई, नैतिकता, आधुनिकता, कला, विज्ञान सभी के साथ 'फ्लर्ट' कर सकती है—करती है, क्योंकि इसी के जरिये वह न केवल जिन्दा रह सकती है, बल्कि फल-फूल सकती है। इसीलिए पत्रकारिता का सच हमेशा आधा सच होता है—यदि वह पूरा सच उद्घाटित करने का संकल्प कर ले, तो या तो वह व्यावसायिक नहीं रह जायेगी या फिर अपने अन्तर्विरोधों से भरभरा कर शायद ध्वस्त हो जायेगी।

सच्चाई के साथ 'फ्लर्टेशन' का अर्थ क्या है? इसके कम-से-कम दो अर्थ हैं: (1) सच्चाई के कुछ खास पहलुओं पर जोर देना और (2) एक सच्चाई का बाकी सच्चाइयों से जो रिश्ता है, उसकी उपेक्षा करना। पत्रकारिता ये दोनों काम कैसे करती है, इसकी जांच के लिए हम दो सामान्य-से उदाहरण लेते हैं—(1) भुखमरी से मौत और (2) भ्रष्टाचार। इन्हें हम इस तरह प्रतिनिधि खबर भी मान सकते हैं कि इनका सम्बन्ध समाज के सबसे निचले और सबसे ऊँचे वर्ग से है। भूख से वही मरता है जिसने अपना सब कुछ गँवा दिया हो। भुखमरी भूख

से मौत नहीं, बल्कि दरिद्रता से मौत है। दूसरी तरफ भ्रष्ट वही होता है या हो सकता है जिसके पास किसी न किसी किस्म की सत्ता हो : गरीब आदमी चोर या उचक्का हो सकता है, भ्रष्ट नहीं। पत्रकारिता इन दो सच्चाइयों के साथ कैसा सलूक करती है, यह देखना दिलचस्प होगा।

जब भी सूखा पड़ता है, भुखमरी की खबरें आने लगती हैं। बीसवीं शताब्दी के इस हिस्से में किसी व्यक्ति का भूख से मरना एक अत्यन्त असामान्य घटना मानी जानी चाहिए। संचार, सहानुभूति और परिवहन की इतनी तगड़ी अन्तर्राष्ट्रीय व्यवस्था के बावजूद कोई आदमी कई दिनों तक बिना खाये मर जाता है तो इसका मतलब है कि जीवित रहने के साधनों पर जिनका एकाधिकार है, वे अपने उस एकाधिकार को भंग नहीं करना चाहते। इसीलिए कोई भी सरकार भूख से मौत को स्वीकार करना नहीं चाहती। मंत्री झट से घोषणा कर देते हैं कि हमारे यहाँ भूख से कोई नहीं मरा। लेकिन भुखमरी के समाचार छापनेवाले पत्र ऐसे मंत्रियों को चुनौती नहीं देते। वे जिस तटस्थता से भुखमरी की खबर छापते हैं, उसी तटस्थता से उसका खंडन भी छाप देते हैं और इसमें उन्हें कुछ भी अपमानजनक प्रतीत नहीं होता। जिन पत्रों के साधन सीमित हैं, उनकी बेबसी तो समझ में आती है। लेकिन साधन संपन्न पत्रों में भी यह उत्साह क्यों नहीं होता कि जिस भुखमरी की खबर उन्होंने छापी थी, उसे तथ्यों और विवरणों से पुष्ट करें तथा अपने पाठकों को बतायें कि मंत्री महोदय झूठ बोल रहे हैं? क्या यह सिर्फ आलस्य का मामला है या एक वर्गीय मिली-भगत है? भुखमरी निश्चय ही किसी सुदूर देहाती इलाके में होती है और कोई भी बड़ा पत्रकार वहाँ जाना नहीं चाहता। फिर भुखमरी से मरनेवाला व्यक्ति कोई 'आत्महत्या नोट' नहीं छोड़ जाता। अतः साक्ष्य जुटाना भी आसान नहीं होता। फिर भी आवश्यक परिश्रम किया जाये तो भुखमरी साबित करना उतना कठिन नहीं है। हाँ, यह जरूर है कि उससे पत्रकारिता को कोई आर्थिक फायदा नहीं होगा। वह आज के समाज में न तो उसकी बिक्री बढ़ा सकती है और न प्रतिष्ठा। अतः इस मामले में वह अक्सर चुप्पी लगा जाती हैं। इससे उसे कुछ नुकसान भी नहीं होता। लोग भूख से मरते रहते हैं, समाचार पत्रों की आय बढ़ती जाती है।

कहा जा सकता है कि यह सच्चाई को छिपाना नहीं, बल्कि उसका दूर तक पीछा नहीं करना है। लेकिन किसी घटना का अर्थ क्या सिर्फ उस घटना में ही होता है? यदि जीवन महज एक घटना नहीं है—घटनाओं की श्रृंखला है, तो इस श्रृंखला की पहचान किये बिना क्या किसी घटना का तात्पर्य उद्घाटित किया जा सकता है? भुखमरी, ठण्ड या लू से मृत्यु निश्चय ही दुर्लभता या मौसम की खबरें नहीं हैं—ये प्रथमतः आर्थिक व्यवस्था की खबरें हैं और इन्हें इनकी तार्किक परिणति तक पहुँचाने का काम भले ही राजनीति और समाज व्यवस्था का

हो, इनकी तार्किक पृष्ठभूमि उद्‌घाटित करने का काम तो पत्रकारिता का ही है। जब वह ऐसा नहीं करती होती है तो निश्चय ही कुछ और कर रही होती है। लेकिन वह दूसरा काम क्या सचमुच इतना महवत्पूर्ण है कि उसे इस कीमत पर किया जाये ?

लेकिन यह कीमत है क्या ? भुखमरी की तफसील में न जा कर हम किस चीज को अव्यक्त रखते हैं ? वह चीज है तीसरी दुनिया में विकास का चरित्र। यदि भुखमरी की एक घटना का भी विस्तार से और उसकी पूरी पृष्ठभूमि के साथ वर्णन कर दिया जाये तो न केवल इस तथाकथित विकास का चरित्र स्पष्ट हो जायेगा, बल्कि यह भी सामने आ जायेगा कि लोगों के दुख दूर करने का जिम्मा जिनके पास है, वे ही ज्यादातर दुख पैदा कर रहे हैं। भुखमरी की छानबीन निश्चय ही इस बात की छानबीन नहीं होगी कि मरनेवाले आदमी तक अनाज क्यों नहीं पहुँच सका। वह इस बात की तहकीकात होगी कि वह आदमी अनाज तक क्यों नहीं पहुँच सका। यह सरकारी दावा शायद सही है कि भूख से कोई नहीं करता। मृत्यु होती है लगातार भूखे रहने या बीच-बीच में अत्यन्त अपर्याप्त भोजन मिलने से होनेवाली बीमारियों से। अतः यह गरीबी की समस्या का ही एक रूप है—उसका सबसे गम्भीर, शोकपूर्ण रूप और यह बात इतनी साफ है कि किसी भी भुखमरी के इतिहास से इसे सत्यापित किया जा सकता है। और, गरीबी का इतिहास ? उसकी इबारतें उस आधुनिक विकास में छिपी हैं, जिसकी शुरुआत ब्रिटिश साम्राज्यवाद से हुई थी और जिसे हाल तक गौरवपूर्ण भाषा में 'योजनाबद्ध' विकास कहा जाता था। कहना न होगा कि गरीबी की पैदाइश से भुखमरी तक एक पूरा आख्यान है, जिसका इतिवृत्त हमारे सामने लगातार आते रहना चाहिए, ताकि हम उस प्रक्रिया को ठीक से समझ सकें, जो हमारे समाज में उत्पादन और वितरण की व्यवस्था को लगातार विकृत कर रही है। वस्तुतः तीसरी दुनिया में विकास सबसे बड़ी घटना है। अन्य सारी घटनाएँ इसी से पैदा हो रही हैं।

भुखमरी जिस शृंखला की आखिरी कड़ी है, उसका सूत्रपात होता है भ्रष्टाचार से। सुरक्षा सौदों में कमीशनखोरी के उद्‌घाटन से भ्रष्टाचार राष्ट्रीय चर्चा का विषय बन गया था। अब प्रतिभूति घोटाले के विवरणों ने काफी रोमांचक तथ्य उजागर किये हैं। दिलचस्प है कि तब थोड़ा-बहुत राजनीतिक कोलाहल भी हुआ था, लेकिन इस बार लगभग सन्नाटा है। किन्तु आश्चर्य है कि तिस पर भी भ्रष्टाचार की समस्या का कोई समग्र विश्लेषण नहीं दिखाई पड़ता। बोफोर्स चर्चा का निष्कर्ष यही जान पड़ता है कि यदि बोफोर्स या अन्य सुरक्षा सौदों में घूस नहीं खायी गयी होती तो इस भ्रष्टाचार कथा के नायक अन्यथा बेहद साफ-सुथरे थे। इसी तरह प्रतिभूमि घोटाले पर जो कुछ छपा है, उससे लगता है कि

हमारी बैंकिग व्यवस्था अन्यथा साफ-सुथरी है। यह एक ऐसा मिथक है, जो हमारी सामाजिक सड़न को छिपाये रखता है। सच तो यह है कि मध्य वर्ग के लोग भ्रष्टाचार के इतने अभ्यस्त हो गये हैं कि वह अब तभी दिखाई पड़ता है जब अत्यन्त विकट रूप ले ले। निश्चय ही यह विकटता एक सतत चलनेवाली प्रक्रिया के उत्कर्ष का ही दूसरा नाम है। भ्रष्टाचार उस सत्ता का दुरुपयोग है, जो किसी को दूसरों का जीवन सुखमय बनाने के लिए सौंपी गयी है। जब यह दुरुपयोग होता है, तो सबसे पहले वे काम प्रभावित होते हैं, जो सत्ता के उचित इस्तेमाल से ही सम्भव हैं। इन कामों की हमारे देश में क्या स्थिति है ? निश्चय ही समाचार पत्रों से इनकी कुछ झाँकी मिलती है, लेकिन यह छानबीन अक्सर विलाप की शैली में होती है—कभी-कभी तो प्रलाप की शैली में भी। उससे यह पता नहीं चलता कि इसके लिए वास्तविक रूप से दोषी कौन है। फिर इस छानबीन का एक वर्गीय दायरा भी होता है। मध्यवर्गीय लोगों की सुविधा-असुविधा से सम्बन्धित समाचार तो फिर भी छपते रहते हैं, लेकिन भारतीय जीवन का जो तलछट है—और यह काफी बड़ा है, उसकी लगातार उपेक्षा की जाती है। उससे सम्बन्धित समाचार छपता भी है, तो उसके कार्य-कारण सम्बन्ध की उपेक्षा की जाती है। बोफोर्स की जितनी तहकीकात की गयी है, उसकी आधी ऊर्जा भी सामाजिक महत्व के मामलों की खोजबीन में खर्च नहीं की जाती। इसका एक कारण तो यह है कि भ्रष्टाचार के किस्से स्वभाव से ही मजेदार होते हैं, जबकि यह काम जरा नीरस है यानी उनके लिए, जिनकी दिलचस्पी जन जीवन में नहीं है। कभी-कभी तो ऐसा लगता है कि भ्रष्टाचार या दुराचार की कथाएँ परनिंदा से मिलनेवाली तृप्ति का उत्पादन एवं वितरण हैं—उनका कोई रचनात्मक महत्व नहीं है। मसलन भ्रष्टाचार की सच्ची तकलीफ का अर्थ क्या हैं ? उसका अर्थ यह है कि जो पैसा अवैध कमीशन या घूस के रूप में दिया गया है, उसे वाजिब ढंग से खर्च होना चाहिए था। इस तरह देखने पर बोफोर्स का महत्व इन प्रश्नों के सन्दर्भ में ही है कि क्या हमारी सेना उन कामों को करने में सक्षम है जिनके लिए वह है ? मसलन, क्या हमारी सीमा सुरक्षित है ? क्या चीन ने हमारी सीमा के जितने बड़े हिस्से पर अपना कब्जा कर रखा है, उसे वापस लेने में वह सक्षम है ? इसी तरह बैंकिग व्यवस्था की छानबीन का अर्थ यह होगा कि सरकारी बैंकों का जो लक्ष्य होना चाहिए, वह पूरा हो रहा है या नहीं। जिस तरह भुखमरी का एक सन्दर्भ है, उसी तरह भ्रष्टाचार का भी एक सन्दर्भ है। सन्दर्भहीन या सन्दर्भच्युत ढंग से उसकी चर्चा उत्तेजना पैदा कर सकती है—समाज का निर्माण नहीं कर सकती।

तो सच्चाई यानी पूरी सच्चाई अगर पत्रकारिता का मूल्य नहीं है, तो फिर उसके मूल्य क्या हैं ? वस्तुतः व्यावसायिकता का कोई अपना मूल्य होता ही नहीं। उसका केन्द्रीय मूल्य तो व्यवसाय ही है। फलस्वरूप वह हर उस चीज को अपना

सकती है, जो व्यावसायिक सफलता में मदद करती हो। अतः किसी व्यावसायिक उपक्रम से यह आशा करना ही व्यर्थ है कि वह किन्हीं मूल्यों की स्थापना या पोषण कर सकता है। वह उन्हीं मूल्यों को अपना मूल्य मानता है जो किसी खास समय में समाज के प्रभावशाली मूल्य होते हैं। पत्रकारिता जिस हद तक व्यवसाय है, उस हद तक वह समाज के वर्चस्वशाली वर्गों के साथ समझौता करके ही अपना काम कर सकती है। वह मूल्यों का उत्स नहीं होती, बल्कि समाज में जो मूल्य चल रहे हैं, उन्हीं में से कुछ को अपना कर वह उनका व्यावसायिक दोहन करती है। विज्ञान का स्तम्भ बिक्री में मददगार हो सकता है तो वह विज्ञान छापेगी, पर राशिफल से मदद मिल सकती है, तो व्यक्ति पर सितारों का असर बताने से भी उसे गुरेज नहीं होगा। अतः पत्रकारिता का सर्वश्रेष्ठ समय वह होता है जब समाज किसी रचनात्मक आन्दोलन की गिरफ्त में हो। मूल्य शून्य में नहीं पैदा होते। वे किसी-न-किसी आदर्श से जुड़े होते हैं। जब हमारे पास जीवन या समाज व्यवस्था का कुछ आदर्श होता है, तो हम उसके अनुरूप कुछ मूल्य बनाते हैं। आदर्श व्यक्तिगत नहीं होता—उसका एक बृहत्तर परिप्रेक्ष्य होता है। इसीलिए मूल्य भी सामाजिक होते हैं। वे हमारी सामाजिक संसक्ति या सामाजिक प्रेरणा को व्यक्त करते हैं। आज पत्रकारिता के सामने क्या आदर्श हैं? वह किस तरह का समाज देखना चाहती है? पत्र-पत्रिकाओं के पन्ने उलटने पर इन प्रश्नों का कोई ठोस जवाब नहीं मिलता। जब आपके पास कोई स्वप्न नहीं होता, तो यथार्थ को कसने की कसौटी भी नहीं होती। इसका दिलचस्प उदाहरण चुनाव के दिनों में देखने में आता है। चुनाव एक तरह से सामाजिक-राजनीतिक मंथन का समय होता है। इस मंथन के दौरान पत्रकारिता की क्या भूमिका होती है? वह इस चर्चा से पूरी तरह बचना चाहती है कि चुनाव में किसकी जीत होनी चाहिए और किसकी हार। चलिए, जीत-हार की बात न भी की जाये, तो वह अपने पाठकों को यह तो बता ही सकती है कि कौन-सा उम्मीदवार किन मूल्यों का प्रतिनिधित्व करता है तथा किसे वोट देने से क्या नतीजे निकलेंगे। लेकिन पत्रकारिता सामान्यतः यह भी नहीं करती। उसकी दिलचस्पी सिर्फ यह बताने में होती है कि चुनाव मैदान में किस उम्मीदवार की स्थिति कैसी है। वह समझ शुद्ध रूप से सत्तासंघर्ष की यथास्थितिवादी समझ है, जिससे राजनीतिक विकास में कोई मदद नहीं मिलती। यही कारण है कि ज्यादातर पत्र-पत्रिकाओं में न तो किसी प्रकार की बहस का वातावरण है और न उनका अपना कोई मत है। देश की बुनियादी आवश्यकताएँ क्या हैं? उनकी पूर्ति किस प्रकार की जा सकती है? क्या विकास का कोई और तरीका भी हो सकता है? इन सवालों पर न तो व्यवस्थित विचार होता है और न कोई खास दिशा उभरती है। 'है' और 'चाहिए' के द्वन्द्वात्मक संबंध को स्पष्ट करने की इच्छा के अभाव में ही यह करुण स्थिति संभव है।

'है' का बढ़ता हुआ महत्व व्यावसायिक उद्देश्य से की जानेवाली मतगणनाओं से भी पता चलता है। यह आधुनिक पत्रकारिता का वैज्ञानिक या तकनीकी पहलू है। इससे सिर्फ यही नहीं पता चलता कि सरकार की तरह पत्र-पत्रिकाओं की नजर में भी लोग अब महज आँकड़ा होते जा रहे हैं, बल्कि इस बात का भी संकेत मिलता है कि जनमत के सांख्यिक प्रस्तुतीकरण के द्वारा किस तरह उसे अपने पक्ष में प्रभावित करने की कोशिश की जा सकती है। भारत जैसे देशों में चुनाव के पूर्व उम्मीदवारों की स्थिति या सत्तारूढ़ नेताओं की लोकप्रियता से संबंधित आँकड़े अक्सर पूर्वाग्रहग्रस्त होते हैं। लेकिन यदि उनमें से कुछ खरे हों, तब भी जनमत गणनाओं के आयोजन से यह भ्रम नहीं होना चाहिए कि जनता के मत को सचमुच महत्व दिया जाने लगा है। एक अर्ध-निरक्षर, गरीब और विषमताग्रस्त समाज में 'लोग क्या चाहते हैं' के बजाय 'लोग क्या सोचते हैं' पर जोर दिया जाने लगे तो मानना चाहिए कि अपना मतलब साधने के लिए लोगों को बहाना बनाया जा रहा है। ऐसी मतगणनाएँ अक्सर महानगरों या बड़े नगरों में ही की जाती हैं। अतः देश के बहुसंख्यक लोग, जो गाँव में रहते हैं, अपनी बात नहीं कह पाते। शहरी आबादी में भी लोगों की समस्याओं की प्राथमिकताएँ क्या हैं—यह जानने की कोशिश नहीं होती। वास्तविक महत्व के सवालों की उपेक्षा कर छद्म सवाल खड़े किये जाते हैं और लोगों की राय ली जाती है। इस तरह के सर्वेक्षण शासकों का हित तो साध सकते हैं—जनता का कोई भला नहीं करते। वस्तुतः तीसरी दुनिया में मुख्य समस्या जनमत जानने की नहीं, बल्कि जनमत बनाने की है। इसका मतलब यह नहीं कि निरक्षर लोग मूर्ख होते हैं, लेकिन यह जरूर है कि वे अपनी इच्छाओं को किस प्रकार की राजनीति में व्यक्त करें— यह नहीं जानते। जनसंचार माध्यम होने के कारण पत्रकारिता इस क्षेत्र में महत्वपूर्ण भूमिका निभा सकती थी, किंतु उसे तो राजनेताओं, खिलाड़ियों और फिल्म स्टारों के घर आने-जाने से या ताक-झाँक करने से ही फुरसत नहीं है।

राष्ट्रीय महत्व के प्रश्नों से कन्नी काटने का जो गौरवपूर्ण दिखनेवाला बहाना पत्रकारिता ने ईजाद किया है, वह है निष्पक्षता या तटस्थता। पत्रकारिता की दुनिया में निष्पक्ष होना बहुत सम्मानजनक माना जाता है। लेकिन निष्पक्षता किससे? राजनीतिक दलों से, सरकार से, विचारधारा से या किसी भी प्रकार के सामाजिक उद्देश्य से? दलों से निष्पक्षता तो समझ में आती है— इसके बिना कोई भी पत्र अपना प्रकृत कार्य नहीं कर सकता, लेकिन बाकी चीजों से आप तटस्थ कैसे रह सकते हैं? समाज में अगर कोई आंदोलन चल रहा हो तो उससे आप अपनी आँखें कैसे बंद कर सकते हैं? वही आंदोलन, जिसके लिए अखबारों के पन्नों पर जगह नहीं होती, जब सफल हो जाता है या उसके सचालक सत्ता में पहुँच जाते हैं, तो अचानक महत्वपूर्ण हो उठता है। निष्पक्षता या तटस्थता का आदर्श रूप

तो यह है कि हम सभी प्रकार के तार्किक या संगत दिखनेवाले विचारों को पत्र-पत्रिकाओं में स्थान दें, ताकि सामाजिक आत्मसंघर्ष आगे बढ़ सके और लोग सही और गलत के बीच चुनाव कर सकें। लेकिन इसके स्थान पर तटस्थता के सबसे घटिया रूप का वरण कर लिया जाता है और सभी प्रकार के नये या विवादास्पद विचारों से छुट्टी पा ली जाती है। तटस्थता का यह झीना खोल भी अब जगह-जगह से बुरी तरह फट चला है और इन खिड़कियों से किसी के प्रचंड समर्थन या प्रचंड विरोध का व्यक्तिवादी झुकाव स्पष्ट दिखाई देने लगा है। जिस दिन लोग अपने अधिकारों के प्रति सचमुच सचेतन हो जायेंगे, उस दिन पत्रकारिता की यह निष्पक्षता सार्थक ढंग से भंग होगी और वह झूठे नायकों के स्थान पर अपने सच्चे नायकों को पहचानना शुरू कर देगी।

आदर्शरहित पत्रकारिता के पक्ष में यह दलील दी जाती है कि पत्र पत्र होता है, कोई धार्मिक ग्रंथ नहीं और पत्रकार भी पत्रकार होता है, कोई आंदोलनकारी नहीं। इस दलील के अनुसार पत्रकार का काम सिर्फ तथ्यों को सामने रख देना है। इस तरह के विचार के पीछे शायद वैज्ञानिक वस्तुनिष्ठता का तर्क काम करता रहता है, जो अपने-आपमें एक और मिथक है। वैज्ञानिक भी तटस्थ नहीं होता, वह वस्तुनिष्ठ जरूर होता है। वस्तुतः मानवीय दुनिया में जो भी तथ्य होते हैं, उनका एक मूल्य संदर्भ अवश्य होता है। यहाँ हर घटना का एक अर्थ है। वह अर्थ इस बात से तय होता है कि आप उस घटना को किस तरह देखते हैं। यहाँ तक कि एक वस्तुनिष्ठ समाचार को यदि अलग-अलग ढंग से बताया जाये, तो वह समाचार नहीं रह जाता, प्रचार हो जाता है। उदाहरण के लिए सड़क दुर्घटनाओं के आँकड़े दे कर यह साबित किया जा सकता है कि इस मामले में भारत अमेरिका से बेहतर है, लेकिन यदि हम पूरे तथ्य रखेंगे यानी यह भी बतायेंगे कि अमेरिका में कितनी गाड़ियाँ हैं और भारत में कितनी तथा वहाँ सड़कों की कुल लंबाई कितनी है और हमारे यहाँ कितनी, तब पता चलेगा कि अमेरिका की तुलना में भारत में सड़क दुर्घटनाओं की तादाद कम होते हुए भी ज्यादा है। यह तो जोर-शोर से बताया जाता है कि भारत चीनी के उत्पादन में दुनिया में सबसे आगे निकल गया है, लेकिन यह छिपा कर रखा जाता है कि यह जिनसे आगे निकल गया है, उनकी आबादी क्या है और हमारी आबादी क्या है। इस तरह प्रतिव्यक्ति उत्पादन या उपलब्धि को सामने न ला कर राष्ट्रीय समृद्धि का भ्रम पैदा किया जाता है, जिससे यथास्थिति का औचित्य सावित किया जा सके। तथ्य अपने आपमें कोई सच्चाई नहीं होती, उसे अन्य तथ्यों के फ्रेम में रख कर ही हम सच्चाई का अनुमान कर सकते हैं। और फिर कौन-से तथ्य प्रकाश्य हैं—यह चुनाव भी किसी-न-किसी मूल्य दृष्टि से अनुशासित होता है। अप्रासंगिक, असंबद्ध और अनुपयोगी तथ्यों को एक जगह सजा देना ही पत्रकारिता नहीं है। यह सच है कि दैनिक अपने समाचारों

का चुनाव करने में बहुत स्वतंत्र नहीं होते (क्यों नहीं होते, इसकी छानबीन करेंगे, तो कुछ और करुण तथ्य सामने आयेंगे), लेकिन जिन समाचारों का वे चुनाव करते हैं और उन्हें जिस भाषा में लिखते हैं, उनकी तो कोई व्यवस्था हो ही सकती है। वस्तुतः समाचार पत्र की जरूरत ही इसलिए है कि हम दी हुई व्यवस्था में छिपी हुई अव्यवस्था को पहचान सकें और उसे सुव्यवस्था दे सकें।

जब मूल्यों या विचारों की दुनिया तात्कालिक राजनीतिक स्वार्थ से अनुशासित हो रही हो, तो फिर तथ्यों की पवित्रता कैसे सुरक्षित रह सकती है? पत्रकारिता की दुनिया का एक प्रिय मुहावरा रहा है कि तथ्यों के साथ आप कोई छेड़छाड़ नहीं कर सकते, विचार आपके अपने हैं। लेकिन जब विचार किसी खास तरफ झुकने लगते हैं, तो वे तथ्यों को भी अपने साथ घसीट ले जाते हैं। भारतीय पत्रकारिता ने इस मामले में तो कमाल कर दिया है कि बहुत स्थूल तथ्यों—जैसे किसी नेता की सभा में कितने लोग आये या दंगों में कितने मरे या रामभक्तों की संख्या कितनी थी—के बारे में भी अब जमीन-आसमान का फर्क दिखाई देने लगा है। अभी तक रेडियो और टेलीविजन ही इस मामले में अविश्वसनीय थे, किन्तु अब पत्रकारिता भी इस अश्लील जुलूस में शामिल हो गयी है। तथ्य और कल्पना के बीच एक धूमिल-सा क्षेत्र तर्कसंगत अनुमान का होता है। इस क्षेत्र की धूमिलता का लाभ उठा कर बोफोर्स कांड की कैसी-कैसी स्वार्थपूर्ण व्याख्याएँ आ चुकी हैं, हम जानते हैं। यह भी वस्तुतः तथ्यों का तिरस्कार करनेवाली दृष्टि का ही एक नतीजा है। लेकिन यह इस ढंग की एकमात्र घटना नहीं है। सूचना देने की शक्ति के आपराधिक दुरुपयोग की घटनाएँ बढ़ती ही जा रही हैं। यह तो व्यावसायिकता भी नहीं है—पेशे की स्वतंत्रता का घिनौना रूप है, जो समाज में जहर घोल सकती है और पत्रकारिता की बची-खुची साख को भी चौपट कर सकती है।

पत्रकारिता खबरों की सौदागरी नहीं है, न उसका काम सत्ता के साथ शयन है। उसका काम जीवन की सच्चाइयों को सामने लाना और उनका विश्लेषण करना है। पत्रकार की सत्ता कोई स्वतंत्र सत्ता नहीं होती। उसे बहुत-सी सुविधाएं और स्वतंत्रताएँ इसीलिए मिलती हैं कि वह समाज का प्रतिनिधि है। सामाजिक हित के लिए की जानेवाली उसकी चोरी तक को प्रशंसा की निगाह से देखा जाता है। अतः सरकार की तरह उसके वास्तविक मालिक वे लोग ही होते हैं जिनका प्रतिनिधित्व करते हुए वह घटना स्थल पर जाता है या तथ्यों की सुरंग में प्रवेश करता है। लेकिन शायद प्रतिनिधित्व के विधान में ही कुछ ऐसा है कि वह शीघ्र ही भ्रष्ट करने लगता है। राजा या सामंत की सत्ता को चुनौती देते हुए लोकतंत्र आया और लोकतंत्र के अंग के रूप में पत्रकारिता का विकास हुआ। भारत में संसदीय लोकतंत्र की स्थिति अच्छी नहीं है, तो फिर पत्रकारिता की नियति कुछ और कैसे हो सकती थी? लेकिन लोकतंत्र की तरह पत्रकारिता भी कुछ मूल्यों

के छद्म में ही अपना काम करती है। यहाँ नाचना हो तब भी घूंघट रखना होता है। अतः जब तक पत्रकारिता रहेगी, तब तक उससे मूल्यों की मांग की जाती रहेगी। वस्तुतः यही तनाव पत्रकारिता को एक जीवंत और लोकप्रिय माध्यम बनाये रखता है।

ऐतिहासिक दृष्टि से समकालीन पत्रकारिता का संकट एक ओर तो भारतीय मध्य वर्ग का संकट है और दूसरी ओर भारतीय पूंजी का। पश्चिम में मध्य वर्ग और निजी पूंजी, दोनों ने कुछ हद तक प्रगतिशील भूमिका निभायी है और अपने यहाँ के सामान्य जीवन को उन्नत तथा समृद्ध बनाया है, हालांकि उस समृद्धि की सबसे ज्यादा कीमत एशिया और अफ्रीका में फैले उसके उपनिवेशों को चुकानी पड़ी है। संभवतः इस उन्नति और समृद्धि को देख कर हम भारतीयों को लगता है कि हम भी एक दिन उस लक्ष्य को छू लेंगे। लेकिन यह एक आत्मवंचना है। भारतीय मध्य वर्ग ने वैसी कोई क्रांति नहीं की है और न ही हमारी पूंजी का चरित्र राष्ट्रीय अर्थव्यवस्था के तीव्र विस्तार का है। दोनों ही कुछ ऐसी अद्भुत किस्म की रूढ़ियों, सीमाओं और वंचनाओं के शिकार हैं जिनके कारण स्वतंत्र, स्वाभिमानी और गतिशील नागरिक के रूप में भारतीय व्यक्ति का विकास कुंठित हो रहा है। आधुनिकता को हमने विचार के स्तर पर नहीं, काफी हद तक उत्पादन के स्तर पर भी नहीं, बल्कि सिर्फ रहन-सहन के स्तर पर स्वीकार किया है, जो अपने आपमें बहुत-सी विकृतियों के लिए जिम्मेदार है। इसके परिणामस्वरूप संसदीय जनतंत्र प्रधानमंत्री की तानाशाही के रूप में बदल जाता है और आर्थिक सुरक्षा व्यक्तित्व की स्वतंत्रता को नष्ट कर देती है। इसका अक्स हमारी तमाम तरह की अभिव्यक्तियों में दिखाई पड़ता है। इनमें से एक पत्रकारिता भी है। पत्रकारिता के सुख-दुख तथा छल-छद्म मूलतः हमारे मूल्यविरत मध्य वर्ग के ही सुख-दुख और छल-छद्म हैं, जो उस पूंजी की छाया में एक तरह से अनिवार्य हैं, जिसमें समृद्धि और समानता का स्वप्न तो नहीं ही है, जिसमें किसी किस्म का राष्ट्रीय स्वाभिमान भी नहीं दिखाई देता। इस तरह की व्यवस्था एक तरह के आंतरिक उपनिवेशवाद पर ही टिकी रह सकती है, जिसमें पत्र-पत्रिकाएँ बस उतनी ही लोकतांत्रिक हैं, जितनी इस नये उपनिवेशन को वैधता देनेवाली व्यवस्था। संवेदना और विचार, दोनों का क्षय करनेवाली इस व्यवस्था के शिकार लोग जब चीजों की बागडोर सचमुच अपने हाथ में लेंगे, तो एक नये प्रकार की पत्रकारिता हमारे सामने आयेगी। अब यह हमारे हाथ में है कि हम उस दिन का इंतजार करें या उसे जल्दी लाने की कोशिश।

लेकिन यह मानना कि जिस दिन जनता का शासन होगा, उसी दिन जनता की पत्रकारिता होगी, बुद्धिजीवी को भ्रष्ट होने का एक झूठा तर्क देना है। आधुनिक युग में मनोविज्ञान और समाजशास्त्र ने कुछ ऐसे तर्क सुलभ कर दिये हैं, जिनके

आधार पर किसी भी नैतिक विच्युति को स्वाभाविक ठहराया जा सकता है या किसी भी नैतिक माँग को अवास्तविक साबित किया जा सकता है। इसी सुविधा का उपयोग करते हुए कुछ ऐसे पेशों या जीवन-शैलियों के पतन की संतोषजनक व्याख्या कर ली जाती है, जिनके केन्द्र में जीवन के उच्चतर मूल्य होने चाहिए। लेखक, शिक्षक, चिकित्सक, वैज्ञानिक, राजनीतिज्ञ, पत्रकार आदि इसी वर्ग के लोग हैं, जिनके कर्म के पीछे यदि कोई नैतिक प्रेरणा नहीं है, तो इसका वैज्ञानिक या मनोवैज्ञानिक स्पष्टीकरण आप चाहे जितना खोज लें, लेकिन ये अपने होने का मूल-भूत तर्क ही खो बैठते हैं। इनसे हमेशा यह अपेक्षा की जाती है कि ये उन सामान्य मोहों और भयों से मुक्त रहेंगे, जो समाज के दूसरे वर्गों के लिए क्षम्य माने जाते हैं। राजनेता, अफसर या पत्रकार जितने भी भ्रष्ट हों, उनसे हमेशा यह माँग रहेगी कि वे जनहित में काम करें। यह नैतिक दबाव ही उनके काम को एक तरह का सामाजिक औचित्य या नैतिक वैधता देता है। इसी से उन्हें शक्ति भी मिलती है। सामाजिक प्रतिनिधित्व के तर्क से काम करनेवाले इन पेशों के लोग अपनी इस शक्ति के नशे में आज प्रायः उन्मत्त हैं। पत्रकार कुछ ज्यादा ही, क्योंकि वह इस शक्ति-वलय में नया-नया शामिल हुआ है। लेकिन उसे यह भूलना नहीं चाहिए कि उसका सम्मान भले ही बढ़ा हो, लेकिन आदर कम हुआ है। अगर पत्रकारिता अपनी नैतिक प्रेरणाओं की उपेक्षा के इसी रास्ते पर चलती रही, तो भविष्य में पत्रकार से लोग डरेंगे जरूर—जैसे नेता या नौकरशाही से डरते हैं, लेकिन उसे अपना नहीं मानेंगे। कुछ से तो शायद नफरत भी करें।

खंड 2

मुद्दे

किसकी आजादी

किशन पटनायक

मानहानि विधेयक, 1988 की वापसी के बावजूद उसके संदर्भ में सोचने पर लगता है कि भारत का जनतंत्र समाचार पत्रों की आजादी पर टिका हुआ है और समाचार पत्र भ्रष्टाचार की आलोचना पर। खुली (जनतांत्रिक) व्यवस्था का यह एक शानदार पहलू है कि कोई भी व्यक्ति आलोचना और संदेह के परे नहीं है, बल्कि जो व्यक्ति जितने बड़े पद पर होगा, उसको उतना ही अधिक सार्वजनिक आलोचना के प्रति संवेदनशील होना पड़ता है। यूरोप के पूंजीवादी जनतांत्रिक देशों में यह परंपरा विकसित हुई है कि सर्वोच्च पद पर बैठा हुआ आदमी अमर्यादित आचरण के आरोप के सामने नतमस्तक होता है। इस प्रकार की परंपरा विकसित होने की वजह है।

आधुनिक राष्ट्र व्यवस्था इतनी अधिक केन्द्रित है कि जो व्यक्ति ऊँचे पद पर होता है, उसके पास पूरे राष्ट्र को हानि पहुँचाने की भी क्षमता होती है। अगर वह भ्रष्ट होगा, उसकी नीयत खराब होगी, तो वह देश को चौपट कर सकता है। ऐसी हालत में भ्रष्टाचार प्रमाणित होने तक राष्ट्र इंतजार कर सकता। कुछ बातें ऐसी होती हैं कि संदेह पैदा होते ही, सुराख दिखाई देते ही उस पर कारंवाई हो जानी चाहिए। सुराख से खतरा प्रवेश करे, इसकी गुंजाइश छोड़ी नहीं जा सकती। ब्रिटेन का प्रोफ्यूमो कांड क्या था? प्रोफ्यूमो प्रतिरक्षा मंत्री था और एक ऐसी स्त्री से उसका अवैध यौन संबंध हुआ जिसके साथ कुछ विदेशी (रूसी) लोगों का भी यौन संबंध था। प्रोफ्यूमो की कोई ऐसी नीयत नहीं थी कि अपनी प्रेमिका के दोस्तों को अपने देश की प्रतिरक्षा के बारे में जानकारी दे दे। ऐसा कुछ हुआ भी नहीं था। लेकिन ब्रिटेन को यह धीरज नहीं था कि खतरा प्रवेश करे तब प्रोफ्यूमो मंत्रिपद से हटे। समाचार पत्रों का काम पहरेदारी का है। प्रहरी का दायित्व यह नहीं होता है कि चोरी को प्रमाणित करे। उसका दायित्व होता है संदेह के आधार पर रोकना, चेतावनी देना, इत्तला दे कर अनुसंधान की माँग करना। एक पत्रकार के लिए या एक समाचार पत्र के लिए भी यह संभव नहीं है

कि वह बड़े पदाधिकारियों के भ्रष्टाचार के सारे प्रमाण जुटा ले और अदालत में प्रमाणित कर दे। अगर यह संभव होता तो अखबार में छापने की जरूरत ही क्या है? अखबार में अनियमितता की घटना छपती है, पूरे घोटाले का एक निर्णायक हिस्सा प्रकाशित होता है। घोटाला प्रमाणित नहीं होता है, लेकिन जांच का आधार बन जाता है, संदेह पैदा हो जाता है। यही अखबार का काम है। जहाँ संदेह पैदा हो जाता है, वहाँ पूरी छानबीन करना सरकार का काम है। इसी काम के लिए राष्ट्र के दूसरे विभाग हैं। अखबार का दायित्व यह है कि जब संदेह पैदा करे तो उसमें तथ्य होना चाहिए यानी जाँच के लायक तथ्य होना चाहिए।

दिलचस्प बात यह है कि प्रतिष्ठित समाचार पत्रों ने (चरित्र हनन के) इस अधिकार का इस्तेमाल जिम्मेदारी के साथ किया है। अगर हम पिछले चार दशकों के भारतीय समाचार पत्रों की खबरों को याद करें तो यही बात मिलेगी। प्रतिष्ठित समाचार पत्रों ने बड़े आदमियों के ऊपर जो आरोप लगाये थे, उनके बारे में इतने दिनों के बाद भी कोई नहीं कहेगा कि वे आरोप निराधार थे। आरोप लगाने में पक्षपात हो सकता है। इस अर्थ में कि एक व्यक्ति के भ्रष्टाचार को ज्यादा उछाला गया, लेकिन आप यह नहीं कह सकते कि लगाये गये आरोप निराधार थे।

जिम्मेदारीपूर्वक इस्तेमाल करने के फलस्वरूप ही प्रेस के पास यह अधिकार बना हुआ है। छापने के अधिकार के साथ न छापने का भी अधिकार है। यह दुधारी ताकत है। इसीलिए समाचार पत्र इतने ताकतवर हैं और इसी ताकत को लेकर समाज में प्रतिष्ठित हैं। सत्ताधारी उनसे डरते हैं। राजसत्ता किसके हाथ से छीनी जाये, किसको सौंपी जाये—इसकी चालें वे चल सकते हैं। राजनीति के किसी हिस्से के साथ जब समाचार पत्रों का गठबंधन हो जाता है, जीत उसी तरफ दिखाई पड़ती है। सिर्फ शासकों की ही नहीं, साहित्यिकों, धर्म प्रचारकों, कलाकारों और खिलाड़ियों की प्रतिष्ठा भी समाचार पत्र बनाते-बिगाड़ते हैं। अत: यह आश्चर्य की बात नहीं है कि समाचार पत्र अपना यह काम बड़ी जिम्मेदारी के साथ करते हैं—कभी हवाई आरोप नहीं लगाते हैं, तथ्यों को ठोंक-पीट कर चरित्र हनन करते हैं। राज्य सत्ता और सामाजिक नेतृत्व को अपने हित में बनाये रखने की जो शक्ति उन्हें मिली हुई है, उसका इस्तेमाल गैरजिम्मेदाराना ढंग से कर उसको खोना वे नहीं चाहते। और, इसी तरह वे नागरिकों की आजादी को भी पुष्ट करते हैं—उन्हें भ्रष्ट शासकों के खिलाफ बोलने का मौका प्रदान करते हैं।

मानहानि विधेयक के लोकसभा में आने के ठीक पहले भारत के समाचार पत्र दो हिस्सों में बँटे हुए थे—राजीव गाँधी के समर्थक और विरोधी। लेकिन मानहानि विधेयक के संदर्भ में सारे अखबार एकजुट हो गये। कुछ अखबारों ने खुले ढंग से विधेयक की निंदा नहीं की, लेकिन उनकी प्रच्छन्न सहमति इस विधेयक

के खिलाफ थी। समाचार पत्रों की एकता के सामने विधेयक लड़खड़ा गया। राजीव गाँधी समर्थक पत्रों के लिए भी कोई दूसरा रास्ता नहीं था, क्योंकि अगर वे समाचार पत्र की हैसियत से राजीव गाँधी का समर्थन करते, तो उनके लिए अपनी हैसियत बनाये रखना मुश्किल होता। अगर चरित्र हनन की आवश्यक शक्ति समाचारपत्र के पास न रहे, तो उसकी हैसियत ही क्या है? लोक सभा में विधेयक पारित हो कर भी मर गया! अगर समाचार पत्र इस लड़ाई को अपने कंधे पर न लेते, तो यह अब तक कानून बन गया होता और भारतीय नागरिक की आजादी लूटी जा चुकी होती। समाचार पत्रों ने विपक्षी राजनीति और साधारण नागरिक की लाज रख ली। इस तरह समाचार पत्रों के मालिकों ने, संपादक-प्रकाशक जैसे नवसंपन्न वर्ग के लोगों ने आम जनता की ओर से एक महत्वपूर्ण लड़ाई लड़ी। पूंजीपति वर्ग का स्वार्थ, विशिष्ट जनों की सुविधाएँ और सामान्य-जन की आजादी एक ही रेखा पर आ गयी। यह एक ऐसा संयोग था, जो पूंजीवादी जनतंत्र में कई बार घटित होता है।

मनुष्य की आजादी एक टेढ़ी खीर है। किसी भी व्यवस्थित समाज में अभिव्यक्ति की पगडंडियाँ बन जाती हैं। आजादी के औजार बने-बनाये रहते हैं। औसत मनुष्य उन औजारों के सहारे अपनी स्वतन्त्रता का बोध कर लेता है। आजादी की जो पगडंडियाँ बनी हुई हैं, उनमें से समाचार पत्र एक है। रोज सबेरे एक अखबार खरीद कर आप इस पगडंडी पर चल सकते हैं। वोट देने, वकील नियुक्त करने, अखबार खरीदने की प्रक्रियाओं में हमारी संवैधानिक आजादी प्रतिफलित होती है। अगर राजनीतिक दलों, अखबारों, वकीलों की आजादी नहीं रहेगी, तो हमारी आजादी भी नहीं रहेगी।

आधुनिक टेक्नोलॉजी ने समाचार पत्रों (तथा दूसरे संचार माध्यमों) की क्षमता बढ़ा दी है। करोड़ों-अरबों लोगों की अभिव्यक्ति का ठेका एक समाचार पत्र ले सकता है। ऐसे समाचार पत्रों का संचालन सिर्फ सत्ताधारी या पूंजीपति कर सकते हैं। संचार और अभिव्यक्ति—इन दो शब्दों का कुछ लोग एक ही अर्थ लगाते हैं। संचार आसान हो गया है, तो कहते हैं अभिव्यक्ति आसान हो गयी है। बात उलटी है। संचार माध्यमों के द्वारा उन सारे लोगों की अभिव्यक्ति बनी रहेगी, जिनको संचार माध्यमों के मालिक चुन लेंगे। बड़े समाचार पत्रों ने छोटे पत्रों की अभिव्यक्ति छीन ली है। अब जो स्थानीय पत्र होते हैं, वे बड़े पत्रों के स्थानीय संस्करण जैसे ही होते हैं। अलग अभिव्यक्ति हो नहीं सकती। पुरानी टेक्नोलॉजी में यह संभव था कि सत्ता में रहे बगैर भी समाजवादी, साम्यवादी, ग्रामोद्योगवादी, नास्तिकवादी दृष्टिकोण की पत्रिकाएँ समाज में प्रतिष्ठित हो सकती थीं। अब सिर्फ अपने अनुयायियों के बीच ही उनका वितरण सीमित रहता है। तात्कालिक राजनीतिक प्रश्नों को छोड़ कर हर चीज पर सारे प्रतिष्ठित समाचार पत्रों का

स्वर एक-जैसा होता है। 'टाइम' और 'न्यूजवीक' के बीच, 'धर्मयुग' और 'इंडिया टुडे' के बीच अभिव्यक्तियों का संसार पूरा हो जाता है।

कुछ लोग आजादी के बाद और उसके पहले की पत्रकारिता की तुलना करते हैं और कहते हैं कि पहले के पत्रकार अच्छे थे। ऐसा कहना गलत है। अच्छे और बुरे पत्रकार की बात नहीं है। टेक्नोलॉजी बदल गयी है। आधुनिक टेक्नोलॉजी के फलस्वरूप पत्रकारिता एक बड़ा उद्योग बन चुकी है और पत्रकार नामक एक नयी किस्म के सम्पन्न कर्मचारी वर्ग का उदय हुआ है। दूसरे बड़े उद्योगों को चलानेवाला कोई पूंजीपति इस उद्योग को भी चला सकता है या अपनी औद्योगिक शुरुआत समाचार पत्र के उत्पादन से कर सकता है। इस उद्योग के सारे कर्मचारी, उद्योगपति समेत, पत्रकार हैं। हम जब समाचार पत्र की आजादी की बात कहते हैं, तो उसे पत्रकारों की आजादी कहना एक भयंकर भूल होगी। आधुनिक टेक्नोलॉजी ने पत्रकार के साथ वही किया है, जो हर प्रकार के श्रमिक-उत्पादकों के साथ किया है। आधुनिक टेक्नोलॉजी ने बुनकरों, चर्मकारों, लोहारों जैसे श्रमिक-उत्पादकों के हाथ में ऐसा कोई कौशल नहीं दिया जिससे उनकी उत्पादन कार्य क्षमता बढ़ जाये। इस टेक्नोलॉजी ने ऐसा यंत्र और ऐसी व्यवस्था पैदा की है, जिसमें श्रमिक खुद उत्पादक न हो सके, वह किसी व्यवस्थापक या प्रबंधक के अधीन एक मजदूर बन कर रह जाये। लेखकों-पत्रकारों के साथ यही हुआ। आधुनिक टेक्नोलॉजी के पहले जो पत्र निकलते थे, उनमें अधिकांश पत्रों को निकालनेवाले लोग लेखक-साहित्यिक-विचारक थे। औपचारिक या अनौपचारिक ढंग से उनका समूह होता था और उस समूह की ओर से पत्र प्रकाशित होते थे। नयी टेक्नोलॉजी के बाद लेखक अपना पत्र नहीं निकाल सकता। पत्रकार अपना लेख भी नहीं लिख सकता। उसका लिखना एक व्यवस्थापक के, संयोजक के तहत होता है। किसी प्रतिष्ठित पत्र के मालिक अब प्रेमचंद, बाल गंगाधर तिलक, गांधी या गोपबंधु दास नहीं हो सकते हैं। इसका मतलब यह नहीं कि कोई लेखक समाचार पत्र का मालिक नहीं हो सकता है। होने के लिए उसे अपना लेखक-साहित्यिक-विचारक का जीवन छोड़ कर एक व्यवस्थापक या उद्योगपति का जीवन अपनाना होगा। कहने का मतलब यह भी नहीं है कि हरेक लेखक या विचारक का अपना पत्र होना चाहिए। लेकिन पत्र अवश्य लेखकों का होना चाहिए। जैसे तांत बुनकरों का और खेत खेतिहरों का होना चाहिए। समाचार पत्र हो या कपड़ा, आज की उत्पादन व्यवस्था में उद्योगपति-व्यवस्थापक को छोड़ कर कोई नहीं कह सकता है कि यह मेरा उत्पाद है। कुछ लोग अपने को धोखा देने के लिए कह सकते हैं कि यह हमारा सामूहिक उत्पादन है। इस धोखे को विश्वसनीयता प्रदान करने के लिए 'प्रबंधन में मजदूरों की हिस्सेदारी' का सिद्धांत कुछ दिनों तक चला। आधुनिक टेक्नोलॉजी ने इस सिद्धांत का मखौल

उड़ाया है। अत्याधुनिक टेक्नोलॉजी में मजदूरों का जो स्थान है, दैत्याकार समाचार पत्रों में पत्रकारों का वही स्थान है। इसलिए उनको लेखक कहा जाये या नहीं, यह प्रश्न उठ सकता है।

पत्रकारों में एक निपुणता होती है। उनकी भाषा चुस्त होती है। वे तर्क और भावना का पुट दे कर विषयों पर रोशनी डालते हैं। लेकिन विज्ञापन सामग्री के रचनाकारों में भी तो ये सारी योग्यताएँ होती हैं। कुछ विज्ञापनों को पढ़ते वक्त भ्रम हो जाता है कि हम साहित्य या दर्शन पढ़ रहे हैं। विज्ञापन सामग्री बनाने-वाले का नाम नहीं छपता है। कुछ अरसे के बाद छप सकता है। क्यों नहीं ? राजनीतिक-सामाजिक मुद्दों पर समाचार-टिप्पणी लिखनेवालों की ज्यादा चर्चा होती है। उनकी प्रतिष्ठा बनती है। उस प्रतिष्ठा का बड़ा हिस्सा यह है कि वह एक दैत्याकार उद्योग का बुद्धिजीवी है। प्रतिष्ठा का दूसरा हिस्सा यह है कि कुछ पत्रकारों में लेखकवाला अंश भी होता है। यहाँ हम लेखक शब्द का इस्तेमाल बहुत संकुचित अर्थ में कर रहे हैं। लेखक वह है जो अपनी समग्र चेतना के बल पर अभिव्यक्ति करता है। लेखक की कसौटी पर पत्रकार की कोटि लेखक और लिपिक के बीच की है। जैसे किसी जाँच आयोग का प्रतिवेदन लिखनेवाला कर्मचारी, कानूनी बहस की अर्जी लिखनेवाला वकील या पर्यटन गाइड लिखने-वाला भी लेखक ही होता है। आज के दिन आप नहीं कह सकते हैं कि एक अच्छा पत्रकार एक घटिया साहित्यिक से बेहतर हैं। दोनों के प्रेरणा स्रोत अलग हैं। यह हो सकता है कि कोई व्यक्ति साहित्य लिखना छोड़ कर पत्रकार के रूप में अच्छा नाम कमाये। अभी सिर्फ भारतीय भाषाओं की पिछड़ी हुई पत्र-पत्रिकाओं में साहित्यिकों को पत्रकारिता के काम करने के लिए बुलाया जाता है। अत्याधुनिक पत्र-पत्रिका में ऐसी परिपाटी खत्म हो गयी है, क्योंकि साहित्यिकों में ऐसे संस्कार होते हैं, जो पत्रकारिता के लिए अयोग्यता के लक्षण हैं।

अगर किसी बड़े समाचार पत्र का सम्पादक दावा करता है कि उसके काम-काज में सेठ जी ने कभी दखल नहीं दिया, तो उस सम्पादक को यह भी मालूम होना चाहिए कि आधुनिक सेठ जी दखल नहीं दिया करते हैं। ऐसे अनेक सेठ जी होंगे, जिन्होंने कभी अपने बावर्ची, खजांची या दरजी के काम में दखल नहीं दिया हो। बड़े समाचार पत्रों का सम्पादक चुने जाने की एक योग्यता यह है कि उसको अक्लमन्द होना चाहिए, ताकि उसके काम में मालिक को दखल देना न पड़े। जिस पत्रकार में लेखकवाला संस्कार बचा है, उसके काम में दखल देना पड़ जाता है। इसीलिए बम्बई के हमारे एक दोस्त को बहुत समय तक सम्पादक नहीं बनाया गया या दिल्ली में हमारे एक दूसरे दोस्त एक बड़े उद्योगपति के प्रमुख अखबार के पत्रकार हैं। उस अखबार में एक वरिष्ठ पत्रकार थे, जो अपने व्यक्तिगत जीवन में घोर साम्यवादी हैं। उनका लेखन उच्च कोटि का था, जिस पर अखबार को

गर्व था। जब उनकी सेवा निवृत्ति का समय आया, तो हमारे दोस्त ने चुटकी ली, 'कामरेड, आपका तो लम्बा जीवन बाकी है। मैं आशा करता हूँ कि अब आप हमारे उद्योगपति-मालिक के धन्धों के बारे में एक पुस्तक लिखेंगे।' हमारे दोस्त ने हमें विश्वास दिलाया कि वे नहीं लिखेंगे। क्यों ? या तो उनमें स्वतन्त्र लेखन शक्ति बच नहीं गयी है, या फिर जब तक उनमें ऐसी कोई शक्ति बची रहेगी, तब तक मालिक की ओर से उनको अच्छी रकम की पेंशन मिलती रहेगी।

नयी पीढ़ी के पत्रकारों के मामले में यह जोखिम नहीं है। वे लेखक या विचारक के रूप में नहीं, शुरू से ही पत्रकार के रूप में प्रशिक्षित हो रहे हैं। यहाँ विचारों को दबाने के लिए अधिक भत्ता देना नहीं पड़ता है—सिर्फ इस काम को आकर्षक बनाने के लिए खूबसूरत वेतन-भत्ते का प्रबन्ध रहता है। यह वेतन-भत्ता विशिष्ट जनों के लायक है। इस वेतनमान के लायक होने के लिए प्रतिबद्धता-विहीन बुद्धिजीवी होने का प्रशिक्षण उन्हें मिलता रहता है। समाचार पत्र उद्योग के प्रसार के लिए यह एक शर्त है कि समाज में प्रतिबद्धताविहीन लेखकों का एक बुद्धिजीवी वर्ग पैदा किया जाये। यानी शिक्षा और प्रशिक्षण की प्रक्रिया में ही उन्हें मालिक वर्ग की विचारदृष्टि में दीक्षित कर लिया जाये, ताकि किसी आदरणीय सम्पादक के बारे में यह कहना न पड़े कि वे अपने विचारों को दबा कर लिख रहे हैं। हम सीधे कह सकते हैं कि सम्पादक की विश्वदृष्टि और सेठ जी की विश्वदृष्टि में एक अपूर्व मेल का संयोग है।

समाचार पत्र अगर समाचारों के पत्र होते, तो इतनी सारी बहस की जरूरत नहीं होती। अगर दुनिया में कभी समाचारों का पत्र होगा तो वह एक बिल्कुल भिन्न चीज होगी। मौजूदा सभ्यता में समाचार पत्र एक तरह से देखें तो जनमत का प्रहरी है, दूसरे ढंग से देखें तो वह जनमत का निर्माता है। यह मत निर्माण सिर्फ तात्कालिक मुद्दों के बारे में नहीं होता है, बल्कि गहरी मान्यताओं तथा दीर्घकालीन समस्याओं के स्तर पर भी होता है। यह मत निर्माण या प्रचार इतना मौलिक और प्रभावशाली है कि इसे मानस निर्माण ही कहा जा सकता है। प्रचार का सबसे प्रभावशाली रूप है समाचारवाला रूप। अगर आप यह कहें कि 'गन्दगी से घृणा करनी चाहिए,' तो यह गन्दगी के खिलाफ एक कमजोर प्रचार है। अगर आप कहें कि 'गन्दगी बढ़ गयी है', तो गन्दगी के खिलाफ यह ज्यादा प्रभावशाली वाक्य है। आप कहें कि 'पाकिस्तान को दुश्मन समझो', तो इसका असर कम लोगों पर होगा। कुछ लोग पूछेंगे, क्यों ? लेकिन वही लोग जब पढ़ेंगे कि 'पाकिस्तान को अमेरिका से हथियारों का नया भण्डार मिला' तो दुश्मनी अपने आप मजबूत हो जायेगी। आप प्रचार करेंगे कि 'हमें पाँच-सितारा होटलों की जरूरत है', तो लोग कहेंगे—नहीं। लेकिन जब वे पढ़ेंगे कि 'होटल व्यवसाय से सरकार ने 10 करोड़ रु० की विदेशी मुद्रा कमायी' तो उन्हें खुशी होगी।

प्रचार में द्वन्द्व रहता है। शिक्षा दान में द्वन्द्व रहता है। समाचार में द्वन्द्व नहीं होता है—इसलिए समाचारों से मान्यताएँ बनती हैं, मानस पैदा होता है। इसी से अनुमान लगाना चाहिए कि दैत्याकार बहुराष्ट्रीय पत्र-पत्रिकाओं का कितना प्रभाव तीसरी दुनिया के शिक्षित वर्ग पर होता है।

गाँधी जी ने जब 'हिन्द स्वराज' लिखा, डाक्टरों और वकीलों के पेशे को समाज-विरोधी पेशे के रूप में दिखाया। हो सकता है कि वे उदाहरणों की संख्या बढ़ाना नहीं चाहते थे या हो सकता है कि पत्रकारों के समाज विरोधी चरित्र का साक्षात्कार उन दिनों उन्हें नहीं हुआ था। गाँधी अति अव्यावहारिक विचारकों की श्रेणी में आते हैं। उनके सपने का समाज नहीं बननेवाला है। हम वकीलों-डॉक्टरों के पेशे को समाज विरोधी नहीं कह सकते। साधारण नागरिक के लिए पग-पग पर वकील-डॉक्टर की सेवा की जरूरत पड़ जाती है। जैसे हम जानते हैं कि स्कूलों में अच्छी शिक्षा नहीं दी जाती है, लेकिन हम अगर स्कूलों को समाज विरोधी कहेंगे, तो हमारे बच्चे मूर्ख रह जायेंगे। इसी तरह समाचार पत्र आधुनिक मनुष्य के लिए एक बहुत बड़ा बोझ होने पर भी उसे पढ़े बिना हम अज्ञानी रह जायेंगे। समाज में बात करने लायक नहीं रह जायेंगे। ज्यादा से ज्यादा आप इसे एक बिडम्बनापूर्ण स्थिति कह सकते हैं, जहाँ समाचार पत्रों की स्वाधीनता है, लेकिन पत्रकार पराधीन है। समाचार पत्र आधुनिक मनुष्य के ऊपर एक बहुत बड़ा अत्याचार है। साथ ही, वह हमारी संवैधानिक आजादी का माध्यम भी है।

राजनीतिक विवेक का स्वरूप

पुरुषोत्तम अग्रवाल

'लोकतन्त्र के विकास (अथवा स्वस्थ संचालन) में अखबार की भूमिका'—इस विषय पर निबन्ध लिखवाने की शुरुआत आठवीं कक्षा से ही हो जाती है। तब से ले कर बाकायदा नागरिक बन जाने तक औसत पढ़ा-लिखा आदमी यह मान कर चलता है कि अखबार लोकतन्त्र का प्रहरी है, उसकी स्वतन्त्रता विवाद के परे है। अखबारों की प्रसार संख्या और उनकी प्रभाव क्षमता को किसी समाज के सुसंस्कृत होने के अकाट्य प्रमाणों में से एक माना जाता है। लोगों के सोच-विचार को अखबार प्रभावित करते ही हैं। इस लिहाज से जो लोग अखबार के नियमित सम्पर्क में रहते हैं, उनके सोच-विचार और राजनीतिक विवेक के स्तर का कुछ न कुछ सम्बन्ध अखबार के साथ है—ऐसा मानने में कोई एतराज नहीं होना चाहिए। समकालीन सन्दर्भ में यहाँ हमारा आशय बड़े व्यावसायिक अखबारों से ही हो सकता है, क्योंकि सामान्य लोगों तक उन्हीं की पहुँच होती है। किसी विचारधारा से प्रेरित या किसी प्रयोजन से परिचालित पत्र-पत्रिकाएँ भी अपने स्वभाव के अनुसार पाठक खोज लेती हैं, लेकिन उनमें व्यक्त राजनीतिक विवेक का विश्लेषण एक अलग मुद्दा है : यह वस्तुतः उन विचारधाराओं की परीक्षा होगी, जिनसे ये पत्र-पत्रिकाएँ जुड़ी हुई हैं। यहाँ चर्चा को उस पत्रकारिता तक ही सीमित रखा जा रहा है, जिसे मुख्य धारा की पत्रकारिता कहते हैं।

मुख्य धारा की पत्रकारिता से जो पाठक जुड़ा हुआ होता है, उसे सामान्य पाठक कह सकते हैं। इस 'सामान्य पाठक' का राजनीतिक विवेक किस प्रकार का है? औसत पढ़े-लिखे सफेदपोश का रवैया 'कोउ नृप होय हमैं का हानी' का आधुनिक संस्करण पेश करता है। साथ ही बहुत गहरी अनास्था भी। यह अनास्था व्यक्तियों और दलों तक सीमित न रह कर सारी राजनीतिक प्रक्रिया को लपेट लेती है। 'सारे नेता चोर हैं, राजनीति निठल्लों या लफंगों का व्यसन है।'—यह आम सफेदपोश का राजनीति बोध बन चला है। यह भी माना जाता है कि अब कोई सार्थक परिवर्तन सम्भव नहीं रहा। दुनिया ऐसे ही चलेगी। बदलाव

की बेचैनी से कर्म तो क्या, सोच के धरातल पर भी जुड़ना बेवकूफी है; समझदारी यही है कि बहती गंगा में एक डुबकी आप भी मार लें।

यथास्थिति को इकलौता यथार्थ माननेवाला यह कुबोध उन्हीं लोगों में सर्वाधिक मुखर तथा दम्भपूर्ण ढंग से पाया जाता है, जिनका नित्यकर्म या नाश्ता अखबार के बिना अधूरा रहता है। जिनके जीवन में अखबार की स्थिति अपरिहार्य है, उनके राजनीतिक विवेक को पैमाना बनायें तो लगेगा कि आठवीं कक्षा में अखबार की शान में जो कसीदे हमने काढ़े थे, वे सच तो खैर नहीं ही थे, बल्कि शायद उनके जरिये हमें आधुनिक जीवन की कड़वी सच्चाइयों से आँखें फेर लेने का अभ्यास भी कराया जा रहा था। पिछले डेढ़ दशक में हमारे समाज में पत्रकारिता का जो जबरदस्त विकास हुआ है, उसकी रोशनी में तो यह एहसास और भी गहरी विडम्बना जगाता है। इसमें शक नहीं कि राजनीतिक प्रक्रिया दिनोंदिन भ्रष्ट, असह्य और अश्लील होती गयी है। बार-बार लगता है कि 'कोई उम्मीद बर नहीं आती, कोई सूरत नजर नहीं आती।' लेकिन असली सवाल यही तो है कि जब इस राजनीतिक पतन का रोजबरोज भण्डाफोड़ करनेवाले धाँसू अखबार शब्दश: दर्जनों की सख्या में मौजूद हैं, तो क्या वजह है कि अखबार के औसत पाठक का आत्मविश्वास और राजनीतिक पतन पर क्रुद्ध होने की उसकी क्षमता, दोनों ही घटते चले गये हैं?

इस सवाल के सम्भावित जवाब तक पहुँचने के लिए सबसे पहले तो अखबार की अस्तित्वगत मजबूरियों को पहचानना होगा। आधुनिक संस्कृति की मनोभूमि में 'तुरत-फुरत' (इंस्टैण्ट) का बड़ा गहरा महत्व है। सामाजिक सत्ता में खुद को बनाये रखने की चूहा दौड़ में 'यहाँ और अभी' की तात्कालिकता से ले कर सफलता तक ही नहीं, बोध और विश्लेषण भी 'इंस्टैण्ट' चाहिए। यह पत्रकारिता की अस्तित्वगत मजबूरी है कि वह घटनाओं को इतिहास के सिलसिले में नहीं, बल्कि एक दिन की खबर के रूप में देखे और दिखाये। तेजरफ्तारी पर बल इतना ज्यादा है कि आज का भूकम्पवादी स्कैण्डल एक ही महीने में बासी, घिसीपिटी खबर का रूप ले लेता है और लोग नये भूकम्प के आने तक फिर से रूटीन की बोरियत झेलने लगते हैं। आधुनिक व्यावसायिकता की तुरन्ता संस्कृति के कई पहलू हमारे समाज में पिछले डेढ़ दशक में ही अधिक उजागर हुए हैं। फास्ट फूट, वीडियो पत्रिका और 'शानदार' अखबार अपने सांस्कृतिक आशय में इस तुरंता संस्कृति के विविध पहलुओं को ही व्यक्त करते हैं। इस संस्कृति में चूँकि फुरसत लगभग अनैतिक कर्म है, इसलिए खबर और विश्लेषण को किसी दूरगामी परिप्रेक्ष्य में रखना भी अपराध नहीं तो मूर्खता अवश्य है। दूसरी तरफ, इस संस्कृति में सोचने से कहीं ज्यादा महत्व देखने का है। बात वही है, 'इंस्टैंट' तत्व। इसलिए माध्यम की दिलचस्पी घटना को अधिक से अधिक रोमांचक और उत्तेजक ढंग से

परोसने में होती है। इस परोसदारी को नाम दिया जाता है प्रामाणिकता का। देखने का यह महत्व केवल 'विजुअल मीडिया' तक सीमित नहीं रहा है। अब यह 'प्रिंट मीडिया' की प्राथमिकताओं और स्वभाव को भी निर्णायक रूप से प्रभावित कर रहा है। टीवी-वीडियो से प्रतियोगिता करने के लिए जरूरी है अखबार की अपनी 'विजुअल अपील'। इस तथ्य के उदाहरण दुनिया भर में हैं, लेकिन सबसे ज्यादा विडम्बनापूर्ण प्रमाण है हमारी अपनी स्व० 'इलस्ट्रेटेड वीकली ऑफ इंडिया' का एक प्रचार अभियान। इसमें 'वीकली' की महत्ता यह नहीं बतायी गयी थी कि उसमें गहरा विश्लेषण मिलेगा, ताजातरीन सूचनाएँ मिलेंगी, बल्कि यह कि नयी 'वीकली' का हर पृष्ठ रंगीन फोटोग्राफ से युक्त है तथा 'वीकली' का आकार टीवी स्क्रीन से चालीस फीसदी ज्यादा है।

परिप्रेक्ष्य के बजाय तात्कालिकता और देखने-सोचने के बजाय देखने-भूलने पर यह डरावना बल तुरन्ता संस्कृति की विश्वव्यापी विशेषता है। विकास के नाम पर हमारे अभिजन ने जिस उपभोक्तावादी जीवन दर्शन को अपनाया है, यह उसकी स्वाभाविक परिणति है। इसी को मैंने समकालीन व्यावसायिक पत्रकारता की अस्तित्वगत मजबूरी कहा। मतलब यह कि यदि व्यावसायिक पत्रकारिता को उपभोगवादी समाज की तुरंता जरूरतों के मुताबिक अपना अस्तित्व बनाये रखना है, तो उसे अपनी हैसियत के बारे में कोई खुशफहमी नहीं पालनी चाहिए। राजसत्ता विशेष के विरुद्ध कितने भी जिहाद क्यों न छेड़े जायें, व्यावसायिक पत्रकारिता अपने अस्तित्व से ही व्यापकतर समाज सत्ता का अंग है। उसका काम है यथास्थितिवादी 'कॉमन सेंस' और सामाजिक बोध को बनाये रखना। आठवीं कक्षा के लिए लिखे गये निबन्ध का शीर्षक ज्यों का त्यों रखा जा सकता है—'लोकतन्त्र में अखबार की भूमिका', लेकिन इसके अर्थ को यों पढ़ना ज्यादा वाजिब होगा—'यथास्थिति को शाश्वत मनवाने में अखबार की भूमिका'। 'विकसित' पूंजीवादी समाजों में अखबार यह भूमिका सजग रूप से निभा रहे हैं। इसे ले कर उनके मन में कोई मलाल नहीं है, कोई नैतिक ऊहापोह नहीं है। वजह यह कि इन समाजों में आम राय यह बना ली गयी है कि राजसत्ता की भूमिका शुभाशुभ के प्रश्नों से बेखबर मैनेजर की है। सामाजिक सत्ता से किसी तरह की छेड़छाड़ इस मैनेजर का काम नहीं है, उसकी वैधता का कोई वास्ता सामाजिक-आर्थिक रूपान्तर के वादों या कार्यक्रमों से नहीं है। यह सब हो चुका है, अब तो वर्तमान व्यवस्था को अनन्त काल तक चलते चले जाना है। इस तरह के विचार बोध में अखबार का स्वाभाविक काम व्यक्तिपरक ढंग से राजनेताओं की आलोचना या भण्डाफोड़ करना अथवा सत्ता सन्तुलन की निगहबानी करना ही रह जाता है। उसकी सफलता या विफलता की जाँच इसी 'स्वाभाविक काम' के सन्दर्भ में होती है।

लेकिन हमारे जैसे समाजों की स्थिति एकदम जुदा है। इसीलिए यह चिंता-

जनक लगता है कि हमारे यहाँ भी अखबार के 'स्वाभाविक काम' की उपर्युक्त धारणा ही गहरे में आत्मसात कर ली गयी है। कोरे भंडाफोड़ को अखबार की प्रखरता का प्रमाण तथा राजनीतिक लंदफंद में अखबार की सक्रिय हिस्सेदारी को उसकी राजनीतिक परिपक्वता का उदाहरण माना जाये—यह माँग इसी चिंता-जनक आत्मसातीकरण को सूचित करती है। सचाई यह है कि भारतीय समाज के अंतर्विरोध दो तरह के हैं। एक तो पारंपरिक। दूसरे, इस समाज के विशेष प्रकार के आधुनिकीकरण से उत्पन्न। हमारा आधुनिकीकरण परंपरा का स्वाभाविक विकास कम, उपनिवेशीकरण का नतीजा ज्यादा है। इसलिए हमारे द्वंद्व बहुत जटिल हैं। परंपरा के अपने द्वंद्व, औपनिवेशिक आधुनिकीकरण के अपने द्वंद्व और इनके पारस्परिक द्वंद्व। इस जटिलता के कारण हम उस अर्थ में 'स्थिर समाज' नहीं हैं, जिसमें यूरोप के विभिन्न समाजों को स्थिर समझा जाता है। इसीलिए हमारी राजसत्ता अपनी सैद्धांतिक वैधता दक्ष मैनेजर के रूप तक सीमित न रह कर परिवर्तन की सजग एजेंसी के रूप में प्राप्त करती है। यह और बात है कि परिवर्तन और सामाजिक रूपांतरण के नाम पर प्राप्त की गयी वैधता का उपयोग निहित स्वार्थों की पूर्ति के लिए ही किया जाता है। वास्तव में, भारतीय समाज में राजसत्ता के कामों का मूल्यांकन इसी विरोधाभासी स्थिति के संदर्भ में किया जाना चाहिए। इस विरोधाभास और साथ ही जानबूझ कर किये गये छल के कई ठोस उदाहरण लिये जा सकते हैं। मिसाल के तौर पर, आप गरीबी हटाने और लोक-तंत्र को वास्तविक बनाने के एलानों से वैधता हासिल करें और फिर संजय गाँधी के राज्याभिषेक तथा आपातकाल के जरिये निहित स्वार्थों की तानाशाही कायम करने में लग जाये। या निकट अतीत का उदाहरण लें, तो एक सफेद झूठ के जरिये लोगों की भावनाओं का दोहन करें और सदाचार का ताबीज गले में डाल कर हिटलरशाही का भगवा संस्करण तैयार करने में जुट जायें। हमारे समाज में आधुनिक राष्ट्रराज्य को परिभाषित करनेवाले लगभग सभी बुनियादी मुद्दे अभी तक निर्णायक दौर से नहीं गुजरे हैं। चाहे राष्ट्र की अवधारणा के सांस्कृतिक आधार का सवाल हो, चाहे विकास के आशय का, चाहे राष्ट्रराज्य की शक्ति और संघपरकता की बहस हो, चाहे भाषा का सवाल—ये अब तक अनसुलझे ही हैं। समय-समय पर इनकी ओर से आँखें फेर कर हमने ऐसा मानना जरूर चाहा है कि ये सवाल सुलझ गये हैं।

वैधता प्राप्त करने की प्रक्रिया और असली व्यवहार के संदर्भ में राजसत्ता की भूमिका और भारतीय राष्ट्र के सामने मौजूद सामाजिक चुनौतियों के प्रति राजनीति मात्र का रवैया—ये दो कसौटियाँ हैं। बुद्धिजीवियों, चिंतकों और राजनीतिक कार्यकर्ताओं के साथ ही पत्रकारों के राजनीतिक विवेक का मूल्यांकन भी इन कसौटियों पर ही किया जाना जाहिए। इन मूलभूत सवालों की उपेक्षा

करनेवाला राजनीतिक बोध (समाचार या टिप्पणी, किसी भी रूप में) ज्यादा-से-ज्यादा यह कर सकता है कि सनसनी पैदा करे व पेशेवर राजनीतिकों के मन में 'प्रेस' को पटाये रखने की इच्छा पैदा करे। गहरा सोच पैदा करना तो दूर की बात, उसे स्वयं झेलना तक ऐसे राजनीति बोध के लिए संभव नहीं है। भारतीय पत्रकारिता के साथ मोटे तौर से यही हुआ है। राजनीतिक विवेक के इस अभाव का सबसे विडंबनापूर्ण प्रमाण है—स्वयं पत्रकारिता का आत्मबोध।

इस आत्मबोध के सिर्फ दो उदाहरण लें, प्रतीक के रूप में। कोई साल भर पहले 'इंडियन एक्सप्रेस' में एक कार्टून छपा था, जिसका भाव यह था कि 'एक्सप्रेस' ने अंतुले, राजीव गांधी और देवीलाल का 'शिकार' किया। इन राजनेताओं के सिर संपादक के कमरे में यों प्रदर्शित हैं, जैसे शिकारी के ड्राइंग रूम में ट्रॉफियां। दूसरा उदाहरण है एक नारा। भोपाल के पत्रकार भवन में एक बैनर घोषणा कर रहा है, 'जो हमसे टकरायेगा, खबर नहीं बन पायेगा।' इन दोनों उदाहरणों से एक बात तो एकदम साफ हो जाती है कि इन दिनों की पत्रकारिता को राजनीति के बरक्स अपनी ताकत का भरपूर एहसास ही नहीं, उस पर गुमान भी है। जरूरत इस एहसास में अंतर्निहित मनोविज्ञान को समझने की है।

इन दोनों उदाहरणों में व्यक्त आत्मगौरव का भाव सोच के एक विशेष रूप को सूचित करता है। इस सोच में अखबार एक स्वायत्त ताकत है जो अच्छे-अच्छों को सबक सिखाने में सक्षम है, लेकिन खुद इस ताकत के परिचालन की जो जगह तय है, उसमें बुनियादी मुद्दों की गुंजाइश कम है। गोया एक बलवान दूसरे बलवान को धमका रहा है कि आ जा, निबट लें, लेकिन निबटने का अखाड़ा, खेल के नियम दोनों ने मिल कर तय किये हैं। राजसत्ता और पत्रकारिता का जो रिश्ता पिछले डेढ़ दशक में विकसित हुआ है, वह ऐसा है जैसे दो मस्त हाथी लड़ रहे हों। हाथियों की लड़ाई में पिसती घास ही है। कहने की जरूरत नहीं कि हाथियों की लड़ाई के इस रूपक में घास कौन है।

हमने ऊपर व्यावसायिक पत्रकारिता की अस्तित्वगत मजबूरी की चर्चा की है। लेकिन इस मजबूरी के नाम पर किसी सजग व्यक्ति (जो पत्रकार होते ही हैं) या किसी धंधे या सामाजिक गतिविधि को यह छूट नहीं दी जा सकती कि वह इस मजबूरी को ही अपनी अस्तित्वगत विशेषता में बदल डाले, जैसा कि दुर्भाग्य से व्यावसायिक पत्रकारिता ने किया है। उलटे, राजनीतिक विवेक का असली सवाल यही तो है कि पत्रकार स्वयं पूंजी-सत्ता के गठजोड़ का उत्सुक मोहरा बन कर अपनी 'न्यूसेंस वैल्यू' या उत्पात क्षमता के बल पर ही आत्मगौरव अर्जित करना चाहता है या सारे दबावों के बावजूद पत्रकार धर्म की रक्षा करना चाहता है? खुद उसकी चिंता व्यवस्था को भर पेट गालियां देते हुए अपनी रोटी चुपड़ने की है या प्रतिकूल परिस्थितियों में भी विवेक और विचार की गुंजाइश के लिए इंच-

-दर-इंच, कॉलम-दर-कॉलम संघर्ष करने की ?

ये सवाल केवल पत्रकारिता तक सीमित सवाल नहीं हैं। हमारे समाज में राजसत्ता स्वयं को मैनेजर की नहीं, परिवर्तनकामी एजेंसी की भूमिका में पेश करती है, लेकिन उपभोगवादी संस्कृति और अर्थनीति के हाथों खेल खेलती है, यह संयोग नहीं। वस्तुतः राजसत्ता चलानेवाले भी अधिकांशतः उसी वर्ग से आते हैं, जिससे पत्रकार या अन्य बुद्धिजीवी। औपनिवेशिक तंत्र से उपजे इस बुद्धिजीवी वर्ग की अपनी दुनिया है, अपने स्वार्थ हैं। इस दुनिया को सारी दुनिया और इन स्वार्थों को सामाजिक हित कह कर असली सवालों को हाशियाग्रस्त कर देने में इस तबके को महारत हासिल है। इसीलिए पत्रकार ही नहीं, किसी भी बुद्धिजीवी का अस्तित्वगत कर्तव्य ही यह है कि वह स्वयं अपने इस वर्ग की साजिशी मानसिकता को रद्द करे, उससे युद्ध करे। परंपरा से विच्छिन्न, आधुनिकता से वंचित यह अभिजन सफेदपोश गैर-मुद्दों को लगातार मुद्दा बनाता रहा है, उपभोक्ता बाजार के विस्तार को राष्ट्रीय विकास का नाम देता रहा है और इस क्रम में उसने हिंसा व अन्याय को अपरिहार्य सामाजिक सत्य में बदल दिया है। इस साजिश से टकराने का सवाल असल में सिर्फ राजनीतिक विवेक का नहीं, बल्कि नैतिक अंतःकरण की उपस्थिति (या अनुपस्थिति) का भी सवाल है।

इस परिप्रेक्ष्य में, ठोस उदाहरणों के संदर्भ में क्या कहा जा सकता है ?

1990 के उथलपुथल भरे उत्तरार्द्ध को याद करें। आरक्षण विरोधी आंदोलन, तत्संबंधी आत्मदाहों का वीभत्स सिलसिला और प्रेस। इस सिलसिले में प्रेस की नकारात्मक भूमिका की चर्चा तो हुई है, लेकिन बहुत दिलचस्प बात यह है कि 'नवभारत टाइम्स' की एक बहुत ही विवेकपूर्ण भंगिमा की चर्चा शायद ही कहीं हुई हो। यह अपने आपमें हमारे समाज के 'सिनिसिज्म' पर एक दिलचस्प टिप्पणी है। आरक्षण विवाद में एक तरफ 'इंडियन एक्सप्रेस' था, जो नौजवानों की बेचैनी को बाकायदा हिंसक जाति युद्ध में बदलने का आह्वान कर रहा था। एक्सप्रेस ही क्यों, ऐसे दर्जनों अखबार थे। दूसरी ओर 'नवभारत टाइम्स' था, जिसने उस बेचैनी को खबर तो बनाया, लेकिन उसकी आत्मदाहक अभिव्यक्ति को महिमामंडित आदर्श नहीं। बल्कि मेरी जानकारी में यह इकलौता अखबार था, जिसने मुखपृष्ठ पर संपादकीय परिवार की ओर से अपील छापी कि 'भगवान के लिए ऐसा न करें।' आरक्षण सही है या गलत, इसका निर्णय ईमानदार था या शरारत भरा, ये वाजिब और बहसतलब सवाल हैं। लेकिन किसी भी राजनीतिक फैसले का विरोध आत्महत्या की संस्कृति में फटने लगे, तो विवेक का कहिए या अंतरात्मा का, अंततः सवाल यही बनेगा कि अखबार में आत्मदाह के विरुद्ध खड़े होने की सामर्थ्य और इच्छा है कि नहीं। राष्ट्रीय प्रेस के बड़े हिस्से के व्यवहार ने इस सवाल का कोई आश्वस्तिदायक उत्तर नहीं दिया है। विडंबना यह है कि इस संदर्भ

में विवेक का परिचय देनेवाले 'नवभारत टाइम्स' ने भी हमेशा बड़े सुसंगत रूप से अपना विवेक जताया हो—ऐसा भी नहीं कहा जा सकता।

अयोध्या विवाद पर उत्तर प्रदेश के हिन्दी अखबारों की भूमिका पर तो प्रेस काउंसिल की रपट ऐतिहासिक दस्तावेज ही बन गयी है। उस रपट का विश्लेषण यहाँ नहीं करना है। हाँ, यह जरूर है कि उस रपट और उस पर हुई चर्चाओं का 'फोकस' कुछ इस तरह रहा है जैसे कि उत्तर प्रदेश, बिहार के कुछ हिन्दी अखबारों (खासकर अंग्रेजी अखबारों) का रवैया कुल मिला कर ठीक-ठाक ही रहा हो। यह छाप बनने से बड़ा नुकसान हुआ। प्रेस काउंसिल द्वारा निन्दित अखबारों की भूमिका तो खैर आपराधिक थी ही, लेकिन अन्य अखबारों, खासकर अंग्रेजी अखबारों, ने इस प्रसंग में भाषा के साथ जो सलूक किया—उसके नतीजे खुलेआम की गई शरारतों से कहीं ज्यादा नुकसानदेह हैं। जिन्होंने मृतकों की संख्या पंद्रह से एक सौ पंद्रह कर दी या प्रेस को प्राप्त सुविधाओं का उपयोग विहिप के कार्यकर्ताओं की तरह किया—चिंता केवल उन तक सीमित नहीं रहनी चाहिए।

मैं फिलहाल 'स्टेट्समैन' और 'एक्सप्रेस' की भी बात नहीं कर रहा, जो लगातार मुलायम सिंह यादव को 'मौलाना' लिख कर अपनी पीठ आप ठोंकते रहे। 'जनसत्ता' की तो खैर ऐसे मामलों में भूमिका एकदम पूर्व-प्रत्याशित होती है। ज्यादा चिंता उन अखबारों को देख कर होती है, जो सचेत रूप से, नेक इरादे रखते हुए भी अवचेतन में भाषा के विचित्र समीकरण को आत्मसात किये बैठे हैं। भाषा के एक खास उपयोग का यह आत्मसातीकरण पाठक के बोध तथा विवेक को बहुत गहरे में पूर्वग्रहग्रस्त कर देता है। इस हद तक कि चीजों की शक्ल ही बदल जाती है। मसलन, जो लोग एक ऐतिहासिक धार्मिक इमारत को ध्वस्त करने के घोषित इरादे के साथ अयोध्या लाये गये थे, वे कौन थे? राम भक्त। मतलब यह कि अखबारों द्वारा स्वीकृत और प्रचारित रामभक्ति का जरूरी हिस्सा है दूसरे धर्म की इमारत तोड़ने को कटिबद्ध रहना। यह भी कि जो इस फासिस्ट हरकत में शामिल नहीं और आर० एस० एस० का अनुयायी नहीं, वह भला राम भक्त कैसे हो सकता है? विवाद क्या था? राम जन्मभूमि विवाद। इसका मतलब? वहाँ मौजूद बाबरी मस्जिद का वजूद ही गायब। समस्या का रूप ही बदल गया। असल में समस्या यह है कि क्या एक पूजास्थल को तोड़ने दिया जा सकता है? भाषा की कलाबाजी ने उसे यह बना दिया कि क्या एक पूजास्थल का निर्माण नहीं किया जा सकता? तात्कालिक अर्थ में यह समस्या विशेष का विकृतीकरण है, लेकिन दूरगामी आशय में तो यह भाषिक संवेदना मात्र का विकृतीकरण है। इस विकृतीकरण में हमारी पत्रकारिता का एक हिस्सा खुल कर हिस्सा ले रहा है और एक हिस्सा शायद भोलेपन (!) में उसका शिकार बन रहा है। अपने मूलभूत माध्यम के प्रति यह संवेदनहीनता राजनीतिक विवेक की दुर्दशा से असंबद्ध तो

नहीं कही जा सकती।

यह असंवेदनशीलता, यह विवेकहीनता न तो एकाएक उत्पन्न हो गयी है और न ही यह समाज के अन्य पहलुओं से असंबद्ध है। सत्ता तंत्र के विशिष्ट विकास क्रम के एक खास दौर में पहुँचे हुए हमारे समाज में यह सब अघट नहीं है। आजादी के तुरंत बाद का अखबारी माहौल लोगों को दरबारी किस्म का लगता था। वी० एस० नायपाल ने सन साठ के आसपास निराशापूर्वक नोट किया था कि भारत का हर बड़ा पत्रकार नेहरू के ज्यादा-से-ज्यादा निकट दिखना चाहता है। इस पृष्ठभूमि में पिछले दो दशक की पत्रकारिता बड़ी वीरत्व व्यंजक प्रतीत होती है। लेकिन उपर्युक्त विश्लेषण की रोशनी में एक सवाल फिर से पूछने लायक है कि अरुण शौरी सरीखों में प्रतीकायित होनेवाला 'जर्नलिस्टक एक्टिविज्म' नायपाल द्वारा नोट किये गये दरबारीपन की लकीर को काटती लकीर है या फिर उसी दरबारीपन की लकीर की और भी गहरी छाप। सच पूछें, तो अरुण शौरी छाप 'जर्नलिस्टक एक्टिविज्म' और भी खतरनाक स्थिति है, क्योंकि यहाँ पत्रकार स्वेच्छा से मुखौटा पहन लेता है। खुलेआम तो वह सत्ताधारियों का निंदक है, लेकिन अंदरखाने वह महल के षड्यंत्रों में पूरे हिस्सेदार की भूमिका निभाता है। इस प्रकार वह राजसत्ता पर अंकुश के बजाय उसके रोजमर्रा के दंदफंदों में हिस्सेदार की भूमिका सजग, सचेत रूप से अपने लिए चुन लेता है। इसी भूमिका से 'पछाड़े गये नेताओं' के सिर ट्रॉफियों की तरह सजानेवाला आत्मगौरव बोध उत्पन्न होता है। यही नहीं, इस आत्मबोध में पत्रकार की धन्धई नैतिकता पर भी उसके अपने सत्तापरक रणनीतिक आग्रह हावी हो जाते हैं।

इस विपर्यय का भी सबसे दयनीय दृष्टान्त अरुण शौरी ही हैं। 15 मई 1983 के 'इंडिया टुडे' में एक सनसनीखेज कवर स्टोरी के जरिये उन्होंने निल्ली (असम) नरसंहार व उसके प्रति सरकार की लापरवाही का धमाकेदार 'एक्सपोजर' किया। लेकिन इस 'एक्सपोजर' के धमाके में एक बहुत ही विचित्र बात या तो दबा दी गयी या फिर चुप्पी की सर्वसम्मति में दब गयी। निल्ली का यह नरसंहार 18 फरवरी 1983 को हुआ था। अरुण शौरी का धमाका यह था कि स्पेशल ब्रांच के खुफिया इस नरसंहार की आशंका नवंबर 1982 से ही राज्यपाल के सलाहकार को दी जा रही रपटों में व्यक्त कर रहे थे। 16 जनवरी 1983 को तो स्पेशल ब्रांच ने एक वायरलेस संदेश में नरसंहार की योजना, स्थान आदि का एकदम खुलासा कर दिया था। इस सबके बावजूद सरकार ने कुछ नहीं किया। जाहिर है कि इस धमाके पर हंगामा होना ही था। हुआ। लेकिन इस हंगामे में यह किसी ने नहीं देखा (या नहीं देखना चाहा) कि स्पेशल ब्रांच की ख़ुफ़िया रपटें संभावित नरसंहार की योजना तथा उस पर अमल का सारा 'श्रेय' दो टूक शब्दों में राष्ट्रीय स्वयंसेवक संघ को दे रही थीं। निर्लज्जता की चरम सीमा यह

कि जिस वायरलेस संदेश को आधार बना कर श्री शौरी ने यह एक्सपोजर किया, उसी में यह बात मौजूद थी। लेकिन पत्रकार साहब पाठकों से कहते हैं, 'इन खुफिया लोगों के विश्लेषण को गोली मारें, सिर्फ उन संभावनाओं पर ध्यान दें, जिनका वे इशारा कर रहे हैं। यानी ध्यान इस पर तो दें कि नरसंहार होनेवाला है (और सरकार इसे रोक नहीं पायी), लेकिन इस पर ध्यान न दें कि नरसंहार राष्ट्रीय स्वयंसेवक संघ की साज़िश का नतीजा है (जो कामयाब भी रही)। इस राजनीतिक विवेक का हम क्या करें !

आजादी के बाद की भारतीय पत्रकारिता का एक छोर वह है, जहाँ लगभग हर संपादकीय इस वाक्य से शुरू होता था कि 'ऐज मिस्टर नेहरू राइटली सेड' और एक छोर वह, जहाँ इस्तेमाल किये जा रहे प्रमाण/दस्तावेज के उस हिस्से को स्वयं पत्रकार रद्द कर रहा है, जो राष्ट्रीय स्वयंसेवक संघ पर उँगली उठाये। क्या नियति यही है कि आप या तो सपाट ढंग की दरबारीगारी करें या 'क्रूसेडर' का मुखौटा पहन कर भाषा की संवेदना नष्ट करें, समाज़ में हर तरह की कुत्सित वृत्तियों को बढ़ावा दें।

इन अतिरेकों के प्रतिवाद व्यावसायिक पत्रकारिता में भी मौजूद रहे हैं। रघुवीर सहाय का 'दिनमान', सुरेन्द्र प्रताप सिंह का 'रविवार' और पहले दो वर्षों की 'चौथी दुनिया—कुछ ऐसे अखबारों के नाम हैं, जिन्होंने विकासशील समाज के अनुकूल राजनीतिक विवेक और भाषिक संवेदना बनाये रखने की चेष्टा की। लेकिन व्यावसायिक पत्रकारिता के तर्क की अपरिहार्यता कहिए या फिर 'माया महाठगिनि' के विविध रूपों के दबाव या व्यक्तिगत टकरावों के नतीजे— आज की व्यावसायिक पत्रकारिता के राजनीतिक विवेक के सामने बहुत बड़ी चुनौतियाँ हैं। स्वयं इस विवेक का स्वरूप एक सवाल बन चुका है। वस्तुतः जो पत्रकारिता के लिए राजनीतिक विवेक का सवाल है, वह पत्रकार के लिए अंतरात्मा और नैतिक विवेक का सवाल है।

बाजार तथा कुछ अन्य बाधाएँ

राजेंद्र माथुर

क्या यह एक अजीब बात नहीं है कि आजादी के सैंतीस साल बाद भारत में ऐसा एक भी दैनिक अखबार नहीं है, जो प्रतिदिन बारह पेज छापता हो ?[1] दस साल पहले तक स्थिति यह थी कि छह पेज का अखबार निकाल कर हिंदी संपादकों को संतोष करना पड़ता था और तब तक आजादी को पच्चीस साल हो चुके थे। कितनी धीमी गति से गैर-अंग्रेजी अखबारों के पन्ने बढ़ पा रहे हैं। अंग्रेजी अखबार तब भी 16, 20 और 24 पेज का कलेवर अपने पाठकों को देते थे और आज भी दे रहे हैं, लेकिन मलयाल मनोरमा, आनंद बाजार पत्रिका और नवभारत टाइम्स की औसत पृष्ठ संख्या आज क्या है, जो भारत के सर्वाधिक बिकनेवाले दैनिक अखबार हैं ?

क्या कारण है कि कोई गैर-अंग्रेजी अखबार फिलहाल 16 पेज के दैनिक की बात भी नहीं सोच सकता ? क्या कलकत्ता के बंगलाभाषी के घर सारी दुनिया की जानकारी छह पेज के अखबारों में उसी तरह पहुँचायी जा सकती है, जैसे कि 'टेलीग्राफ' या 'स्टेट्समैन' पहुँचाते हैं ? केरल के मलयालम पाठक को हर सुबह अंग्रेजी पढ़नेवाले साहब से कम जानकारी क्यों मिलनी चाहिए ? यह तो ऐसा है, जैसे आप अंग्रेजी जाननेवाले नागरिकों को मक्खन, जैम, डबल रोटी, अंडे, संतरे का रस वगैरह सब दें और गैर-अंग्रेजी नागरिक को सूखी रोटियों का नाश्ता करवायें। खुराक की कम से कम कितनी कैलोरी हर आदमी को मिलनी चाहिए, इस बात का आकलन तो विशेषज्ञों ने कर लिया है, लेकिन क्या किसी ने सोचा है कि जानकारी की कितनी न्यूनतम इकाइयाँ इस दुनिया में जीने के लिए जरूरी हैं ? 'आल द न्यूज दैट इज फिट टू प्रिंट' बहुत दूर का आदश है, लेकिन 'मिनिमम न्यूज दैट वन कैननॉट डू विदाउट' जैसी भी कोई चीज

---

1. अब यह स्थिति बदल गयी है, लेकिन लेख में उठाये गये मुद्दे अब भी उतने ही प्रासंगिक और महत्वपूर्ण हैं।—सम्पादक

होनी चाहिए या नहीं ? जिन लोगों को न्यूनतम से कम भोजन मिल पाता है, उन्हें हम गरीबी की रेखा के नीचे रहनेवाले लोग मानते हैं। इसी तर्ज पर न्यूनतम से कम जानकारी पानेवाले लोगों को सूचना की दृष्टि से क्या गरीबी के नीचे नहीं माना जा सकता ? कहना न होगा कि आज के हिंदुस्तान में पेट-गरीब लोगों से कई-कई गुना ज्यादा लोग सूचना-गरीब हैं। अपने देश के सूचना-गरीबों के बारे में हमारी नीति क्या है ? क्या सिर्फ यही कि रेडियो और दूरदर्शन के चित्र और शब्द उन तक पहुँचाये जायें ? पहले तो हमारे अधिसंख्य लोग अखबार पढ़ते नहीं और जो पढ़ते हैं, उन्हें हम आधा पेट सूचना ही दे पाते हैं। क्या इस बारे में तुरंत नहीं सोचा जाना चाहिए ?

दूसरे प्रेस आयोग की बैठकों में इस बात पर भी ध्यान दिया गया कि यदि एक संपूर्ण अखबार निकालने की इच्छा किसी संपादक के मन में हो, तो उसे कम से कम कितने कॉलम जगह अपने दैनिक में चाहिए। आम राय यह थी कि 48 से 56 कॉलम के बीच जगह मिले, तो सभी चीजों के साथ न्याय किया जा सकता है—अर्थात देश, विदेश तथा राज्यों की खबरें, संपादकीय लेख, कार्टून, खेल, व्यापार, संसद, कला, खेती, विज्ञान वगैरह सब। सिर्फ छह या सात पेज का एक विज्ञापन-विहीन अखबार यदि आप हिंदी, मराठी या गुजराती पाठक को दे सकें, तो न्यूनतम दैनिक सूचनाएँ उसे मिल सकेंगी। लेकिन आज स्थिति यह है कि 30-40 कॉलम से ज्यादा संपादकीय सामग्री शायद ही कोई गैर-अंग्रेजी अखबार दे पाता हो। मुश्किल से चार, साढ़े चार पेज। खेल, व्यापार और विचार-सामग्री को यदि घटा दें, तो मुश्किल से डेढ़-दो पेज के औसत समाचार किसी भी अखबार में होते होंगे। क्या यह पर्याप्त है ?

संपूर्ण अखबार की कल्पना अमेरिका जैसे देशों में अलग है, जहाँ 64 या 80 पेज के दैनिक प्रतिदिन छपते हैं। वहाँ अच्छा अखबार वह है, जिसका अधिकांश भाग पढ़े बगैर ही पाठक रद्दी में डाल दें। फैशन, भोजन, सुपर मार्केट, व्यापार-व्यवसाय, खेलकूद, नगर समाचार आदि को मोटे उपखंडों में बाँट कर एक दिन में मानो पाँच-पांच अखबार आपके हाथों में थमा देते हैं। हमें सूचना का इतना अजीर्ण नहीं चाहिए, जैसे कि दो-दो कारोंवाली अमीरी हमें नहीं चाहिए। लेकिन दाल-रोटी तो हमें चाहिए। एक घंटे या पौन घंटे पढ़ सकें, ऐसा अखबार तो चाहिए। अंग्रेजी अखबारों की पृष्ठ संख्या के खिलाफ और विज्ञापनों के खिलाफ इतना कुछ लिखा जाता है, लेकिन अंग्रेजी दैनिक भी न्यूनतम दाल-रोटी ही दे पाते हैं और इसलिए दे पाते हैं कि ऐसे न्यूनतम आर्थिक साधन वे जुटा पाते हैं, जो कि गैर-अंग्रेजी दैनिक नहीं जुटा पाते। कई बार ऐसा लगता है कि सरकार का अंग्रेजी अखबार के प्रति जो आक्रोश है, उसका कारण यह चिढ़ है कि जानकारी से वंचित इस देश में अंग्रेजीदाँ लोगों को सारी जानकारी क्यों मिल जाती है,

जिसके बूते पर वे सरकार के शरीर में सुइयाँ चुभोते रहते हैं? यदि वे भी दुबले, अधमरे और सूचना-विपन्न हो जायें तो शायद शासन ज्यादा राहत की साँस ले सके।

लेकिन गैर-अंग्रेजी अखबार यदि आज भी दुबले हैं, तो इसका दोष सरकार को नहीं दिया जा सकता। दोष सरकार का नहीं, बल्कि बाजार का है। दोष समाज का है, जिसने एक खास किस्म का बाजार बना रखा है। अगर आजादी के 37 साल बाद भी 12 पेज के गैर-अंग्रेजी दैनिक देश में नहीं पाये जाते, तो इसकी वजह यह है कि भारत का बाजार इस आकार के अखबारों को टिकाने और समर्थन देने की स्थिति में फिलहाल नहीं है।

कोई अखबार छह पेज की पढ़ने लायक सामग्री दे सके, इसके लिए यह जरूरी है कि कम से कम छह पेज के और संभव हो तो आठ पेज के विज्ञापन हों। इसका मतलब यह हुआ कि एक न्यूनतम संपूर्ण अखबार में कम से कम 12 या 14 पेज होने चाहिए, ताकि न्यूजप्रिंट से ले कर समाचार संकलन तक के सारे खर्च वह झेल सके। इससे कम विज्ञापन होंगे, तो अखबार घाटे में जायेगा और कालांतर में बैठ जायेगा। लेकिन विज्ञापनों का बाजार ऐसा है कि गैर-अंग्रेजी दैनिकों को प्रतिदिन 48 से ले कर 64 कॉलम तक विज्ञापन नहीं मिल पाते, जो कि उनके आर्थिक स्वास्थ्य के लिए जरूरी हैं।

क्यों नहीं मिल पाते इतने विज्ञापन? कारण साफ है। विज्ञापन एजेंसियों की राय है कि भारत के बाजार में चीजें खरीदने की ताकत उन लोगों के पास ज्यादा है, जो हिंदी या मातृभाषा के बजाय अंग्रेजी को महत्व देते हैं और उसे देवभाषा मानते हैं। ऊँची नौकरियों और मोटरों, रेफ्रीजरेटरों और रईस सुख-सुविधाओं की जरूरत जिन लोगों को है, वे घटिया अंग्रेजी में बढ़िया हिंदी के बजाय ज्यादा सुख पाते हैं। जिस नौकरीपेशा मध्य वर्ग के अंग्रेजी-ज्ञान का स्तर घटता जा रहा है, वह भी अपने लड़के-लड़कियों के शादी के विज्ञापन अंग्रेजी में देना पसंद करता है, क्योंकि वह मानता है कि हिंदी विज्ञापनों का जवाब सिर्फ ऐसे लोग देंगे, जो ठेले चलाते हैं या साइकिल के पंचर पकाते है या परचून की कोई छोटी दुकान खोले बैठे हैं। अतः आम आदमी की जरूरत के वर्गीकृत विज्ञापन तक अंग्रेजी अखबारों में ज्यादा छपते हैं।

1967 से पहले तक यदि स्थिति और भी सुखद थी, तो इसका कारण यह था कि तब तक हरित क्रांति नहीं हुई थी, मझली किसान जातियों के हाथों में संपन्नता नहीं आयी थी, साक्षरता नयी-नयी चीज़ थी और ग्रामीण राजनीति का तापमान आज की तरह ऊँचा नहीं था। इसलिए हिंदी अखबार प्रायः चार-चार पेज के छपते थे। दक्षिण भारत में यदि अखबारों की प्रसार संख्या हिंदी की तुलना में ज्यादा तेजी से बढ़ी, तो इसका कारण यह था कि गांव के नक्शे में जो

परिवर्तन उत्तर भारत में 1967 के आसपास शुरू हुए, वे दक्षिण भारत में 1957 के बाद ही शुरू हो गये थे। केरल में साम्यवादी चेतना, तमिलनाडु में कामराज का कार्यकाल, कर्नाटक में लिंगायत और बोक्कालिगा का प्रभाव विस्तार, आंध्र में रेड्डी-कम्मा का उदय, महाराष्ट्र में गन्ना सहकारिता, इन सब चीजों के कारण शायद गैर-हिंदी भाषाओं में दैनिक पत्रकारिता का विकास ज्यादा तेजी से हुआ। जब हिंदी पत्र मुश्किल से 20-40 हजार बिक पाते थे, तब वे लाख-लाख बिकते थे। उत्तर भारत में अखबार पढ़ने की भूख देर से जगी। लेकिन 1975 के बाद अब वह पूरी तरह जग चुकी है और थम नहीं पा रही है।

1975 के बाद कई प्रादेशिक अखबारों की प्रसार संख्या छलांग मार कर आगे बढ़ी है, कई अखबारों ने नये संस्करण नये शहरों से शुरू किये हैं, कई ने अपने पन्ने बढ़ाये हैं और कई दैनिकों ने फोटो कंपोजिंग और ऑफसेट छपाई की मशीनें लगवा ली हैं। पाठक बाधा, मशीन बाधा, परिवहन बाधा आदि से मुक्त होने की कोशिश वे बेतहाशा कर रहे हैं, लेकिन दो जबरदस्त बाधाएँ आज उनके सामने हैं। एक का जिक्र मैं कर चुका हूँ। वह है बाजार बाधा, जिसके कारण कोई पत्र बारह पेज के लायक विज्ञापन नहीं जुटा पाता। पंखे, सिलाई की मशीन या सिंचाई के पंप आजकल हिंदी बोलनेवाले ही ज्यादा खरीदते होंगे बजाय अंग्रेजीवालों के, लेकिन जो लोग इन चीजों के मार्केटिंग मैनेजर हैं या जो विज्ञापन एजेंसियाँ इन चीजों का प्रचार करने का जिम्मा लेती हैं, उनके साहब लोग कॉनवेंट में पढ़े सूट और टाईवाले लोग हैं, जिनकी निगाह में हिंदी का बाजार घटिया महत्व और कम क्रयशक्ति का बाजार है। इसलिए बाजार बाधा के सिल-सिले में दो स्पीड ब्रेकरों का सामना हिंदी को करना पड़ता है। एक तो बाजार ही कम है, जो हिन्दी को सहारा दे। फिर जितना बाजार है, उतना भी उसे नहीं मिल पाता, क्योंकि बेचनेवाले लोग अंग्रेजी के ग्राहक की ओर ज्यादा ममता से देखते हैं और हिंदी ग्राहक को कंगाल समझते हैं। किसी भी दुकान पर पहनावे के कारण दुकानदार का व्यवहार किस तरह बदल जाता है, इसे हम क्या आये दिन लाखों बार नहीं देखते? हिंदी के कपड़े ऊँची दुकानवालों की निगाह में दीन हैं। यदि किसी गाँववाले की टेंट में हजारों रुपये हैं, तो उसे ग्राहक सब बनाना चाहेंगे, लेकिन वर्ग-समकक्षता उसे नहीं देंगे। जाहिर है कि बाजार का यह मामला सिर्फ रुपये-पैसे का नहीं, बल्कि गलत मूल्यों का भी है, जिनसे हमारा समाज शिक्षा, नौकरी आदि हर मामले में चिपका हुआ है। जब ये बाधाएं मिटेंगी, तब हिंदी पत्रकारिता के चेहरे पर एक नया व्यावसायिक नूर होगा। वह दिन निश्चय ही बहुत दूर नहीं हो सकता। विज्ञापन बाजार में यदि सिर्फ 25 से 40 प्रतिशत की बाढ़ आ जाये, जो शायद कई हिंदी दैनिक प्रतिदिन दस या

बारह पेज छाप सकते हैं।

हिंदी की दूसरी जबरदस्त बाधा अंदरूनी है और उसका जिक्र मैं विस्तार से 'टाइम्स ऑफ इंडिया' के अपने लेखों में कर चुका हूँ, जो मई 1982 में छपे थे और जो बाद में 'न्यू क्वेस्ट' में एक साथ छप चुके हैं। अंदरूनी बाधाओं को भी मैं बाजार-बाधा से कम भयावह नहीं मानता। लेकिन उन सबका जिक्र यदि मैं यहाँ करूँ, तो अपने पिछले आलेख को ही दुहरा रहा होऊँगा। अब हिंदी पत्रकारिता पर हर तीसरे महीने तो नयी स्थापनाएँ पेश नहीं की जा सकतीं। इसलिए मैं आशा करता हूँ कि आप मेरे इस अधूरे आलेख को टाइम्स के सीरियल का पूरक मानेंगे और पिछले निबंधों को भी पढ़ेंगे।

कुछ पुराने मुद्दों का सिर्फ जिक्र करके मैं आगे बढ़ता हूँ। सबसे पहली और बड़ी बात तो यही है कि अंग्रेजी का सांस्कृतिक रौब 1947 के पहले इतना था कि कोई भी भारतीय भाषा उसका मुकाबला कर ही नहीं सकती थी। लेकिन बंगला, मराठी आदि कुछ भाषाओं ने अपने स्वाभिमान के बिंदु हिंदी के बजाय जल्दी खोज लिये और वे ऐसी भषाएँ बन गयीं, जिनमें लेखकों के पास हार्दिक पाठक समाज था और समाज के पास ऐसे लेखक थे, जिनकी छूनेवाली बातों पर यकीन किया जा सकता था। ये लेखक सिर्फ कलम के सिपाही नहीं थे, बल्कि अक्सर वे अपने अंचल के सांस्कृतिक पुनर्जागरण के सूत्रधार भी थे। हिंदी में ऐसा नहीं था। हिंदी भाषा ही इतनी नयी है कि बरसों तक लोगों की समझ में नहीं आया कि उसे लिखा कैसे जाये। क्या ब्रज, अवधी आदि लोकभाषाओं की शैली में वह ढले? क्या दिल्ली, इलाहाबाद और कलकत्ता के बाजारों की बोली वह बने? वह संस्कृत-गर्भित हो या उर्दू-फारसी के शब्दों का ज्यादा चलन उसमें हो? श्रीनगर से मैसूर तक जो भाषा आसानी से समझी जा सके, उसे आखिर किस टकसाल में ढाला जाये? गद्य कैसे लिखें, इस प्रश्न से जो भाषा जूझ रही हो, उससे एकदम ऊँची चुनौतियों का मुकाबला करने की उम्मीद कैसे की जा सकती थी? समस्या यह थी कि बोलचाल की भाषा और लिखने की भाषा की खाई को कैसे पाटा जाये? समस्या यह थी कि भाषा को मूर्ख शब्द-जंजाल और पंडिताऊपन से मुक्त कर इस तरह आम-फहम कैसे बनाया जाये कि अक्लमंदी की भारी-भारी बातें भी वह अजीर्ण पैदा किये बगैर कर सके। इस समस्या से जूझने में भी हिंदी पत्रकारों ने आजादी के बाद के 37 वर्ष खर्च किये हैं और अब लगता है कि बात उनकी मुट्ठी में आ रही है। यदि बाजार बाधा मौजूद नहीं होती और अखबारों को भरपूर विज्ञापन मिलते, तो भी इस भाषा द्वंद्व से निपटने में जो समय लगा, वह तो लगता ही।

हिंदी के साथ और भी कुछ दिक्कतें रहीं हैं। इस भाषा की कोई सांस्कृतिक राजधानी नहीं है, जैसे कि मद्रास तमिल की या कलकत्ता बंगलाभाषियों की है।

बरसों उसने परायी राजधानियों से काम चलाया है । पहले कलकत्ता से और फिर दिल्ली से, लेकिन दोनों जगह उसका दर्जा एक शरणार्थी नरेश का रहा है, जो अपनी खोयी सीमाओं को जीतने की प्रतीक्षा कर रहा हो । हिंदी में साहित्य को ऊँचा और पत्रकारिता को नीचा समझा गया, इसलिए पहले मासिक पत्रिकाएँ इस भाषा में प्रतिष्ठित हुईं, फिर साप्ताहिक हुए और दैनिकों को अब कुछ इज्जत मिल रही है। कविता, कहानी, उपन्यास आदि लिखना हिंदी में आसान और इज्जतबख्श दोनों रहा है, इसलिए राजनीति, विज्ञान, खेल, अर्थनीति आदि विषयों पर ढंग की किताबें लिखने की जहमत हिंदी की सर्वश्रेष्ठ दिमागों ने नहीं उठायी है । फिर अभी दस-पंद्रह साल पहले तक यह स्थिति थी कि साहित्य में जो लोग असफल और घटिया साबित होते थे, वे हिंदी पत्रकारिता में आ जाते थे । पत्र-कारिता के हुनर तो वे कभी सीखते नहीं थे, लेकिन हिंदी साहित्य को गाली देते रहते थे कि ठेकेदारी के कारण उन्हें अपना वाजिब स्थान नहीं मिल पा रहा। योग्यता होती नहीं थी, इसलिए पत्रकारिता में अपना महत्व बढ़ाने के लिए वे (खासकर 1947 के बाद के दूसरे दर्जे के कांग्रेसी नेताओं) के ढिंढोरची अथवा जन सम्पर्क अधिकारी बन जाते थे । इस तरह पत्रकारिता का दरजा घटता जाता था और पत्रकार बढ़ता जाता था । एक हद तक आज भी यही हो रहा है, हालांकि असली पत्रकारिता का दायरा भी 1975 के बाद काफी बढ़ा है ।

जिन दिनों हिंदी को गर्व था कि वह किसी दिन देश की राष्ट्रभाषा बनेगी, उन दिनों भी वह दीन-विपन्न चेहरा लिये ही घूमती थी। 1947 के बाद हालत यह हो गयी कि तमिल, मराठी, बंगला या मलयालम की तरह हिंदी उपराष्ट्रीय पहचान और एकजुटता की भाषा भी नहीं रही और उसे राष्ट्रीय पहचान की भाषा मानने से भी गैर-हिंदी लोगों ने इनकार कर दिया । पंजाबी या तमिल के विश्व सम्मेलन सगर्व होने लगे, लेकिन हिंदी के विश्व सम्मेलन प्रायः अटपटे लगते रहे। जो लोग हिंदी में ठीक से लिखना-पढ़ना भी नहीं जानते थे, वे जब हिंदी भक्ति का ढोल बजाने लगे तो वहुत खोखली ध्वनियां हिंदी से निकलने लगीं । उन्होंने हिंदी का प्रचार कम किया और उसे हास्यास्पद अधिक बनवाया । लेकिन इन रुकावटों के बावजूद हिंदी बोलचाल का फैलाव बढ़ा है । वह बढ़ा है फिल्मों और फिल्मी गीतों के कारण, व्यापार-धंधे के विस्तार के कारण, अखिल भारतीय नौकरियों और तबादलों के कारण, घूमने-फिरने की बढ़ती हुई आदत के कारण । जैसे भारत में राष्ट्रीयता दबे पाँव बढ़ रही है, उसी तरह हिंदी भी बढ़ रही है । राष्ट्रीयता प्रबल है, यह बात प्रायः दिखाई नहीं देती, क्योंकि उपराष्ट्रीय झंझावातों का शोर हमारे कानों को प्रायः बहरा बना देता है । लेकिन यदि उपराष्ट्रीयता इतनी प्रबल होती दिखाई देती है, तो जाहिर है कि वह किसी प्रबलतर, किंतु अदृश्य राष्ट्रीयता के साथ ही जूझ रही होगी । यही बात हिंदी के साथ भी है ।

दिल्ली से हिंदी का अच्छा अखबार निकालते समय जो असंभव स्थितियाँ बन जाती हैं, उनके कारण ऐसा संपूर्ण तथा हिंदी क्षेत्रव्यापी प्रसारवाला कोई दैनिक आज तक नहीं निकल पाया है, जो सारे देश में उसी तरह प्रामाणिक बन जाये, जैसे कि अमेरिका में 'न्यू यॉर्क टाइम्स' या 'वाशिंग्टन पोस्ट' है। दिल्ली ऐसा शहर है, जहाँ अंग्रेजी के हर अखबार से ज्यादा अच्छा दैनिक यदि आप निकाल दें तो भी शहर इस बात को मंजूर ही नहीं करेगा कि कोई झंडा हिंदी ने गाड़ा है। फिर अंग्रेजी दैनिकों के साये में निकलनेवाले हिंदी दैनिकों की अपनी शर्म और मजबूरियाँ हैं। अंग्रेजी के पत्रकार अक्सर हिंदी के समकक्षों को घटिया समझते हैं, जो कि अक्सर वे होते भी हैं। कोई खास कोशिश भी वे दिल्ली में अपने घटियापन से उबरने की नहीं करते। दिल्ली का बुद्धिजीवी जब अंग्रेजी में लिख कर अंतर्राष्ट्रीय हो जाता है, तब हिंदी में लिख कर वह आंचलिक समाज से क्यों जुड़े? वह मराठी या बंगला का बुद्धिजीवी थोड़े ही है, जो अंतर्राष्ट्रीय प्रसिद्धि से ज्यादा महत्वपूर्ण यह समझता है कि अपने आम लोगों के साथ बोलचाल के रिश्ते बनें। दिल्ली का बुद्धिजीवी इस बात को समझता है कि परायी भाषा में वह कभी गहरा, सृजनात्मक काम नहीं कर सकेगा और उसकी प्रतिभा नकलची बनने को ही अभिशप्त होगी। लेकिन इस नकलचीपन के तात्कालिक लाभ इतने अधिक हैं और मौलिक खोजबीन का महासागर इतना गहरा और अनिश्चित है कि ज्यादातर लोग 'वर्ड इन हैंड' को पसन्द कर लेते हैं, क्योंकि वह 'ब्रेड एण्ड बटर' का बेहतर इंतजाम कर देती है।

दिल्ली के बाहर हिंदी के प्रादेशिक अखबार एक अलग चक्कर में फंसे हुए हैं। उनमें से ज्यादातर मालिकों के और परिवारों के अखबार हैं, जो खुद संपादकीय सामग्री और रीति-नीति का चयन करते हैं। पहली पीढ़ी में तो पत्रकारिता को थोड़ा-बहुत समझनेवाला उद्यमी व्यक्ति किंचित मिशनरी भाव से अखबार निकालता है, लेकिन जब उसकी दूसरी पीढ़ी के भाई-भतीजे राज्य भर में पत्रकारिता का मुकुट पहन कर मटकना चाहते हैं, तब हुनरमंद पत्रकारों के सामने यह सवाल खड़ा होता है कि उनके यश और मान का रास्ता आनुवंशिक बाधाएँ कब तक रोकती रहेंगी? हिंदी के प्रादेशिक दैनिकों में यदि 'प्रोफेशनलाइजेशन' कम है, हुनर के नाते हुनर की और कलम के नाते कलम की कद्र यदि कम है तो इसका कारण यह है कि परिवारग्रस्त अखबारों को जो सौदेबाजी मुख्यमंत्री या डिप्टी कमिश्नर या उद्योग संचालक से करनी है या प्रदेश की राजनीति में अपनी जो जगह उन्हें बनानी है, उसके लिए पहले दरजे का अखबार निकालना नितांत आवश्यक नहीं है। यदि वह दूसरे दरजे का निकला और बिकता रहा, तो भी चलेगा, क्योंकि उत्कृष्टता के साथ कोई खास प्रतिस्पर्धा तो है नहीं। पेशेवर पत्रकारों को चोटी का मान दे कर व्यर्थ उनके भाव क्यों बढ़ाये जायें? मालिक और बिजनेस

एक्जिक्यूटिव के बीच जो रिश्ते निजी कंपनियों में होते हैं, वैसे रिश्ते प्रादेशिक पत्रों में नहीं हो पाते। रिश्ते मुनीम और मालिक के होते हैं और कई मुनीमों के चेहरों पर आप ऐसा भाव देख सकते हैं, जिसमें मालिक के परिवार के साथ बरसों का घरेलूपन नजर आता है, आत्मीयता नजर आती है, एक-दूसरे की जरूरतों के प्रति संवेदना नजर आती है, लेकिन लगातार निपोरने के कारण चौड़ी हो गयी खीसों और खिसियाहटों से हिंदी ही नहीं, कई भारतीय भाषाओं के संपादकों का मुक्त होना जरूरी है। जब इस बंधन से मुक्ति मिलेगी, तभी हिंदी अखबारों के प्रादेशिक पत्रों के चेहरों पर एक नया नूर नजर आयेगा।

एक और आयाम है, जहाँ हिंदी ने अभी शुरुआत ही की है। वह जिला पत्रकारिता का आयाम है। प्रदेश राजधानियों और महानगरों से तो जरा ज्यादा बिकनेवाले हिंदी दैनिक निकलते हैं—फिर वे जैसे भी हों, लेकिन जिलों को अपने प्रवक्ता पत्र अब तक नहीं मिले हैं। संख्या की दृष्टि से हर जिले के सैकड़ों पत्र रजिस्ट्रार ऑफ न्यूजपेपर्स के दफ्तर में दर्ज हैं, लेकिन उनका अस्तित्व फिलहाल कीट-पतंगों जैसा है। गाँव या कस्बे के अर्धसाक्षर, चलते-पुरजे लोग जब कोई खटकरम शुरू करना चाहते हैं तो स्थापित निहित स्वार्थों के बीच अपनी जगह बनाने के लिए वे अखबार निकालते हैं। इसमें बुरा कुछ नहीं है। ऐसा होगा ही। लेकिन ग्रामीण राजनीति की धकापेल के बीच कब वह दिन आ पायेगा, जब जिलों की पत्रकारिता 'प्रोफेशनल' बनेगी और अपने पैरों पर खड़ी हो सकेगी ? जिस दिन यह होगा, उस दिन समूची भारतीय पत्रकारिता को व्यापक आधार मिलेगा और तब किसी तानाशाह के लिए यह आसान नहीं होगा कि वह फतवा निकाल कर देश के हजारों आजाद अखबारों को दबा दे। अभिव्यक्ति की आजादी के सुख जब तक बिलकुल नीचे के आदमी तक नहीं पहुँचेंगे, जब तक प्रजातंत्र की प्रक्रियाएं ही पूरी नहीं होंगी। अतः हिंदी पत्रकारिता का विकास भविष्य में थ्री-टायर विकास होगा। एक स्तर राष्ट्रीय, दूसरा प्रादेशिक और तीसरा जिला स्तरीय होगा। जिला स्तरीय पत्रकारिता की समस्याएं क्या हैं, यह तो हम फिलहाल जानते नहीं, क्योंकि इस विधा का उदय ही नहीं हुआ है। हां, इसकी कुछ संभावनाएं बहुत दूर से चमचमा रही हैं। छतरपुर में, बांदा में, कटक में, अन्य जिलों में हम प्रायः ऐसे पत्रकारों के नाम सुन रहे हैं, जो जिलों के तानाशाहों का मुकाबला करने के लिए न केवल धौंस-डपट का मुकाबला कर रहे हैं, बल्कि जान की बाजी भी लगा रहे हैं। अनुभव उनका यह है कि दिल्ली के धरातल पर इंदिरा गांधी की आलोचना करना आसान है, प्रदेश राजधानी में मुख्यमंत्री को भला-बुरा कहना आसान है, लेकिन जिले में रह कर पुलिस थानेदार से, तहसीलदार से, फॉरेस्ट रेंजर या पटेल से दुश्मनी मोल ले कर रहना बेहद खतरनाक है। स्थानीय धरातल पर निहित स्पार्थों की जो तानाशाही

भारत में है, वह राष्ट्रीय नीतियों के सारे नेक इरादों को पराजित कर देती है। कोई भी प्रधानमंत्री या मुख्यमंत्री बने, कांग्रेस आये या जाये, प्रतिपक्ष सत्तारूढ़ हो या न हो, इस स्थानीय तानाशाही को कोई खरोंच भी लगा पायेगा, इस बात की कोई संभावना नहीं। खरोंच तभी लगेगी, जब स्थानीय अन्याय का स्थानीय प्रतिकार करने के लिए स्थानीय लोग सगठित होंगे। भारत की राजनीति की इस आगामी अनिवार्य मंजिल को जिलों के आदर्शवादी पत्रकार काफी नजदीक ला सकते हैं।

पूँजी और प्रेस

सुधीश पचौरी

प्रथम प्रेस आयोग (1954) ने विज्ञापनों और पत्रकारिता के अंतसंबंध की चर्चा करते हुए एक जगह यह टिप्पणी की है :

'एक प्रमुख अंग्रेजी दैनिक में हमने एक नयी योजना का विज्ञापन देखा, जिसमें ऐसी किसी भी मान्यताप्राप्त विज्ञापन एजेंसी को 15,000 रुपये का इनाम देने की घोषणा की गयी थी जो 1954 वर्ष में कुछ खास स्थितियों में अपने टर्नओवर में सर्वाधिक बढ़ोत्तरी दिखा सके।'

आयोग ने उचित ही इस प्रवृत्ति पर यह टिप्पणी की : 'इस तरह का भुगतान उस समझौते के विरुद्ध होगा जो इंडियन ऐंड ईस्टर्न न्यूजपेपर सोसाइटी के तमाम सदस्यों के बीच हुआ है। यह विजेता एजेंसी को एक गुप्त छूट देने जैसा होगा और इसीलिए आपत्तिजनक होगा। हमें खुशी है कि सोसाइटी ने मसले पर ध्यान दिया है और उस अखबार ने यह विज्ञापन वापस ले लिया है।'

इससे पहले कि हम इस घटना की प्रकृति की व्याख्या करें, प्रथम प्रेस आयोग की रिपोर्ट से एक और टिप्पणी देना चाहेंगे, जिसमें वह कहता है : 'हमें ऐसी शिकायतें मिली हैं कि कुछ अखबार ऐसे बहुत-से मीडियामैनों को रिश्वत देते हैं या अन्य लालच देते हैं जो विभिन्न विज्ञापन एजेंसियों में काम करते हैं, ताकि वे उनके खास अखबार के लिए अधिक विज्ञापन मुहैया करायें। ऐसी हरकतें बेहद आपत्तिजनक हैं और हम उम्मीद करते हैं कि अखबारों के मालिकों तथा विज्ञापन एजेंसियों के बीच कुछ ऐसा तय होगा कि इस अनुचित आचरण को रोका जा सके।'

1954 के प्रेस आयोग की यह टिप्पणी प्रेस के लिए ऐसा वातावरण और आचरण संहिता दे रही है जो प्रेस और पूँजी के रिश्तों को एक विकासशील अनुशासन में बाँधे। ऐसा नहीं है कि 1954 के वक्त बड़े अखबार नहीं हैं, विज्ञापन एजेंसियाँ नहीं हैं, विज्ञापनदाता नहीं हैं। ऐसा भी नहीं कि अखबारों के मालिकों को विज्ञापनों से परहेज हो। मगर अभी मुनाफे की प्रक्रिया की ओर उनका ध्यान

अधिक नहीं गया है। 'आजादी मिलने के फौरन बाद की स्थिति अभी गला काट स्पर्धा और जैसे बने वैसे मुनाफा कमाने की स्पर्धा का पर्याय नहीं बनी है। यद्यपि यदा-कदा इस स्पर्धा के अंकुर फूटते नजर आते हैं, मगर अभी कहीं कोई आदर्श-वाद, कहीं कोई अनुशासनबद्धता है, कहीं कोई समाज सेवा और सीमित स्वार्थ के बीच असाध्य तालमेल निभनेवाली बात है। तभी तो सभी मिल-बैठ कर एजेंसियों के हस्तक्षेप को बेलगाम नहीं होने देना चाहते। आयोग बड़े भोलेपन से खुश होता है कि अखबारों के मालिक अनुशासन न तोड़ने का वायदा करते हैं और वैसा विश्वास भी करता है।

स्वाधीनता आंदोलन में भारतीय पत्रकारिता के कई दौर रहे हैं (जिन पर चर्चा यहां गैरमुनासिब होगी), मगर बड़ी पूंजी और प्रेस का पहला गंठजोड़ दूसरी बड़ी लड़ाई के दौरान नजर आता है। इस बात को अखबारों की कुल आमदनी के रूप में देखा जा सकता है। इस बात को विज्ञापनों से होनेवाली आय के प्रतिशत से भी समझा जा सकता है। प्रथम प्रेस आयोग जिस शुरुआती गंठ-जोड़ को व्यवस्थित करता है, वह है व्यापारिक घरानों का अखबारों से बढ़ता रिश्ता। यह रिश्ता पूंजी और प्रेस के नये अर्थशास्त्र को जन्म देता है।

प्रेस के इस अर्थशास्त्र को प्रायः अनदेखा किया जाता है। यहां तक कि जा संस्थान पत्रकारिता की शिक्षा देते हैं, वहां भी पत्रकारिता के आर्थिक ढांचे को बिलकुल भुला दिया जाता है। जो पाठ्यक्रम इस सिलसिले में निर्धारित किये गये हैं, वे अखबारनवीसी को इस रिश्ते से लगभग स्वतंत्र करके देखते हैं। पहला प्रेस आयोग इस संबंध की अनदेखी नहीं करता और प्रेस के एक नये अर्थशास्त्र को आज से 35 साल पहले की स्थिति में खोलता है, जो आज की वस्तुस्थिति को स्पष्ट करने के लिए उपयोगी है।

बड़ी पूंजी के प्रवेश से पहले अखबारों में संपादक की भूमिका प्रमुख रहती थी, यह बात आयोग ने बहुत पहले कह दी थी। बड़ी पूंजी के प्रवेश के बाद, आयोग की टिप्पणी है कि, 'अब संपादकीय धीरे-धीरे प्रबंध विभाग के अंतर्गत' आता जा रहा है। पहले एक 'आदर्शवादी और स्वयंसेवा की भावना' अखबारों के क्षेत्र में बहुप्रचलित थी। अब उसकी जगह 'मुनाफाखोरी' की भावना ने ले ली है। यह बात आज की नहीं है। 1954 की है। इसमें हम प्रेस के पूंजी से बढ़ते गंठ-जोड़ का भविष्य देख सकते हैं, जो आज हमारा वर्तमान बन गया है। 150वीं वर्षगांठ मनाते हुए टाइम्स ऑफ इंडिया के एक अंतर्राष्ट्रीय पत्रकार सेमिनार में सभी पत्रकारों में 'पत्रकारिता से मुनाफा कमाने की बात' पर निडर आम सहमति इसी स्थिति का विकास है। पहले भी शायद मालिक मुनाफा चाहते हों, लेकिन संपादक इस प्रवृत्ति के वकील नहीं बना करते थे। उक्त सेमिनार ने स्पष्ट कर दिया कि अखबार को एक मुनाफे का धंधा बनाने की वकालत करने में संपादक

भी प्रबंधकों से पीछे नहीं हैं।

हम यहाँ यह मान कर चलें तो बेहतर होगा कि पूंजी और प्रेस के बढ़ते संबंध एक पूंजीवादी समाज के भीतर सहज विकसित संबंध हैं। मुनाफाखोरी पर टिके समाज में पत्रकारिता कोरी समाज सेवा नहीं बनी रह सकती। फिर एक आधुनिक समाज में सूचना का तंत्र तो खुद पूंजी पर निर्भर एक खेल बन जाता है। अखबार उससे मुक्त नहीं हो सकते। अंततः अखबार भी एक उद्योग ही हो सकते हैं। उद्योग से खैरात की उम्मीद करना वहीं तक संभव हैं जहाँ तक बिड़ला साहब मंदिर बनवा दें या टाटा अस्पताल खुलवा दें।

अतः प्राथमिक बातों को छोड़ हम अखबार की अर्थ प्रक्रिया पर विचार करें। यदि आज के अखबार एक उद्योग की तरह (हम उन्हें चाहे छोटा उद्योग मानें या बड़ा) हैं तो उनकी आर्थिक क्रिया लागत और लाभ के सम्बन्ध से तय होगी। यहाँ हम पत्रकारिता के छोटे उद्योग से एक बड़े स्वतंत्र उद्योग में बदलने की दुर्घटना को समझ सकते हैं, जो हमारे मौजूदा दौर में हो रही है।

शुरू से ही यह एक मानी हुई बात रही है कि अखबार की लागत और विक्रय से होनेवाली आय प्रायः 'स्थिर' बनी रहती है (यह तब जब अखबार के उत्पादन में काम आनेवाले किसी भी सामान की क़ीमत न बढ़े) तथा लागत और आय का यह स्थिर सम्बन्ध किसी भी हालत में बराबर नहीं होता। लागत का पूरा हिस्सा वापस आये, यह संभव नहीं होता, क्योंकि बाजार के नियम वैसा संभव होने नहीं देते। एक अध्ययन के अनुसार लागत व आय में एक और आधे का अनुपात रहता है यानी यदि लागत एक करोड़ है तो आमद पचास लाख के आसपास होगी। चूंकि बड़ी पूंजी बड़े पैमाने पर कमाने का तर्क ले कर आती है, अतः इस घाटे को भरने के लिए विज्ञापन पर अखबार की निर्भरता शुरू होती है और अखबार का चरित्र बदलना शुरू हो जाता है। वह व्यावसायिक बन जाता है। व्यवसाय यानी मुनाफा। यह एक गलतफहमी ही है जो कहती है कि एक समय ऐसा भी रहा है जब पत्रकारिता गैरव्यावसायिक थी। 1954 में उपलब्ध आँकड़ों के हिसाब से विज्ञापनों के जरिये 40 प्रतिशत से 65 प्रतिशत तक आमदनीवाले अखबारों की संख्या 70 थी, इनके अतिरिक्त अंग्रेजी के अखबारों की संख्या 22 थी। यहाँ चलते-चलते इस तथ्य का उल्लेख भी किया जाना चाहिए कि गैर-अंग्रेजी अखबारों के मुकाबले अंग्रेजी के अखबारों को मिलनेवाले विज्ञापन हमेशा ही ज्यादा रहे। मसलन मलयालम और उर्दू पत्रों की विज्ञापनों पर कोई अधिक निर्भरता नजर नहीं आती, जबकि अन्य भाषाओं में निर्भरता अधिक थी और अंग्रेजी में सर्वाधिक थी।

1968 में विज्ञापनों पर अखबारो की निर्भरता ने एक निर्णायक मोड़ ले लिया कहा जा सकता है। बड़े और छोटे अखबार पहले भी थे, मगर अब बड़े

अखबार सिर्फ अंग्रेजी में ही नहीं रह गये थे। वे भारतीय भाषाओं में भी विकसित हो गये थे। 1968 में अखबारों की कुल आमदनी का 46 फीसदी विज्ञापनों से आता था। मझोले अखबार 49 प्रतिशत तथा छोटे अखबार 46 प्रतिशत प्राप्त करते थे। यह तथ्य भी यहाँ उल्लेखनीय है कि इस दौर में सरकार सबसे प्रमुख विज्ञापनदाता बनती नजर आती है। छोटे अखबार सर्वाधिक 31 प्रतिशत उसके विज्ञापन प्राप्त करते हैं और बड़े 18 प्रतिशत। इस तरह छोटे अखबार क्रमश: सरकार-निर्भर अखबार बनते चले जाते हैं। फिर, भले ही बड़े अखबारों को 18 प्रतिशत ही विज्ञापन मिलते हों, मगर अपनी महँगी दरों के कारण वे छोटे अखबारों से अधिक पैसा प्राप्त करते हैं।

सातवें दशक में अखबारों के अर्थशास्त्र में एक अन्य बदलाव यह आया कि घाटे को 'अन्य स्रोतों' से पूरा किया जाने लगा। इस अर्थ में अनेक पत्र 'घाटे में' चलने लगे। अब तक यह अवधारणा चली आती थी कि अखबार मूलत: 'पॉवर' के लिए निकाले जाते हैं, मुनाफे के लिए नहीं। बिड़ला, जैन, गोयनका घरानों के बारे में यही बात प्रचलित थी। घाटे को यहाँ अन्य उद्योगों के लाभ से पूरा किया जाता था। 'प्रेस इन इंडिया : 1969' के आँकड़ों के आधार पर कहा जा सकता है कि बड़े घराने अन्य कंपनियों से होनेवाले लाभ को अखबारों में लगाते थे, ताकि 'पॉवर' बना रहे, यद्यपि ऐसे प्रमाण भी हैं कि वे अखबारों से होनेवाले लाभ को इधर-उधर भी लगाते थे।

यहाँ औद्योगिक घरानों और अखबारों के अंतर्संबंध को देखा जा सकता है। इस क्रम में छोटे पत्र छोटे उद्योगों से तथा बड़े पत्र बड़े उद्योगों से नाभिनालबद्ध हो जाते हैं। छोटे अखबारों के मुकाबले बड़े अखबार एक चतुराई यह बरतते हैं कि औपचारिक रूप से वे प्रकाशन कार्य को अन्य कार्य से अलग दिखाते हैं। कारण यह कि अन्य उद्योगों के लिए जो वित्तीय लाभ मौजूद होते हैं, वे प्रेस के लिए नहीं होते। छोटे अखबार यह अलगाव नहीं रखते।

इस दौर में तीसरी बड़ी घटना निजी अखबारों के अखबार समूहों में बदलने की है। एक ही अखबार अनेक स्थानों से निकलता है और उसका स्वामित्व एक ही घराने के हाथों में होता है। यही अखबार समूह कहलाता है। एक अखबार का क्रमश: समूह बनते जाना अखबारी अर्थशास्त्र मे न केवल एक नये प्रकार के उद्योग की शुरुआत है, बल्कि छोटे अखबारों की जगह लेनेवाले इजारेदार अखबारों की शुरुआत भी कहा जा सकता है, जिसके बीज यद्यपि 1954-55 में भी मौजूद थे, किंतु जो 1968-70 के बीच तेजी से पनपे। यह 'स्पर्धा' से 'इजारेदारी' में जाना है।

इसे स्वामित्व की प्रकृति से देखा जा सकता है। किसी भी अखबार का स्वामित्व व्यक्तिगत, हिस्सेदारी, ज्वाइंट स्टॉक कंपनी, ट्रस्ट, सोसाइटी और

कोऑपरेटिव में से कुछ भी हो सकता है। 1952 में अखबारों के छह बड़े शृंखला समूह थे। ये हैं डालमिया (टाइम्स ऑफ इंडिया, नवभारत टाइम्स, इवनिंग न्यूज), फ्री प्रेस जर्नल (फ्री प्रेस जर्नल, फ्री प्रेस बुलेटिन, नवशक्ति, जनशक्ति) गोयनका (इंडियन एक्सप्रेस, लोकसत्ता), कामा कंबाइन (बांबे क्रॉनिकल, बांबे सेंटिनल, बांबे समाचार), सौराष्ट्र ट्रस्ट (जन्मभूमि, लोकमान्य) आदि। ये आरंभिक इजारेदारियाँ हैं, जो कुछ समय बाद और ताकतवर बन जाती हैं। उस वक्त इन छह समूहों के अखबारों का कुल प्रसार समस्त अखबारों के कुल प्रसार का 89 प्रतिशत था (देखिए प्रथम प्रेस आयोग की रिपोर्ट, पृ० 285)। ध्यान देनेवाली बात यह है कि अखबारों के स्वामित्व का संकेंद्रण कई अखबारों को एक ही स्वामित्व में ला कर शृंखला या समूह का निर्माण करने से आया है :

स्वामित्व	स्वामित्व की प्रकृति	अखबारों की संख्या
गोयनका	प्राइवेट कंपनी (शृंखला)	8
अमृत बाजार	प्राइवेट कंपनी (कंबाइन)	4
डालमिया	प्राइवेट कंपनी (शृंखला)	7
आनंद बाजार	प्राइवेट कंपनी (शृंखला)	3
बिड़ला	प्राइवेट कंपनी (कंबाइन)	7
फ्री प्रेस	प्राइवेट कंपनी (समूह)	4

(प्रथम प्रेस आयोग की रिपोर्ट, पृ० 306)

आरंभिक इजारेदारी का आलम यह है कि 1950 के बाद 230 दैनिकों में से 29 अखबारों को पाँच घराने नियंत्रित करते थे और कुल प्रसार के 31.2 प्रतिशत पर इनका आधिपत्य था।

बड़ी पूंजी और पत्रकारिता के बढ़ते गँठजोड़ का यह आरंभिक चरण अन्य कंपनियों से कुछ पूंजी प्रेस में निवेश करने की प्राथमिक व्यावसायिक अवस्था का उदाहरण कहा जा सकता है। सरकार की कागज नीति, विज्ञापन नीति तथा प्रेस नीति के साथ-साथ उसकी भाषा नीति के कारण आरंभिक इजारेदारियों का तेजी से विकास हुआ और विज्ञापन एवं समाचार के 'संतुलन' की बातों के बावजूद विज्ञापनों से होनेवाली आय पर अखबारों की निर्भरता बढ़ायी गयी। यहीं से (यह सातवें दशक में शुरू हो गया था) अखबार अन्य उद्योगों पर आश्रित खैराती कर्म की जगह स्वयं में उद्योग की शक्ल लेने लगे। इस बात पर दूसरे प्रेस आयोग ने पर्याप्त प्रकाश डाला है।

दूसरे प्रेस आयोग ने प्रेस को सीधे एक 'उद्योग' के रूप में देखा। प्रथम आयोग की रिपोर्ट के अध्याय 16 में 'इजारेदारियों और स्पर्धा' का जिक्र जरूर था, पर

अवधारणात्मक स्तर पर प्रेस को अभी भी उद्योग नहीं समझा गया था। प्रथम प्रेस आयोग ने भविष्य की प्रवृत्ति को भांप कर लिखा था कि समूहों के अंतर्गत चलनेवाले अखबारों के अलग-अलग संस्करणों का हिसाब-किताब अलग-अलग रखा जाना चाहिए। यह बात लोक सभा में भी कही गयी थी। मगर जैसा कि पहले अयोग के साथ हुआ, दूसरे अयोग को भी समाचार पत्रों की अर्थव्यवस्था का ठीक-ठीक पता लगाने में खासी दिक्कतें आयीं। 1977 में बनी एफ एफ सी एन ई ने इस तरफ इशारा करते हुए कहा कि प्रत्येक समाचार पत्र को एक अलग इकाई के रूप में गठित किया जाये, जिससे उसके लाभ-हानि का पता चल सके। मगर हुआ वही ढाक के तीन पात। 1978 में 85 अखबारी इकाइयों से आग्रह किया गया कि वे अपना हिसाब-किताब भेजें, तो उनमें से कुल 17 इकाइयों ने ही हिसाब भेजने की जहमत उठायी।

यहां हिसाब-किताब की गोपन क्रिया धन्ना सेठों की दो नंबरी वृत्ति को उजागर करती है। यह पूंजी के प्रवेश के एक खास चरित्र को इंगित करती है। जैसा कि औद्योगिक दुनिया में होता है, हिसाब-किताब में हेराफेरी यहां भी बढ़ने लगी और अर्थशास्त्र का सामान्य अनुभव बताता है कि यह हेराफेरी तभी संभव होती है जब कोई उद्योग बड़ा मुनाफा देने लगता है, किंतु जिसे कर नीतियों के कारण उजागर नहीं किया जा सकता।

पूंजी और प्रेस के इस आंतरिक गंठजोड़ का दूसरा चरण वह है जो भारतीय पूंजीवाद के उत्थान के दूसरे चरण से जुड़ा है। यह आठवें दशक का दौर है। दूसरे प्रेस आयोग ने इस दौर के प्रेस को 'साझा उद्योग' के रूप में व्याख्यायित किया है। लगभग हर क्षेत्र में अखबारी उद्योग में वृद्धि और विकास इस दौर की विशेषता है। 1977 में 153 बड़े और मझोले पत्रों की प्रसार संख्या 75 लाख दस हजार थी, जो कुल दैनिक पत्रों के कुल प्रसारण का 70.37 प्रतिशत था। द्वितीय प्रेस आयोग के तहत अखबारों की अर्थव्यवस्था का निरूपण करनेवाली समिति ने इस दौर की अर्थव्यवस्था पर टिप्पणी करते हुए कहा कि विभिन्न अखबार आंकड़े देने से लगातार कतराते रहे। फिर भी जिन 63 अखबार संस्थानों की आर्थिक स्थिति का अध्ययन किया गया (यह अध्ययन 1967 से 1973 के बीच के समय का किया गया), वहां पाया गया कि विज्ञापन और बिक्री से होनेवाली आय में क्रमश: 53.3 प्रतिशत तथा 46.7 प्रतिशत का अनुपात रहा था। अन्य मदों से आय का प्रतिशत 6.4 प्रतिशत था। 1973 में कुल बिक्री और कुल विज्ञापन से आमदनी को एक साथ मिला कर होनेवाला लाभ 8.9 प्रतिशत था और यह 1967 से 1973 के बीच सर्वाधिक प्रतिशत था। 1973 में हर अखबार की प्रति पर 36.3 पैसे शुद्ध लाभ की स्थिति थी। आज़ादी के फौरन बाद अखबारों में कुल पूंजी निवेश (अनुमानत:) 7 करोड़ था तथा वित्तीय कर्ज लगभग 5 करोड़। तब लाभ

की दर 6 लाख रुपये थी (देखिए प्रथम प्रेस आयोग की रिपोर्ट, पृ॰ 43-44)। यह कुल लागत पर एक प्रतिशत सालाना से भी कम था। आठवें दशक में इस क्षेत्र में 10 प्रतिशत की वृद्धि हुई। न केवल पूंजी निवेश में, बल्कि लाभ में भी वृद्धि हुई। दूसरे आयोग ने टिप्पणी की कि लाभ कमानेवाले उद्यमों ने निवेशित पूंजी पर 10 प्रतिशत से अधिक के अच्छे अनुपात में लाभ अर्जित किया। परंतु कुल मिला कर स्थिति यह नहीं है कि भविष्य के पूंजी निवेशकर्ता अपनी पूंजी पर सुरक्षित तथा नियमित लाभ कमाने के उद्देश्य से इसमें अपनी किस्मत आजमायें (पृ॰ 333)। देखने योग्य तथ्य यह भी है कि 1973 में कुल बिक्री और शुद्ध विज्ञापन आय से 8.9 प्रतिशत शुद्ध मुनाफा कमाया गया। यह दौर चूंकि एक खास तरह के संकेंद्रण का दौर था, अत: बड़े 50 पत्रों ने तो 14.30 प्रतिशत का अधिशेष अर्जित किया, मगर मझोले पत्रों को 4.24 प्रतिशत का घाटा हुआ, जबकि छोटे पत्रों की कमर ही टूट गयी। सबसे बड़ी बात यह हुई कि सामग्री लागत में बड़े पत्रों के अनुपात में छोटे पत्रों में दोगुने (लगभग) की वृद्धि हुई और इसी ने कमर तोड़ दी। बड़े पत्रों की लागत 61.33 प्रतिशत बढ़ी। इस तरह छोटे अखबारों की कीमत पर बड़े अखबारों की इजारेदारी पहली बार उभार लेती दिखाई देती है।

1977-78 के लिए 35 दैनिक समाचार पत्रों के आय-व्यय के आँकड़ों को देखें तो बड़े अखबारों की आय तथा मझोले-छोटे अखबारों की आय में कई गुने का फर्क नजर आता है। इस वर्ष बड़े अखबारों की आय जहाँ 4262.24 लाख थी, वहीं मध्यम पत्रों की आय 471.74 लाख रुपये थी तथा छोटे पत्रों की आय 69.25 लाख रुपये। (देखिए द्वितीय प्रेस आयोग की रिपोर्ट, पृ॰ 341)

इस दौर में दूसरी बड़ी घटना यह मान लिया जाना था कि 'किसी भी अखबार की वित्तीय सक्षमता बहुत अंशों में इस बात पर निर्भर करती है कि विज्ञापन-दाताओं से उसे कितना अधिक विज्ञापन प्राप्त हो सकता है।' विज्ञापन का अखबार से अंतरंग संबंध क्या है, यह बात भी इसी दौर में स्पष्ट होती है। अधिक प्रसार और अधिकाधिक विज्ञापन, फलस्वरूप अधिकतम आय—यह सूत्र इसी दौर में जन्म लेता है।

उल्लेखनीय तथ्य यह भी है कि प्रथम प्रेस आयोग ने अखबारों में विज्ञापन के लिए दिये गये स्थान के बारे में 'संतुलन' की व्याख्या की थी। 1972-1981 के बीच यह संतुलन गड़बड़ाया और जिन 95 अखबारों का विश्लेषण किया गया, उनमें इस स्थान में वृद्धि पायी गयी। बड़े 17 दैनिकों में विज्ञापन स्थान 75 प्रतिशत तक बढ़ा दिया गया। इस बीच विज्ञापन दरों में भी आशातीत वृद्धि हुई। यह भी ध्यान देने योग्य तथ्य है कि विज्ञापनदाताओं में पहला नंबर सरकार का तथा फिर बड़े-बड़े औद्योगिक घरानों का रहा। यह कुल विज्ञापनों का 30 प्रतिशत

था। द्वितीय प्रेस आयोग ने सही कहा है कि यदि 50,000 से 1,00,000 की प्रसार संख्यावाले तमाम अखबारों में छपे विज्ञापनों की कुल आय का प्रतिशत निकाला जाये तो यह 77 प्रतिशत बैठेगा। विज्ञापनों के जरिये 1971-72 में 60 करोड़ से अधिक की आय कूती गयी। 1980 में आइ एन एफ ए की वार्षिकी के अनुसार यही राशि बढ़ कर 103 करोड़ रुपये हो गयी। अखबारों में इजारेदारी की प्रक्रिया विज्ञापन प्रक्रिया का भी परिणाम रही। प्रथम प्रेस आयोग के समय विज्ञापन से होनेवाली कुल आय मात्र 5 करोड़ रुपये थी।

विज्ञापन एजेंसियों और बड़े प्रतिष्ठानों, बड़े अखबारों का एक आंतरिक जाल इसी दौर में बढ़ा। छोटे समाचार पत्रों के प्रतिनिधियों ने बताया कि 'विज्ञापन एजेंसियाँ, जो साधारणतया बड़े व्यवसाय तथा बड़े समाचारपत्रों की आनुषंगिक भूमिका निभाती हैं, बड़े समाचारपत्रों के हितों का निष्पादन करती हैं।' द्वितीय प्रेस आयोग ने लखनऊ के एक प्रबंध निदेशक की यह टिप्पणी नोट की कि 'एक औद्योगिक घराने ने एक दैनिक समाचार पत्र के लिए, जिसका सत्तारूढ़ राजनीतिक दल से निकट संपर्क था, अनेक बार विज्ञापन जारी किया, ताकि वह उस राजनीतिक दल का अनुग्रह भाजन बन सके।' (द्वितीय प्रेस आयोग की रिपोर्ट, पृ० 379)

पूंजी और प्रेस के अंतर्संबंध की इस कहानी का तीसरा चरण प्रेस को बाकायदा एक मुनाफे के उद्योग में बदलने से शुरू होता है, जिसका जिक्र लेख के आरंभ में किया गया है। आज हम प्रेस को एक 'बड़े व्यवसाय' के रूप में ही देख सकते हैं। फिर भी पत्रकारिता की भूमिका, पत्रकार की भूमिका और उसके स्वरूप संबंधी बहसें प्रायः इस तथ्य की अनदेखी करती रहती हैं कि प्रेस एक उद्योग भी है, जो धीरे-धीरे स्वतंत्र उद्योग में तब्दील हो रहा है। हमारा प्रेस जूट या सीमेंट या अन्य उद्योग का अनुषंग होते हुए भी धीरे-धीरे स्वतंत्र उद्योग में बदल रहा है।

खासकर नयी आर्थिक नीतियों के फलस्वरूप उदारीकरण और भूमंडलीकरण की जो लहर चल रही है, उसने खबर को भी एक उपभोग्य उत्पाद बनाने की अवधारणा को मजबूत किया है। कई बड़े पत्र समूहों में अचानक संपादक को गैरजरूरी बना देना और मार्केटिंग मैनेजरों अथवा व्यापारिक घरानों या अखबार मालिक का स्वयं संपादक या प्रबंध संपादक के पद पर बैठना बताता है कि पत्रों और पत्रकारिता का स्वभाव तेजी से बदल रहा है। टाइम्स आफ इंडिया के नये मालिकों ने तो साफ एलान किया है कि समाचार पत्र एक 'ब्रांड' भर है; वह कैसे बेचा जाता है, यह संपादक से अधिक मार्केटिंग विभाग जानता है।

पहले भी ऐसे अनेक पत्र थे, जिनके मालिक ही संपादक हुआ करते थे। दिल्ली प्रेस के मालिक या अनेक कस्बों से निकलनेवाली दैनिक शृंखलाओं के मालिक

संपादक भी हैं। लेकिन वे यह सोच कर संपादक रहे कि खर्च बचा सकें, लेखकों के कॉपीराइट का हनन कर सकें और सत्ता से सीधे सौदेबाजी कर सकें। वे अखबार को 'ब्रांड' नहीं समझते रहे। नयी बात यह है कि नयी अर्थनीति के विश्वंभर वातावरण में अखबार उसी तरह का 'उत्पाद' या 'पण्य' या 'ब्राण्ड' माना जाने लगा है जैसे कोलगेट टूथ पेस्ट या लिरिल साबुन। सूचना पहले भी उद्योग जैसा थी। लेकिन अब यह अवधारणा धीरे-धीरे स्वीकृति पाने लगी है कि सूचना बाजार के लिए है। यों हिंदी प्रेस अभी पुनर्जागरणकालीन पत्रकारिता के आदर्शों की हलकी-फुलकी और बची-खुची छाँव में जीने का इरादा दिखाता रहता है। सूचना के चयन में खासकर निर्णायक सूचना के चयन, निर्माण और प्रस्तुति में राष्ट्रीय विकास की अवधारणाएँ थोड़ा-बहुत झिलमिलाती रहती हैं, लेकिन धीरे-धीरे यह स्थिति भी बदल जानी है। नयी आर्थिक नीतियों के फलस्वरूप पैदा हो रहे उपभोक्तावाद में सूचना को 'पण्य' बनना ही होगा।

विज्ञापन का हस्तक्षेप आज बढ़ा है। विज्ञापन से महत्वपूर्ण अब सूचना नहीं है। एक अखबार (अंग्रेजी का) तो अपने नाम को सिर्फ विज्ञापन की खातिर बदल कर निकला। कुछ पहले एक टायर कंपनी के पूरे पृष्ठ के विज्ञापन ने एक रोज पहले के संपादकीय पृष्ठ को अगले रोज कुछ इस तरह पुनर्मुद्रित किया मानो वह टायर उस पृष्ठ पर ही चल रहा हो। विज्ञापनदाता और विज्ञापन एजेंसियों ने तमाम बड़े दैनिकों का पूरा एक पृष्ठ इस तरह टायर के नीचे रौंद दिया। पूरा एक पृष्ठ टायर के नीचे कुचल गया। यह विज्ञापन का नया आक्रमण था। विज्ञापन और सूचना में फर्क नहीं था।

सूचना के 'पण्य' बन जाने की प्रक्रिया में सूचना और सत्य का वह रिश्ता गड़बड़ा जाता है, जिसे ढूंढ़ने के हम सब आदी रहे हैं। सूचना जब 'पण्य' बनेगी तो वह कब किस 'सत्य' का विज्ञापन करेगी, कब किस 'असत्य' को 'सत्य' बनायेगी, यह सूचना निर्माता के लाभ से तय होगा। ऐसे में अखबारों में विचार एवं रचनात्मक सामग्री कम महत्वपूर्ण होती जायेगी और संपादक कर्म विज्ञापन एजेंसी का एक्जीक्यूटिव किया करेगा। सूचना के 'उद्योग' का यही रूप हो सकता है। यद्यपि राजनीतिक दबाब एवं तुष्टि, छोटे-मोटे स्तर पर सूचनारोपण (प्लांटिंग) और छोटे स्तर के स्थानीय संवाददाताओं द्वारा हजार-पांच सौ का धंधा आज भी जारी है और इस तरह सूचना का 'व्यापार' जारी है, लेकिन कायदे का उद्योग अभी बनना है।

सूचना के औद्योगिकीकरण का एक बड़ा कारण यदि नयी आर्थिक नीतियों से प्रेरित मुक्त बाजार है, तो दूसरा बड़ा कारण दूरदर्शन है। दूरदर्शन ने स्वयं को व्यावसायिक बनाते हुए भारत के विज्ञापन तंत्र और व्यवसाय का एक बड़ा हिस्सा अपनी ओर खींचा है। पंद्रह सौ करोड़ के विज्ञापन बजट का चार-साढ़े चार सौ करोड़

हिस्सा दूरदर्शन ने हड़पा है। शुरू में इसका झटका अखबारों को लगा। कई दैनिक अखबार समूहों की कई पत्रिकाएँ विज्ञापनाभाव में बन्द हो गयीं या संकटापन्न रही आयीं। दैनिकों का विज्ञापन भी गिरा, लेकिन फिर स्थिर हो गया। इसका कारण अखबारों में छपाई प्रविधि का रंगीन हो उठना था। रंगीन टीवी की रंग छवियों का मुकाबला प्रमुख पृष्ठों के रंगीन चित्र करने लगे। दर-असल, दैनिकों के मुखपृष्ठ के नीचे की ओर छपनेवाले सिगरेट या जीन्स के विज्ञापन इस रंगीनी को न केवल अनिवार्य बनाते हैं, बल्कि संभव भी करते हैं। इस तरकीब से दैनिक अखबार टीवी से स्पर्धा-सी करने लगे और स्पर्धा करते हुए 'उद्योग' बनने लगे। मुनाफे की दृष्टि से वे आज उद्योग बन चले हैं, भले ही कर्मचारियों के काम की शर्तें और वातावरण पुराने और पिछड़े ढंग के हों। लेकिन यह भी सच है कि अब नये कॉलम लेखक और फ्रीलांसर भी संभव हो रहे हैं। लेखकों को मानदेय दिया जाता है।

पूंजी और प्रेस का नया संबंध हमें उस उपभोक्तावादी संस्कृति के रूप में देखने को मिलता है जो अखबारों के जरिये भी पुष्ट होती है। उपभोक्ता वस्तुओं के विज्ञापनों की बढ़ोत्तरी के साथ वैसी ही खबरों का निर्माण भी बढ़ा है जो उप-भोक्तावादी पाठक को अच्छी लगती हों। फिल्मों, हिंसा की खबरें, नग्न-अर्धनग्न चित्र, भड़काऊ विज्ञापनी भाषा के शीर्षक तथा विदेशी अखबारों से ली गयी सस्ती सामग्री अब बिना अपराध भाव और झिझक के छापे जाते हैं। उपदेश और संदेश, विचार और रचना हाशिये पर डाल दिये गये हैं।

नयी अर्थनीति और भूमंडलीकरण के माहौल में बड़े विदेशी अखबारों के भारत से प्रकाशन को ले कर थोड़ी-बहुत और बची-खुची दुविधा बहुत चलनेवाली नहीं हैं, क्योंकि पूंजी और प्रेस की बढ़ती अंतरंगता का यही निष्कर्ष हो सकता है कि सूचना न केवल अपने निर्माण में, बल्कि प्रसार में भूमंडलीय हो उठे। तकनीक ने इसे संभव कर दिया है। 'एशियन एज' नामक अंग्रेजी दैनिक एक साथ दिल्ली, बंबई और लंदन से छपता है और दैनिकों में सबसे महँगा अर्थात पांच रुपये का है। फिर भी वह दूर-दराज तक उपलब्ध रहता है। ऐसे कई अखबार भविष्य में आ कर बहुराष्ट्रीय पूंजी से प्रेस का नया संबंध बनायेंगे। नये सूचना समाज में सूचना एक उद्योग ही बन सकती है, क्योंकि पूंजी ने न केवल उत्पादन के, बल्कि ज्ञान के भी हर क्षेत्र में प्रवेश कर लिया है।

औद्योगिकता की ओर

मृत्युंजय

हिंदी पत्रकारिता का उद्योग बनना अभी हाल की घटना है। ऐसे सभी माध्यमों को, जिनसे समाज को चेतन बनाया गया था और कई उतार-चढ़ावों से गुजर कर देश को पुनर्जागरण के मोड़ पर ले आया गया था, आजादी के बाद एक-एक कर उद्योग में बदल दिया गया। स्कूल-कॉलेजों का ही नहीं, अस्पतालों एवं सेवा-संगठनों तक का व्यवसायीकरण किया गया। पुस्तक प्रकाशन का पुनीत कार्य भी उद्योग बन गया। आजादी के बाद प्रकाशन का तो उद्योगीकरण हुआ, लेकिन पुस्तकालय मरता गया, क्योंकि उसमें उद्योग बनने और व्यवसाय करने की क्षमता नहीं थी। कमोबेश नाटक की भी यही स्थिति है। कई क्षेत्रीय भाषाओं के नाटक ने व्यावसायिक ताकत हासिल करने के लिए संघर्ष किया। आज भी नाटक को जीवनदान देने में व्यावसायिक प्रवृत्तियों और कोशिशों की केन्द्रीय भूमिका है। हम जानते हैं कि हिंदी नाटक आज भी घाटे का सौदा है। नतीजतन उसके जीवित होने के प्रमाण कम ही मिलते हैं।

पत्रकारिता की स्थिति भिन्न थी। उद्योग बनने और व्यवसाय करने की क्षमता इसमें लबालब भरी थी। बावजूद इसके हिंदी पत्रकारिता लंबे समय तक व्यवसाय के प्रति उदास रही। इस दिशा में क्षेत्रीय भाषाओं की पत्रकारिता ने पहले पहल की। बंगला, मराठी और मलयालम की पत्रकारिता के बारे में हम जानते हैं। हिंदी पत्रकारिता बाकायदा उद्योग तब बनी जब देश, समाज और भारतीय पत्रकारिता इंदिरा गांधी और संजय गांधी को झेल चुके थे और राजीव गांधी को अस्वीकार करने की ताकत उनमें नहीं बची थी। इंदिरा गांधी तानाशाह थीं। संजय गांधी 'विचार नहीं चाहिए' का मसीहा था। 'बातें कम, काम ज्यादा' का सूत्र इसी मानसिकता से पैदा हुआ था। राजीव गांधी आधुनिक टेक्नोक्रेटों के हिरावल दस्ता थे। औद्योगिकता की ओर बढ़ते समाज को कुछ इसी किस्म का नेता चाहिए था। इसीलिए प्रधानमंत्री के रूप में राजीव गांधी अचानक आये और आते ही छा गये।

आपातकाल में सत्ता ने पत्रकारिता की खबर ली। आपातकाल की वापसी के बाद हिंदी पत्रकारिता ने भी पलट कर खबर लेना आरंभ किया। यहाँ तक कि वह सरकार और उसके नेताओं के चूल्हे-चौके तथा बेडरूम तक की खबर लेने लगी। हिंदी पत्रकारिता में यह पहला अवसर था जब वह खुशामदी मंडली से बाहर निकली। यह वह वक्त भी है, जब भारतीय जनता को शब्दों की ताकत का एहसास पुनः होता है। शब्द अपने खोये हुए अर्थ और ताकत को वापस पाते हैं जिसे वह राष्ट्रीय आंदोलन के बाद खो चुके थे। आजाद भारत के तीन दशकों में शब्द और वाणी का जिस व्यापक पैमाने पर क्षय हुआ, इतिहास में उसकी दूसरी मिसाल बहुत मशक्कत के बाद भी नहीं ढूंढ़ी जा सकती। लेकिन ट्रेजेडी यह हुई कि जब हिंदी पत्रकारिता ने खबर लेने का काम आरंभ किया, जिसका आरंभ सुरेंद्र प्रताप सिंह द्वारा संपादित 'रविवार' से माना जा सकता है, समाज और सत्ता पर पत्रकारिता के प्रभाव की पुनर्बहाली तो हुई, पर इसके साथ-साथ वह पाठक को घात-प्रतिघात का मजा भी देने लगी, जो व्यक्ति और समाज को चटोर ही बना सकता था। पाठक को चटोर बनाने का काम 'ब्लिट्ज' ने भी किया था, बल्कि कहना चाहिए कि उसी ने आरंभ किया था। बावजूद इसके दोनों के चाट का स्वाद भिन्न था। वह सड़कछाप चाट थी, यह ड्राइंगरूमी। वह विचार की विकृति थी, यह विचार का 'उत्कर्ष'। समाचार को चाट बनाना इसलिए भी आवश्यक हो गया था, क्योंकि अब उसे एक साथ लाखों पाठकों के दिमाग पर छाना था और उद्योग बनना था।

वस्तुतः पत्रकारिता औद्योगिक सत्ता की अपनी आवश्यकता है। वह न केवल लोकतंत्र का चौथा पाया है, औद्योगिक समाज के कई मुख्य स्तंभों में एक है। परंतु पाठकों के अभाव में और पत्रकार जगत के गंभीर न होने के कारण यह स्तंभ कच्ची माटी का ही रहा। इसके पुख्ता होने का समय तब आया, जब देश में एक बड़ा उपभोक्ता वर्ग तैयार हो चुका था। जिन देशों में पूंजीवाद का विकास बड़े पैमाने पर और सिलसिलेवार ढंग से हुआ, वहाँ उसने सामंती व्यवस्था को चुनौती दी और उसके खंड-खंड कर दिये। परंतु भारत में पूंजीवाद का स्वरूप, उसका विकास और उसकी भूमिका नितांत भिन्न हैं। पश्चिम के देशों ने बाहर उपनिवेश बनाये, भारतीय पूंजीवाद को देश के अंदर ही उपनिवेश बनाने पड़े। यही कारण है कि भारत में सामंतवाद से पूंजीवाद का संबंध गहरा है। दोनों एक ही घाट पर पानी पीते हैं, जिसकी वजह से पूंजीवाद सामंतवाद को चुनौती नहीं देता। इसलिए आजाद भारत की हिंदी पत्रकारिता भी सामंती व्यवस्थाओं को कहीं से भी चोट नहीं पहुँचाती। एक दूसरी बात यह भी है कि हिंदुस्तान में वास्तविक उद्योगीकरण का दौर अभी आरंभ ही नहीं हुआ है। सब कुछ नकली-नकली-सा है। सीमित क्षेत्र में है। क्या यह सच नहीं है कि भारत सरकार को

और उसकी छत्रछाया में विकसित होनेवाले उद्योगपतियों को अपने उद्योग को नकली दौर से निकाल कर विकास के असली दौर में ले आने की कोई चिंता नहीं है ? यह तथ्य है कि आज भी औद्योगिक उत्पादन की खपत भारत की कुल आबादी के न्यूनतम प्रतिशत में होती है । सच्ची औद्योगिकता अपने विस्तार के लिए ही सही, अपने खरीदारों की क्षमता को लगातार विकासमान बनाये रखती है और अपना बाजार फैलाती चलती है, जबकि भारत में वह अधिकतम आबादी की क्रय शक्ति को कम करती रहती है। जब तक दूसरे उद्योग अपने खरीदारों की संख्या एवं उनकी क्षमता का विकास तेजी से नहीं करते, पत्रकारिता की दुनिया में अंतर्विरोध बने रहेंगे।

पत्रकारिता उद्योगवाद की संतान है। संतान धर्म के अनुरूप उसे उद्योग के काम आना ही चाहिए, क्योंकि उसकी पैदाइश ही औद्योगिक समाज की सहायता के लिए है । यह और बात है कि हिंदुस्तान में अभी औद्योगिक समाज पूरी तरह स्थापित नहीं हो पाया है । निश्चित तौर से यही वजह है कि हम भारतवासी पत्रकारिता से अलग किस्म की उम्मीद रखते हैं। साथ ही पत्रकारिता ने भी वंचित लोगों से प्रेम का छद्म बना कर रखा है । उसने अभी सिर्फ घूंघट खोला है, लहँगा नहीं उतारा है। उतारा भी है, तो अंतर्वस्त्र साबुत है। लेकिन इसकी तैयारी चल रही है । एक बात निश्चित है कि पत्रकारिता को अपने गोत्र में लौटना ही था, सो वह लौट आयी है । लौटते ही सबसे पहला काम उसने यह किया है कि अखबार में संपादक और पत्रकार की भूमिका सीमित कर दी। किसी भी अखबार के लिए अब संपादक और पत्रकार कागज की छांट की तरह गैर-जरूरी हो गये हैं। उद्योग वन रही पत्रकारिता को संपादक की नहीं, मैनेजर की जरूरत होती है। बदली हुई परिस्थिति में कुछ संपादक और पत्रकार भी यह भूमिका निभा रहे हैं। फिर अखबार ही एक ऐसा उत्पादन है जो अपनी लागत से कम कीमत पर बिकता है, बिकता रहेगा। ऐसी स्थिति में पत्रकारिता उद्योगों की चेरी बन कर ही जीवित रह सकती है। अब हमारी हिंदी पत्रकारिता भी उद्योग के काम आने लगी है। इसलिए अब उद्योग ने भी, बावजूद इसके कि टीवी जैसा सशक्त माध्यम भी उपलब्ध है, उस पर कुछ-कुछ भरोसा करना आरंभ कर दिया है । हिंदी पत्रकारिता न केवल विश्लेषण के मामले में अविश्वसनीय थी, उद्योगपतियों के भरोसे की भी नहीं थी। चूंकि उद्योग अब हिंदी पत्रकारिता को घास डालने लगे हैं, वह कुछ मोटायी है । परंतु उसका स्वास्थ्य लाभ जनता के व्यापक हित में काम नहीं आ सकता। कारण, भारतीय उद्योग का मकसद भी बहुसंख्यक आबादी को स्तरीय जीवन मुहैया करना नहीं है। पत्रकारिता उद्योग की भी यही सीमा है । हमें प्रभाष जोशी का वह संपादकीय याद रखना चाहिए, जिसमें वह 'जनसत्ता' की बढ़ती माँग का जवाब देते हुए कहते हैं, 'अब और नहीं' यानी अब हम और प्रतियाँ नहीं छाप

सकते—आप लोग 'जनसत्ता' मिल-बांट कर पढ़िए। इस संपादकीय को लिखने का चाहे जो भी उद्देश्य रहा हो, मगर यह हिंदी पत्रकारिता के उद्योग बनने की सीमा की तरफ भी संकेत देती है।

हिंदी पत्रकारिता अब केवल समाचार बेचने तक सीमित नहीं है। इसके साथ ही वह कई तरह की सेवाएँ भी करने लगी है। बिचौलिया बनी है। एक तरफ वह विवाह संबंध तय करने में घटक का काम करने लगी है, तो दूसरी ओर उसने अपने विज्ञापनदाताओं यानी औद्योगिक उत्पादन को बिकवाने का काम भी अपना लिया है। 'जनसत्ता' की पहल देखें, 'हम उत्सुक इस बात के लिए हैं कि आपके (पाठक के) और अपने विज्ञापनदाताओं के बीच कारगर संपर्क सूत्र का काम करें, ताकि आपको किसी भी माल के ज्यादा-से-ज्यादा विकल्पों की जानकारी मिले जिससे अब आपको बेहतर चीज का चुनाव करने में मदद मिले।' (दिल्ली, 3 मई 1989) 'जनसत्ता' की इन पंक्तियों का मर्म इसके सिवाय और क्या है कि घोषित उद्देश्य, जो पाठक को दुनिया की अद्यतन जानकारी देना है, से इतर औद्योगिक उत्पादन को बेच कर बतौर लाभ कमीशन कमाना अब एक मुख्य लक्ष्य है। इस काम में हर्रे और फिटकरी कुछ भी नहीं लगेगा। जिन अखबारों की पाठक संख्या लाखों में हो, वे अपने विज्ञापनदाताओं का माल बेच कर अच्छा-खासा मुनाफा कमा सकते हैं। इसका एक लाभ यह होगा कि पत्रकारिता राजनीति और सत्ता के प्रत्यक्ष दबाव से बाहर निकल सकेगी, लेकिन इसके खतरे भी हैं। उद्योग बन रही पत्रकारिता का ही यह चरित्र हो सकता है कि उसके घोषित उद्देश्य कुछ और हों और निहित लक्ष्य कुछ और। उपभोक्ता संस्कृति के खिलाफ लेख छापनेवाले अखबार इस तरह उपभोक्ता संस्कृति के प्रसार में सीधी भूमिका निभाने लगते हैं। औद्योगिक संस्थानों के विपणन एवं विक्रय अभिकर्ता बन जाते हैं। बोफोर्स संस्कृति के खिलाफ खड़े होनेवाले अखबार इसी संस्कृति से ताकत पाने लगते हैं। आज की पत्रकारिता का यह अंतर्विरोध है।

कोयले की दलाली में हाथ काले होते ही हैं। सो उपभोक्ता संस्कृति की सेवा करनेवाला अखबार स्वयं को भी उपभोक्ता सामग्री की तरह प्रस्तुत करने लगता है। तभी कोई संपादक अपने अखबार को साबुन की टिकिया बनाना पसंद करता है, तो दूसरा संपादक इत्र बनाना पसंद करता है। यानी वह अखबार को 'प्रोडक्ट' बना देता है और उत्तेजक नारों के साथ अखबार को उपभोक्ता सामग्री की तरह पेश करता है। औद्योगिक उत्पादन की पैकेजिंग पर विशेष ध्यान दिया जाता है। उसे तरह-तरह से आकर्षक बनाया जाता है। नतीजतन वस्तु की कीमत से अधिक पैकेजिंग पर खर्च आता है, जिसका भार उपभोक्ता वहन करता है। पत्रकारिता में मुखपृष्ठ की साज-सज्जा, रंगीन पृष्ठों की भरमार तथा अनावश्यक तसवीरों की छपाई इसी उद्देश्य से की जाती है। आकर्षक शीर्षक तथा समाचार प्रस्तुति

के नये प्रयोग इसी प्रक्रिया के अंग हैं। कई बार तो शीर्षक इतने आकर्षक और पैने बनाये जाते हैं, जिससे समाचार का सत्य प्रभावित होता है। वस्तुतः ऐसा विभिन्न वर्गों के पाठक (उपभोक्ता) समाज को एक साथ क्षणिक संतोष दे कर अनवरत अतृप्त बनाये रखने के लिए होता है। औद्योगिक उत्पादन की भूमिका भी यही है। जिस तरह राजनीतिक पार्टियाँ हमारे देश में सभी समाजों और वर्गों को संतुष्ट करने की नकली कोशिश ओर दावा करती रहती हैं, पत्रकारिता भी यही काम करती है। कई बार तो झूठी लड़ाई लड़ती है। यह उद्योग का ही तकाजा है कि कई बार कई अखबार आपस में युद्ध (वाक्) आयोजित करते हैं, जिससे एक दिखनौटी बहस का माहौल बनता है। वस्तुतः अब कोई भी अखबार अथवा पत्रिका बहस नहीं छेड़ती। औद्योगिक समाज में बहस के लिए कोई जगह नहीं होती। जगह होती है अपने पक्ष समर्थन के लिए। हम जानते हैं कि पक्ष समर्थन में तर्क अपनी सीमा से बाहर जा कर कुतर्क हो लगता है। संपादकीय पढ़नेवाले जानते हैं कि दिल्ली के एक प्रतिष्ठित दैनिक ने इस काम में महारत हासिल की है। यह उद्योग बन रही पत्रकारिता की आंतरिक आवश्यकता है। ऐसी कोशिशों से अखबार अपनी आजादी और निष्पक्षता का ढोल भी पीटना चाहते हैं। परंतु इस तथ्य से अपरिचित रहना अपने यूटोपिया में रहना है कि संपादकीय का असर आजाद भारत में सबसे अधिक गिरा है। इस स्थिति से उबरने के लिए पत्रकारिता को निष्पक्ष नहीं, प्रतिबद्ध होना पड़ेगा। प्रतिबद्ध किसी राजनीतिक दल और उनके कार्यक्रमों से नहीं, करोड़ों-करोड़ों जनता से। बदली हुई परिस्थिति में 'निष्पक्षता' एक चालाक शब्द है, जिसका अर्थ है 'बंदरबाँट'।

पूंजी अपनी किसी भी संतान को इतना सबल नहीं होने देती कि वह अपने पैरों पर खड़ी हो सके और निर्णायक हैसियत में रह सके। इसलिए वह पहला काम यह करती है कि अपनी संतान के मौलिक असर को समाप्त करती है और उसे विकलांग बना देती है। संसद और न्यायपालिका की तरह पत्रकारिता भी एक विकलांग माध्यम है। पत्रकारिता आज जितनी तेजी से चल रही है, उसके पीछे उसकी अपनी ताकत नहीं, बल्कि पूंजी की ताकत है। समाज और शासन पर से पत्रकारिता के प्रभाव के क्षीण होते जाने में पूंजी की भूमिका है। यह किसी गुणा-भाग का मामला नहीं है कि कहा जा सके कि पहले की तुलना में अखबार की संख्या बढ़ गयी है, इसलिए प्रभाव भी बँट गया है। प्रभाव चाहे जितने हिस्सों में बँट जाये, अपनी समग्रता में तो दिखेगा ही। दूसरा तर्क यह दिया जाता है कि आजादी के पहले की पत्रकारिता का एक मिशन था और आजादी के बाद की पत्रकारिता के कई मिशन हो गये। सच तो यह है कि आजादी के बाद की पत्रकारिता के पास कोई लक्ष्य ही नहीं रह गया। आज आप किसी संपादक या पत्रकार से पूछिए कि आदर्श समाज व्यवस्था का उसका स्वप्न क्या है, तो वह

हकलाने लगेगा। होशियार होगा, तो कहेगा—पत्रकार कोई आंदोलनकर्मी नहीं होता, उसका काम तो सिर्फ सच्चाई को सामने लाना है। लेकिन सच्चाई क्या है? उसका मर्म तभी तो समझा जा सकता है, जब उसे किसी उच्चतर सच्चाई यानी किसी आदर्श की कसौटी पर कसा जाये। स्त्री-पुरुष के सहज संबंध का कोई आदर्श बनाये बगैर हम बलात्कार की सच्चाई को कैसे समझ सकते हैं?

पत्रकारिता के उद्योग बन जाने पर एहसास तो यह कराया जाने लगा कि विचार से उसका संबंध गहरा हुआ है। पत्रकारिता अपनी छवि ऐसी ही बनाने लगी। असलियत यह नहीं है। विचार की जरूरत तब पड़ती है जब सामने कोई लक्ष्य हो। लक्ष्यविमुख हो कर वस्तुतः पत्रकारिता का विचार से स्खलन ही हुआ है। 1974 और 1977 को हम विचार ओर विचारहीनता के संघर्ष का कालखंड मान सकते हैं। 1977 को अगर हम विचार की जीत का वर्ष मानें, तो 1980 'विचार नहीं चाहिए' की राष्ट्रीय स्तर पर स्वीकृति का वर्ष था। कालांतर में इसने इतना सिक्का जमाया कि जेपी के उत्तराधिकारी को संजय के विधवा उत्तराधिकारी को हमपार्टी (चंद्रशेखर द्वारा मेनका को पार्टी में शामिल किये जाने का न्योता) होने का सार्वजनिक रूप से न्योता देने में कोई हिचक नहीं हुई। पत्रकारिता ने भी इस घटना पर शोर नहीं मचाया।

अब हम यह भी पाते हैं कि 1980 के बाद देश के स्तर पर पढ़ी जानेवाली कोई ऐसी पत्रिका नहीं रही, जिसका कोई वैचारिक महत्व हो। 'दिनमान' एक ऐसी ही पत्रिका थी, मगर 1980 के बाद उसकी यह पहचान न केवल मिटा दी गयी, बल्कि कोई नयी पहचान भी बनने नहीं दी गयी। 'धर्मयुग' से विचार को निकाल देने का काम डॉ० धर्मवीर भारती पहले ही कर चुके थे, इसलिए 1980 के बाद की विचारहीनता का उस पर अलग से प्रभाव नहीं दिखता। राजेंद्र माथुर और प्रभाष जोशी पत्रकारिता के उद्योग बनने के पहले तक अपने पाठकों के लिए केवल संपादक नहीं थे, एक संदर्भ थे, ज्ञानी और गुणी व्यक्ति थे। पत्रकारिता के उद्योग बनने के बाद, जिसमें ये दोनों शामिल हो गये, उनकी यह पहचान मिटती गयी और वे अपने-अपने पक्ष के अधिवक्ता के रूप में जाने जाने लगे। एक दूसरा संपादक तो इन पचड़ों में कभी पड़ा ही नहीं। केवल बिजनेस करता रहा। विज्ञापन लाने में महारत हासिल इस व्यक्ति को इसी गुण के आधार पर दिल्ली के एक ऐतिहासिक ख्यातिवाले साप्ताहिक का संपादक बना डाला गया, जबकि उसके लिए एडवरटाईजिग एक्जीक्यूटिव का पद उपयुक्त हो सकता था और किसी योग्य व्यक्ति को संपादक बनाया जा सकता था। इससे उस पत्रिका का विज्ञापन तो बढ़ा, किंतु उसका समाज पहले से और ज्यादा सिकुड़ गया। यह घटना इस बात की ओर भी संकेत करती है कि हिंदी पत्रकारिता, जो उद्योग बनने के

लिए हाथ-पैर मार रही है, के संचालक पत्रकारिता के प्रसार के प्रति भी गंभीर नहीं हैं। हिंदी पत्रकारिता का यह एक आत्मघाती पक्ष है। अतिथि संपादक के सहारे अखबार को चलाने का सपना देखनेवाले व्यापारी न केवल पत्रकारिता का अहित कर रहे हैं, बल्कि सीधे रूप से अपने व्यवसाय को भी क्षति पहुँचा रहे हैं।

उद्योग बन रही पत्रकारिता के लिए यह एक जरूरत थी कि वह अपने सरोकारों का दायरा विस्तृत करे। पत्रकारिता का दायरा कितना व्यापक हो सकता है, अज्ञेय द्वारा संपादित 'दिनमान' इसका प्रमाण है। परंतु हिंदी पत्रकारिता बंद गली में ही सिमटी रही। अज्ञेय ने हिंदी पत्रकारिता के आँगन को जितना फैलाया था, वह बाद में उतना ही सिमट गया। यह ठीक है कि उद्योग बन रही पत्र-कारिता ने अपना दायरा दूसरे ढंग से फैलाया है। कहने को अब अर्थ जगत, विज्ञान, कृषि, स्वास्थ्य जैसे विषयों तक उसकी पहुँच है। लेकिन उसकी यह पहुँच सीधी नहीं है—अंग्रेजी की मार्फत है। सीधी पहुँच बनाने में हिंदी पत्रकारिता की कोई रुचि नहीं है। जैसे-जैसे पत्रकारिता उद्योग की तरफ तेजी से बढ़ रही है, वह अंग्रेजी पर अधिक निर्भर होती जा रही है। यही वह कारण है कि हिंदी पत्रकारिता को उद्योग बनाने में वही संस्थान सफल हो सका है, जिसके पास अंग्रेजी के अखबार भी हैं। अंग्रेजी के उल्था को न केवल अपने मुख्य शहर में बेचा जा रहा है, बल्कि नगर-नगर से इसके संस्करण निकाल कर व्यवसाय किया जा रहा है। इससे लागत में बहुत सामान्य फर्क आता है, परंतु लाभ के आँकड़े में अचानक उछाल आ जाता है। हिंदी प्रदेश के अखबारों ने हर दो घंटे की दूरी पर अवस्थित शहर में अपना ट्रेडमार्क बेचना आरंभ कर दिया है। इनमें से एक वह अखबार भी है, जिसने राष्ट्रीय आंदोलन में और हिंदी पत्रकारिता में एक सार्थक हस्तक्षेप किया था।

जब पत्रकारिता उद्योग बन जाती है, वह अपने समाज और अपने समय में काम कर रही बुराइयों को चुनौती देने की ताकत खोती जाती है। वस्तुतः यह पत्रकारिता का गुण नहीं है। यह गुण पूँजीवाद का है। भारत में पूँजीवाद ने अपना विकास सामंतवाद के सहयोग से किया है। यही वजह है कि पूंजी के अर्थशास्त्र में भी सामंतवाद एक कारक के रूप में मौजूद है। चूंकि अब पत्रकारिता में पूंजी का खेल बढ़ गया है, वही पत्रकारिता, जो सामंतवाद को चुनौती देती थी, अब उसे ताकत देने लगी है। देवराला सती कांड पर पत्रकारिता के एक पक्ष ने यही काम किया। ऐसे अखबार और पत्रिकाएँ अब दुर्लभ हैं, जिनमें राशिफल और भविष्य-वाणियाँ न छापी जाती हों। आजादी के पहले की पत्रकारिता में इस तरह का कोई स्तंभ नहीं हुआ करता था, जबकि उस समय समाज और उसके मनुष्य धर्म के शिकंजे में ज्यादा थे। अब तो संपादकीय पृष्ठ पर हिन्दू-मुसलिम एकता को झुठलानेवाले लेख महत्व दे कर छापने लगे हैं और हिंदू-मुस्लिम संबंधों में कड़वाहट

अलावा इतिहास की सामंती समझ के कारण ही संभव है।

उद्योग बन रही पत्रकारिता ने अपने दायरे से साहित्य को निकाल बाहर किया है। एक साप्ताहिक के पूर्व संपादक का तो यहाँ तक मानना है कि साहित्यकारों ने यानी अज्ञेय और रघुवीर सहाय जैसे संपादकों ने हिंदी पत्रकारिता का बड़ा अहित किया है। जाहिर है, औद्योगिक समाज में रचनात्मक दृष्टि और रचना के लिए कोई गुंजाइश नहीं होती। इस युग की पत्रकारिता में गंभीर कहानी, कविता और आलोचना के लिए कोई जगह नहीं रही; हाँ, किस्सा तोता-मैना टाइप की चीजें अब भी साहित्य के नाम पर छापी जा रही हैं। दैनिक अखबार पूरी तरह से साहित्य को निकाल नहीं पाये हैं, लेकिन आनेवाले दिनों में प्रसार संख्या और लाभ के दबाव में अगर गुलशन नंदा और रानू सरीखे उपन्यासकारों को धारावाहिक रूप में छापा जाने लगे, तो कृपया चौंकें नहीं। रास्ता उधर ही जा रहा है। वैसे भी लोकप्रिय पत्रिकाओं की रानी शिवानी गुलशन नंदा का परिष्कृत संस्करण नहीं हैं तो क्या हैं?

उद्योग बन गयी पत्रकारिता ने साहित्य के लिए गहरा संकट पैदा किया है। आजादी के पहले की पत्रकारिता और साहित्य का संबंध बिल्कुल अभिन्न था। पाठक को साहित्य पढ़ने का न केवल संस्कार मिलता था, बल्कि साहित्य की वर्तमान धारा और बहस से भी वह वाकिफ हुआ करता था। अब पत्रकारिता पाठक को तरह-तरह की ऊलजलूल जानकारियों से तो भरती है, परंतु साहित्य और साहित्य संबंधी जानकारियों से उसे वंचित रखती है। ऐसा इसलिए कि साहित्य उद्योग के विकास में सहयोगी नहीं है। औद्योगिक समाज को रचनात्मकता हमेशा चुनौती देती रहती है। इसी के जवाब में औद्योगिक समाज साहित्य व कला को दुत्कारता रहता है। लेकिन भारतीय जनता में साहित्य पढ़ने की ललक तथा भारतीय जीवन में कला और साहित्य का संस्कार इतने गहरे पैठा हुआ है कि उसके दबाव से उद्योगधर्मी पत्रकारिता साहित्य और कला से पूरी तरह पल्लू नहीं झाड़ पाती है। एक साप्ताहिक के संपादक अपनी लगातार कोशिशों के बावजूद अपनी पत्रिका से कहानी को नहीं निकाल पाये और खालिस अनुवाद छापनेवाली पत्रिका 'इंडिया टुडे' भी कहानी को जगह देती है। यह हिंदी पत्रकारिता पर हिंदी भाषी जनता के सीधे दबाव का ही परिणाम है। लेकिन इस दबाव को उद्योगधर्मी पत्रकारिता बरगलाती रहती है। प्रायः सभी अखबारों और पत्रिकाओं में पुस्तक समीक्षा का स्तंभ है। यह जीवन, समाज और साहित्य के जरूरी सवालों का स्तभ हो सकता है। परंतु हम जानते हैं कि प्रायः उद्योगधर्मी पत्र-पत्रिकाओं में यह स्तंभ खानापूरी के लिए है, असली सवाल के समानांतर नकली सवालों और जवाबों का संसार बुनने के लिए है। साहित्य उद्योगधर्मी पत्रकारिता की इस चालाकी से बेखबर नहीं है। यही वजह है कि साहित्य ने अलग रास्ता तलाशना

नये सिरे से आरंभ कर दिया है। वह इस औद्योगिक सभ्यता में अपनी जगह खोज रहा है। 'हंस' ऐसी ही एक लड़खड़ाती हुई चेष्टा का नाम है।

औद्योगिक समाज स्त्रियों को माल में बदल देता है। पूंजीपतियों, नेताओं, नौकरशाहों, गुंडों और दलालों से बने औद्योगिक रैकेट के लिए वह उपभोग की सामग्री होती है। इसका मुकम्मल उदाहरण हमारे देश की विमान परिचारिकाएँ हैं। वे पढ़ी-लिखी होती हैं, स्वस्थ और सुंदर होती हैं, कुशल भी होती हैं। बावजूद इसके उन्हें इसी योग्य समझा जाता है कि वे औद्योगिक गैंग (दूसरे किसकी हिम्मत है कि विमान में कदम रखे) के सदस्यों को मुस्कराते हुए हाथ जोड़े विनीत भाव से 'एंटरटेन' करती रहें। इतना ही नहीं, उनकी नियुक्ति में शुरू के कुछ वर्ष तक अविवाहित होने की शर्त होती है। औद्योगिक समाज की इन देवदासियों को पहले अपने पूरे सेवा काल में विवाह करने या संतानवती होने की आजादी नहीं थी। स्पष्ट है, पूंजीवादी समाज में स्त्रियों को मनुष्य नहीं समझा जाता। फलतः उन्हें मनुष्योचित सम्मान देने का सवाल ही पैदा नहीं होता। न ही उनसे मानवीय रिश्ते बनाये जाते हैं।

चूंकि औद्योगिक समाज और उसकी संस्कृति का स्त्री से मानवीय रिश्ता नहीं होता, पत्रकारिता का भी उससे मानवीय सरोकार नहीं हो सकता। यह उद्योग बन रही पत्रकारिता की एक सीमा है। आजादी के पहले हिंदी की कई ऐसी पत्रिकाएँ थीं, जो विशेष रूप से स्त्रियों के लिए ही होती थीं और उन्हें जागरूक बनाती थीं। परंतु आजादी के बाद न केवल हिंदी तथा अन्य भारतीय भाषाओं में, बल्कि अंग्रेजी में भी अभी ऐसी पेशेवर पत्रिका का प्रकाशन बाकी है जो स्त्रियों को मानवोचित सम्मान दे सके। स्त्रियों की पत्रिकाओं की संख्या पहले की तुलना में बढ़ी है। लेकिन अब स्त्रीपत्रिका का अर्थ है उपभोक्ता सामग्री का विज्ञापन या स्त्रियों को कुशल यौन उपकरण में बदलने का चलता-फिरता शिविर। इसके साथ ही वह स्त्रियों को पूरी दुनिया से काट कर एक खास मुहल्ले में कैद कर देती है। हिंदी पत्रकारिता का वह दिन गुजरे जमाना नहीं बीता जब वह स्त्रियों को अपने परिवार और टोले की दुनिया से निकाल कर व्यापक दुनिया से उनका साक्षात्कार कराती थी और उनका उससे जिम्मेदार संबंध कायम करती थी। अभी ऐसी एक भी पत्रिका नहीं, जो स्त्रियों को अपमानित करने के बजाय आदर देती हो और उनमें आत्म-सम्मान पैदा करती हो, व्यापक दुनिया में उनकी उचित भूमिका की खोज करती हो।

पत्रकारिता के लिए भी स्त्रियाँ माल हो गयी हैं। खरीदी-बेची जाने योग्य वस्तु। पामेला ने पूरी दुनिया में घूम-घूम कर अपने जिस्म को नंगा कर जितना धन नहीं बटोरा होगा, उसका और उसके शरीर का इतिहास छाप कर पत्र-कारिता ने उससे कहीं ज्यादा धन बटोरा है। मजे की बात यह है कि इतिहास

जानने के लिए बाकायदा मोल-भाव भी किया गया। जो खरीद नहीं सके, उन्होंने वृत्त का सारांश छाप कर ही अपने पौरुष को धन्य किया। अरुण शौरी के एजेंट अश्विनी सरीन ने भी कभी कमला को खरीदा था। कमला को बेहतर जिंदगी तो नहीं दी जा सकी, न किसी और को कमला बनने से रोका का सका और न ही सरकार की हवा निकली, हुआ केवल इतना कि अखबार उद्योग का लाभ बढ़ा और सरीन एवं उनके मालिकों की ख्याति की वासना मिटी।

औद्योगिक संस्कृति 'स्पेशलाइजेशन' के नाम पर समूची दुनिया को खंड-खंड करती है। जब पत्रकारिता अपने को उद्योग में बदलती है, तो वह भी अपने को खंड-खंड करती है। अब कोई भी पत्रिका संपूर्ण जीवन और समाज की नहीं होती, उसके किसी एक पक्ष की होती है। महिला पत्रिका इसका एकमात्र उदाहरण नहीं है। अब खेल, चिकित्सा, विज्ञान, पर्यटन, शॉपिंग, धर्म, टीवी-फ्रिज आदि की पत्रिकाएँ अलग-अलग हैं। उनका एक-दूसरे से कोई संबंध नहीं है। ठीक वैसे ही जैसे आधुनिक औद्योगिक कॉलोनियों के बाशिंदों में कोई आपसी संबंध नहीं होता। ये सारी पत्रिकाएँ अपने विषय से संबंधित दूसरे पक्षों से अपने अंतर्संबंधों के बारे में चालाक चुप्पी बनाये रखती हैं। संपूर्ण समाज और जीवन से कोई सरोकार नहीं रखतीं। समाज और जीवन से कटी हुई पत्रकारिता के शब्द और वाक्य कितने अर्थहीन, प्रभावहीन और बेमतलब हो सकते हैं, पत्रकारिता के माध्यम से रोज आ रहे करोड़ों शब्द और लाखों वाक्य इसके शोकपूर्ण उदाहरण हैं। इन्हें 'काले अक्षरों की शोभा यात्रा' के अलावा और क्या कहा जाये। समाज और सत्ता पर पत्रकारिता के घटते प्रभाव का यह भी एक कारण है।

उद्योग बन रही पत्रकारिता ने न केवल छाया लेखन को बढ़ावा दिया है, छाया संपादक की भी ईजाद की है। पत्रकारिता से इतर क्षेत्र की—राजनीति, फिल्म, खेल—ऐसी प्रतिभाएँ, जिनके पास न तो शब्द और भाषा का संस्कार है और न ही पत्रकारिता से कोई सरोकार, बुला-बुला कर संपादक बनायी जाने लगी हैं। वी पी सिंह, अटल बिहारी वाजपेयी, शर्मिला टैगोर, अपर्णा सेन, पटौदी ऐसे ही कुछ बिकाऊ (या बिकाऊ समझे जानेवाले, क्योंकि पाठक भी अब उतना भोला नहीं रह गया है) नाम हैं। दूरदर्शनिया राम और फिल्मी अमिताभ का प्रवेश केवल सत्ताधारी और विपक्षी पार्टी में ही नहीं हुआ, बल्कि उनके खिलाफ शब्द और वाक्य बहानेवाली पत्रकारिता में भी हुआ। पत्रकारिता के बुनियादी अन्तर्विरोध की ही यह एक मिसाल है। उद्योग बन रही पत्रकारिता में छाया लेखन एवं सिंडिकेटी लेखन की खपत में काफी उछाल आया है। यहाँ तक कि अब संपादकीय भी 'सिंडिकेट' होते हैं। जिन दैनिकों के संस्करण एक से ज्यादा केंद्रों से प्रकाशित होते हैं, उनमें स्थानीय समझ के अनुसार अलग-अलग संपादकीय नहीं होते। एक ही संपादकीय सब जगह छपता है। सिंडिकेटी

लेखन और किसे कहते हैं ? समाचारों के मामले में भी ऐसा ही है । यह केंद्रीकरण का मामला भी है । सत्ता से विकेंद्रीकरण की माँग रखनेवाली पत्रकारिता स्वयं केंद्रीकरण की तरफ बढ़ रही है ।

पत्रकारिता जगत का आंतरिक माहौल भी किसी औद्योगिक इकाई-सा हो गया है । जिस तरह किसी कारखाने में काम करनेवाले कर्मचारी का उत्पादन में कोई हस्तक्षेप नहीं होता और न ही उस पर कोई नियन्त्रण होता है, ठीक वैसे ही समकालीन पत्रकारिता में संपादक और पत्रकार का कोई हस्तक्षेप और नियन्त्रण नहीं रह गया है । नियन्त्रण और हस्तक्षेप केवल उन संपादकों और पत्रकारों का होता है, जो समय के साथ बदलते हुए अपने को मैनेजर और विवेकशून्य मजदूर में बदल लेते हैं । कारखाने में काम करनेवाले मजदूरों को अपने दिमाग का इस्तेमाल करने की कोई इजाजत नहीं होती । फलतः दिमाग से काम लेने की उनकी ताकत क्षीण होती जाती है । क्या हमारे पत्रकारों के साथ भी यही दुर्घटना नहीं हो रही है ? हमारे देश की मजदूर यूनियनों ने मजदूरों की चेतना के विकास में कोई उल्लेखनीय भूमिका नहीं निभायी । वे उन्हें केवल आर्थिक आंदोलन के लिए ही संगठित करते रहे । पत्रकारिता जगत की स्थिति इससे भिन्न नहीं है । उद्योग बन रही पत्रकारिता के संपादक और पत्रकार भी अब केवल अपने आर्थिक हितों की लड़ाई ही लड़ा करते हैं । प्रकाशक और पत्रकार के बीच के विवाद का समाधान औद्योगिक कानूनों के तहत ढूंढ़ा जाता है । क्या कभी हिन्दी पत्रकारिता इस जकड़न से निकल कर व्यापक जनता के हित में काम करने की अपनी मौलिक प्रवृत्ति वापस पा सकेगी ?

सामाजिक प्रतिबद्धता का सवाल

शंभुनाथ

धृतराष्ट्र से संवाददाता संजय कहते हैं—'मायां न सेवे भद्रं ते न वृथा धर्ममाचरं बुद्धिश्च ते मा च्यवतु नियच्छैनां यतस्ततः।' मैं कभी छल-कपट और माया में नहीं फँसता। गलत और पाखंडपूर्ण धर्म का आचरण नहीं करता। दरअसल, जिस तरह भी संभव हो, बुद्धि को नियन्त्रण में रखना चाहिए, ताकि वह लक्ष्यच्युत न हो (महाभारत, यान संधि पर्व)।

पत्रकारिता की दुनिया में अभिव्यक्ति और प्रेस की स्वतंत्रता पर चर्चा अधिक हुई है, प्रतिबद्धता पर नहीं। आपातकालीन सेंसरशिप, बिहार के प्रेस विधेयक, मानहानि विधेयक आदि ने इस क्षेत्र के जनतांत्रिक संघर्ष को बार-बार कुछ ऐसे खास मुद्दों में अटका दिया कि इससे आगे सोचने का अवसर ही नहीं मिला। नतीजन '47 के पहले की पत्रकारिता जिस तरह सामाजिक सुधार, आधुनिकीकरण, स्वाधीनता आंदोलन, राष्ट्रीय एकता और साधारण किसान-मजदूर वर्ग के हितों की लड़ाई का अंग बनी, उसने अपने स्वतंत्रता के संघर्ष के साथ-साथ सामाजिक सरोकारों को भी लगातार विस्तृत किया, '47 के बाद की पत्रकारिता उस तरह का अपना कोई इतिहास खड़ा न कर सकी। वह क्षणजीवी हो गयी। नये दौर में उसके स्वतंत्रता के संघर्ष के पीछे न कोई व्यापक ऐतिहासिक चेतना है, न किसी तरह की उत्सर्ग भावना। विशिष्ट-वर्गी पत्रकार अपनी व्यावसायिक सफाई देते हुए कह सकते हैं कि तानाशाही के मँडराते काले बादलों के साये में प्रतिबद्धता की जगह अस्तित्व का सवाल ही बार-बार प्रमुख हो गया, जिससे वे इस क्षेत्र के जनतांत्रिक संघर्ष को व्यापक ऐतिहासिक मुद्दों की ओर नहीं ले जा सके। वे यह तर्क देते हैं कि '47 के बाद अब हमारे समाज में पहले की तरह ऐसा कोई व्यापक आंदोलन है ही नहीं, जिसका पत्रकारिता अंग बने और अन्त में अपना हथियार उठा लेते हैं—लोकतन्त्र का अर्थ है तटस्थता।

समकालीन पत्रकारिता में प्रतिबद्धता की जगह तटस्थता के आवरण में 'प्रोफेशनलिज्म' की प्रबलता एक तरह का ह्रास है। पूंजीवाद के आंतरिक ह्रास

के जितने भी औपनिवेशिक-सामंती रूप हैं, उन सभी की प्रतिछाया वर्तमान भारतीय पत्रकारिता पर है। इसलिए प्रेस की वर्तमान विचारधारा और संघर्ष में वैसी व्यापकता नहीं आ पा रही है, जैसी राष्ट्रीय मुक्ति आंदोलन के दिनों में थी। क्या पहले 'इंडिया प्रेस इमरजेंसी पावर्स एक्ट' जैसे दमनमूलक कानून नहीं थे? प्रेस की स्वतंत्रता के लिए शासन के खिलाफ पत्रकारों के अलावा मालिक भी खड़े हो गये, 1988 में क्या ऐसा पहली बार हुआ? स्वतंत्रता आंदोलन के जमाने में प्रेस की स्वतंत्रता का संघर्ष जितना व्यापक हो रहा था, सामाजिक प्रतिबद्धता की चेतना उतनी ही घनीभूत हो रही थी। सामाजिक प्रतिबद्धता बढ़ने की प्रक्रिया में पत्रकारों को जैसे-जैसे अपनी नयी जिम्मेदारियों का एहसास हो रहा था, उन्हें निरन्तर पहले से अधिक स्वतंत्रता की जरूरत महसूस हो रही थी। यहाँ तो मानहानि विधेयक वापस लिये जाने के बाद मानो प्रेस की स्वतंत्रता का संघर्ष पूरा सफल हो गया। स्वतंत्रता की पूरी अवधारणा सीमित हो गयी 'खोजी पत्रकारिता' की राजनीतिक स्वीकृति में। एक पुराने अधिकार पर हो रहे आक्रमण को तात्कालिक रूप से रोक कर ही सब उद्देश्य पूरे हो गये।

भारतीय समाज की विडम्बना है कि सामान्यतः हर जन आंदोलन थोड़ी दूर तक आगे बढ़ कर विपर्यय के भँवर में फँस जाता है। आंध्र और बिहार के पत्रकारों ने प्रेस की स्वतंत्रता का जो व्यापक आंदोलन शुरू किया था, वह मानहानि विधेयक के संदर्भ में राष्ट्रीय स्तर पर फैला। उसकी व्यापकता का एक आयाम यह है कि वह इतना व्यापक जनतांत्रिक आंदोलन बन गया कि उसमें देश के पूरे राजनैतिक विपक्ष ने हिस्सा लिया। दूसरा आयाम यह है कि केवल पत्रकारों एवं गैर-पत्रकार कर्मचारियों ने ही नहीं, संपादकों और मालिकों ने भी उसमें योगदान किया। संपादकों और मालिकों ने सिर्फ योगदान ही नहीं किया, आंदोलन का नेतृत्व अपने हाथ में ले लिया और शक्ति प्रदर्शन कर उसका पूरा फायदा भी उठाया। संपादक और मालिक की एकता मजबूत हुई, संपादक बड़े सूचना घरानों के अंग बन गये। साधारण पत्रकार के अधिकार घटे। उस पर नियन्त्रण बढ़ा। बड़ी आसानी से 'खोजी पत्रकारिता' उपभोक्ता समाज में 'मकसद' की जगह 'पेशे' में ढल गयी। अखबारों के पन्नों पर आतंकवादियों की हिंसा का एक स्थायी स्कोर बोर्ड जिस तरह बना था, राजनीतिज्ञों के आर्थिक तथा यौन अपराधों का भी बन गया। दूरदर्शन के प्रसार से अखबार मालिकों के मुनाफे पर एक खतरा आया था। प्रेस की स्वतंत्रता के जनतांत्रिक आंदोलन में घुस कर उन्होंने इस खतरे पर विजय पायी। लेकिन इस आंदोलन को तथा प्रेस की स्वतंत्रता की धारणा को इन्होंने बहुत सीमित कर दिया—'प्रेस की स्वतंत्रता अधिक मुनाफे के लिए'।

प्रेस राज्य का चौथा अंग है, इस विचार को लोकप्रिय किया था डगलेस कैटर

ने। तब जैसी स्वतंत्र, शक्तिवान एवं मूल्य प्रवण सत्ता के रूप में उसने इस अंग की कल्पना की थी, आज यथार्थ रूप में प्रेस वैसा नहीं है। वह शक्तिवान जरूर है, लेकिन स्वतंत्रता की किसी विचारधारा और मूल्य प्रवणता के बल पर नहीं, पूंजी के बल पर। स्वतंत्रता की उसकी भूख इतनी थोड़ी है कि जब बिलकुल जान पर बन आती है, तभी आवाज निकलती है। हाथ-पैर बंधे होते हैं, तो पत्रकार इसी से संतुष्ट रहते हैं कि वे चांदी की जंजीर से बंधे हैं। दूसरे प्रेस आयोग ने स्पष्ट कर दिया कि प्रेस की स्वतंत्रता की गारंटी के लिए संविधान में अलग प्रावधान की जरूरत नहीं है। संविधान के अनुच्छेद 19 (1)(ए) के अनुसार नागरिक को मिला अभिव्यक्ति की स्वतंत्रता का मौलिक अधिकार ही इस संदर्भ में काफी है। मानहानि विधेयक के खिलाफ प्रेस का जो व्यापक जनतांत्रिक आंदोलन चला, उसमें प्रेस की स्वतंत्रता की गारंटी संविधान में शामिल करने की मांग क्यों नहीं उठी? क्या प्रेस की स्वतंत्रता को वैयक्तिक नागरिक अधिकार में डाल रखने से काम चल जाता है? क्या संविधान में प्रेस की स्वतंत्रता जैसे एक व्यापक मसले के लिए अलग प्रावधान की जरूरत नहीं है? बड़े सूचना घरानों के संपादक और मालिक भी सरकार की तरह जानते हैं कि यदि प्रेस की स्वतंत्रता को संविधान में एक अलग स्थान मिला तो इससे साधारण पत्रकारों एवं लेखकों के जनतांत्रिक अधिकार अधिक पुख्ता हो जायेंगे, जनता के आंदोलन को बल मिलेगा—अधिनायकवाद के हाथ टूट जायेंगे।

दूसरे प्रेस आयोग के जिन मुद्दों पर राजेन्द्र माथुर, गिरिलाल जैन जैसे पत्रकारों ने असहमति जतायी, उनका सम्बन्ध मालिक वर्ग के हितों से है। प्रेस आयोग की सिफारिश थी कि अखबार के मूल्य और पृष्ठ संख्या में एक सन्तुलन हो तथा खबरों और विज्ञापनों का आपसी औसत तय किया जाये। उसने यह भी सिफारिश की थी कि समाचार पत्र के मालिकों को दूसरे व्यवसाय से अलग किया जाये, क्योंकि समाचार पत्रों से जुड़े अन्य उद्योग नाना तरह से समाचारों और विचारों को प्रभावित करते हैं। प्रेस आयोग की ये सिफारिशें संभव है कि शासन की बुरी इच्छाओं से प्रेरित हों। आखिरकार केवल पत्रकारिता के पूंजीवाद से ही जो उसका बैर है, वह अकारण नहीं है। पर यह भी तो सच है कि पत्रकारिता साबुन, कपड़ा और प्लास्टिक उद्योग जैसा क्षेत्र नहीं है। जनमानस को सड़ाने या बनाने का वह एक बहुत सबल माध्यम है। इसे महज एक व्यवसाय के रूप में देखना गलत होगा, लेकिन बड़े सूचना घराने क्या पत्रकारिता को इसी रूप में नहीं देख रहे हैं और कुछ बड़े पत्रकार भी क्या इसी नजरिये को मजबूत बनाने के अपराधी नहीं हैं? ऐसे ही लोगों ने प्रेस की स्वतन्त्रता के आंदोलन को सीमित कर रखा है। वे शासन की ज्यादतियों के खिलाफ होते हैं, शासन व्यवस्था के खिलाफ नहीं।

समाचार उद्योग की इजारेदारी तथा अधिनायकवादी शासन व्यवस्था के सम्बन्ध कभी-कभी लड़खड़ाते हैं। इन्द्रकुमार गुजराल जब सूचना-प्रसारण मंत्री थे, उन्होंने प्रेस की इजारेदारीवाले पैटर्न की आलोचना की थी और प्रेस को सामाजिक बदलाव का हथियार बनाने पर जोर दिया था। इसके लिए प्रेस को अनुशासन में लाना जरूरी लगा था। फासिज्म हर जगह लोक कल्याण या सामाजिक विकास और बदलाव के नाम पर ही आता है। फासिज्म की ओर उन्मुख कोई शासन जब प्रस की इजारेदारी की आलोचना करे तो यह सौ चूहे खा कर बिल्ली के हज पर निकलने जैसी बात है। लेकिन अधिनायकवादी शासन प्रेस से अनुकूल प्रत्युत्तर न पा कर यदि उस पर इजारेदारी का आरोप लगाता है, तो सिर्फ इसी से प्रेस इजारेदारी के आरोप से मुक्त नहीं हो जाता। आम तौर पर अखबार के संपादक-मालिक तथा शासन के बीच अच्छे सम्बन्ध ही होते हैं। वे व्यवसाय कर रहे होते हैं, इसलिए सरकार को क्षुब्ध करना नहीं चाहते। लेकिन जन आंदोलन के दबाव बढ़ जायें, तो वे भी क्या करें। फिर भी वे शासन वर्ग के किसी-न-किसी प्रभावशाली पूंजीवादी हिस्से की पीठ सहलाते रहते हैं। इजारेदार प्रेस पिछले कुछ सालों से अपने चरित्र में कुछ नये आयाम जोड़ रहा है। वह ऐसे बड़े सूचना घरानों का रूप धारण कर रहा है, जिनका सम्बन्ध बहुराष्ट्रीय कम्पनियों से है। इधर उसके नये-नये शहरों से चमकीले संस्करण छपने लगे हैं। बड़े सूचना घराने पत्रकारिता के स्थानीय जातीय अंकुरों को बेरहमी से निगल रहे हैं। अब चारों तरफ बड़े समाचार पत्रों का ही आतंक है।

सूचना व्यवस्था पर बड़े पूंजीपति वर्ग का इतना व्यापक कब्जा '80 के पहले नहीं था। यह युग विकास के लिए अंधी दौड़ का है। विकास के लिये सूचना जरूरी है। अतः विकास पर कब्जा करने के लिए सूचना के प्रवाह पर कब्जा आज बड़े पूंजीपति वर्ग के मुख्य लक्ष्यों में एक है। उसने सूचना को विकास का मनोवैज्ञानिक हथियार बना दिया है। उसके लिए प्रेस की स्वतंत्रता का अर्थ है सूचना के साधनों को नियंत्रित करने की स्वतंत्रता। गरीबों के जीवन की विपदाओं और संघर्षों पर आधारित कुछ समाचारों-रपटों का मुखौटा लगा कर सामान्यतः यह स्वतंत्रता गरीबों को हक्का-बक्का या चुप कर देने की स्वतंत्रता है। यही वजह है कि बड़े सूचना घरानों से जुड़े या जुड़े रहे कुलदीप नैयर, अरुण शौरी, प्रभाष जोशी, एस० सहाय, खुशवंत सिंह तथा सुरेन्द्र प्रताप सिंह जैसे शक्तिवान पत्रकार शासन और पूंजी दोनों को समान रूप से प्रेस की स्वतंत्रता पर मुख्य खतरा मानने की जगह केवल शासन को मुख्य खतरा मानते हैं।

इस दौर के संपादक आम तौर पर राष्ट्रीय मुक्ति आंदोलन के युग के संपादकों की तरह दृढ़ आवाज रखनेवाले, प्रतिबद्ध, सरल प्रकृति के ईमानदार योद्धा तथा नयी चुनौतियों के प्रति सचमुच बेचैनी का अनुभव करनेवाले इन्सान न

हो कर मालिक के इशारों पर निर्भर, गुलाम, ढुलमुल प्रकृति के अवसरवादी विक्रेता और सदासुखीलाल हैं। कुरसी की उठापटक या सत्ता परिवर्तन में उनकी जितनी भी दिलचस्पी हो, जीवन की बुनियादी हालत में परिवर्तन के मामलों में उनकी कोई दिलचस्पी नहीं है, कोई तड़प नहीं है। इसलिए 'एक्सपोजर' के बृहत शीत युद्ध के बावजूद '80 के बाद की पत्रकारिता घनघोर ह्रास की पत्रकारिता है। सामान्यत: यह अब केवल माल या सूचना प्रदूषण है।

पत्रकारिता ने हमारी मनुष्यता को ऐसे युग से बाहर निकाला था, जब सूचना का माध्यम चिट्ठियां या नगाड़ा बजा कर की जानेवाली घोषणाएं थीं। बन्दरगाहों पर मालवाही जहाज आ कर खड़े नहीं हुए कि बाजार के संदेशवाहक डुगडुगी पीट कर जनता के पास सूचनाएं पहुंचाने दौड़ पड़ते थे। आधुनिक विकासों ने ही समाज को समाचार पत्रों से परिचित कराया। हिक्की ने 1780 में जो पहला भारतीय समाचार पत्र 'बंगाल गजट' अंग्रेजी में निकाला, उसका आदर्श वाक्य था—'सभी के लिए खुला, फिर भी किसी से प्रभावित नहीं।' भारतीय भाषाओं में पहला समाचार पत्र बंगला में था—'समाचार दर्पण' (1818), जिसका आदर्श वाक्य था—'दर्पण सौंदर्य देखने के लिए होता है। यह दर्पण विभिन्न वृत्तांतों और समाचारों का है।' इसी तरह पहला गुजराती समाचार पत्र 'श्री मुंबइना समाचार' फरदुंजी मार्जमैन ने 1822 में निकाला था। उसकी आदर्श उद्‌घोषणा थी—'यह केवल खरीद और बिक्री के मामले में ही रास्ता नहीं दिखायेगा, आपका मनोरंजन भी करेगा।' दुनिया के अन्य देशों की तरह हमारे देश में भी पत्रकारिता यहीं से शुरू हुई थी। व्यापारियों तथा शिक्षित आभिजात्यों की दुनिया में ही सबसे पहले पैदा हुई थी खबरों की भूख।

उस समय सूचनाओं के विषय आम तौर पर बाजार का माल, जीवन रक्षा के आधुनिक उपाय, बड़ी हस्तियों की दिनचर्या तथा ढेरों तरह के मनोरंजनात्मक गप्प थे। कुछ समय बाद अपने राजनीतिक, सामाजिक तथा वैचारिक विकास के लिए उत्सुक उस युग की अल्पविकसित बूर्जुआजी ने पत्रकारिता के इस स्तर से असंतोष प्रकट किया और उसे सुधारवाद एवं राष्ट्रवाद की जमीन पर ला खड़ा किया। पुराने विषय छूटे नहीं, लेकिन कुछ नयी प्रतिबद्धताओं का जन्म हुआ। राजा राममोहन राय ने 1820 में पत्रकारिता के क्षेत्र में प्रवेश किया। वह धार्मिक सुधार तथा शिक्षा, जनतंत्र और जातीय गौरव के स्पष्ट आदर्श ले कर चले। तब के पत्र (क) जीवन के संकटों तथा नये अवसरों की जानकारी देते थे, (ख) उनमें व्यावसायिक खबरें होती थीं, (ग) धार्मिक सुधार के संदेश होते थे और (घ) उनकी राजनीतिक प्रतिबद्धता बहुत स्पष्ट थी। उनका मुख्य लक्ष्य हो चुका था जनता को शिक्षित करना।

1823 में ही हेस्टिंग्स ने प्रेस की स्वतंत्रता पर हमला कर दिया था। फिर

'उदंत मातंड' निकला। उसका आदर्श वाक्य था, 'हिन्दुस्तानियों के हित के हेत'। भारतेंदु ने 'कविवचन सुधा' में घोषणा ही कर दी, 'स्वत्व निज भारत गहे।' इस दौर में भारतीय भाषाओं में सैकड़ों नये पत्र निकले। सभी किसी-न-किसी सामाजिक उद्देश्य से जुड़े हुए थे। पेरिस में 1788 में सिर्फ चार समाचार पत्र थे, पर फ्रांस की राज्य क्रांति के बाद 1790 तक कुल 355 हो गये। जनता के जनतांत्रिक जागरण के साथ भारतीय पत्रकारिता में भी नवजागरण आया। 19वीं सदी की पत्रकारिता व्यवसाय और मनोरंजन के गर्भ से निकलने के बावजूद भारतीय नवजागरण के 'आधुनिकीकरण', 'सुधार' और 'स्वत्व' के आदर्शों तक पहुँची। अंग्रेजी राज में प्रेस की स्वतंत्रता का संघर्ष उपर्युक्त आदर्शों से जुड़ा हुआ था।

मुख्य चिन्ता यही है कि प्रेस की स्वतंत्रता का संघर्ष महज एक मुनाफा-केंद्रित ढकोसला और फैशन है या उसका कोई सामाजिक लक्ष्य भी है। प्रेस की स्वतंत्रता के तीन मुख्य संदर्भ हैं—मालिक, पत्रकार और पाठक। व्यावहारिक तौर पर देखा जाता है कि प्रेस की स्वतंत्रता का अर्थ पत्रकार की स्वतंत्रता नहीं है, क्योंकि पत्रकार के उद्देश्य समाचार पत्र के उद्देश्य नहीं होते। पाठक-जनता के राजनीतिक-सामाजिक उद्देश्य ही पत्रकार के उद्देश्य होने चाहिए, पर ऐसा नहीं होता। पत्रकार के उद्देश्य मालिक के उद्देश्यों से बँधे होते हैं। पहले के जमाने में सामान्यतः पत्रकार ही मालिक थे, इसलिए उद्देश्य में दरार नहीं थी। स्वतंत्र भारत में प्रेस ऐसे पूँजीपति वर्ग के हाथ में चला गया, जो पत्रकारिता को महज एक उद्योग के रूप में देखने लगा। इसलिए अब उसका उद्देश्य मुनाफे में सीमित हो गया और पत्रकार बाध्य हो गये उसके वर्गहितों के ढांचे में ही काम करने के लिए। नयी पत्रकारिता के विकास में महत्वपूर्ण रचनात्मक योगदान देनेवाले पत्रकार राजकिशोर के शब्द हैं, 'अखबारों का या पत्रकारों का अपना कोई व्यक्तित्व नहीं होने के कारण पत्रकार 'स्पेयर पार्ट्स' की तरह हो गये हैं। कोई भी दूसरे की जगह ले सकता है। काम में कोई व्यवधान नहीं होगा। इसे हम अभिव्यक्ति की स्वतंत्रता कहें, पेशे की आजादी कहें या वेश्यावृत्ति ?' (पत्रकारिता के पहलू, पृ० 46)। जब प्रेस की स्वतंत्रता का सवाल सामने आता है तो नये संदर्भ में भूलना नहीं चाहिए कि मामला केवल समाचार पत्र के मालिक, संचालक तथा एक हद तक उनके चुने संपादक की स्वतंत्रता तक सीमित है।

प्रेस की स्वतंत्रता के लिए पिछले दिनों जो संघर्ष हुए, उनके मुद्दे इतने सीमित थे कि मालिक और संपादक पक्ष ने बड़ी आसानी से उन्हें अपना संघर्ष बना लिया—उन संघर्षों को अपने वर्गहितों की छाया में ले लिया। साधारण पाठक-जनता के संदर्भ में प्रेस की स्वतंत्रता का जो अर्थ है, वह कहां फलीभूत हुआ ! पत्रकार महज प्लेकार्ड ढोते रह गये। इस समाज व्यवस्था को जानने ही नहीं,

बदलने का जो अधिकार है साधारण पाठक-जनता का, इसके प्रति कितनी वास्तविक दिलचस्पी दिखायी प्रेस ने? उसने केवल 'राजनीतिक हॉचपॉच' तथा 'अराजकतावाद' को मंच दिया, सनसनी फैलायी तथा हमेशा गौण मुद्दों को ही प्रमुख बना कर उपस्थित किया। पत्रकार की स्वतंत्रता समाचार पत्रों के मालिक की प्रबंध एवं प्रकाशन नीति तथा साधारण पाठक-जनता की जागरूकता के बीच पेंडुलम की तरह डोलती रही।

यह तथ्य निश्चय ही चिन्ताजनक है कि बड़ी प्रचार संख्यावाले पत्र पैसेवालों के हाथ में हैं तथा प्रेस की स्वतंत्रता के जनतांत्रिक आंदोलनों के फायदों का बड़ा हिस्सा वे खुद हथिया लेते हैं। ऊपर से दिखता है कि नागरिक की अभिव्यक्ति की स्वतंत्रता का मौलिक अधिकार छिनने से बच गया है, जबकि वह होता है पूरी तरह पूंजीपति वर्ग की राजनीति के कब्जे में। पत्रकार इस मुद्दे पर अधिक हाथ-पैर नहीं चलाते, क्योंकि आज पत्रकारिता का मुख्य लक्ष्य हो गया है पैसा बनाना—मालिक भी अक्सर अपने पत्रकारों को दामाद की तरह रखता है।

यह प्रक्रिया राष्ट्रीय आंदोलन के दिनों में ही शुरू हो गयी थी। पत्रकारिता ने जिस तरह राष्ट्रीय आंदोलन को सहायता पहुँचायी, राष्ट्रीय आंदोलन ने भी पत्रकारिता को धीरे-धीरे साधना से व्यावसायिक सफलता के बिन्दु तक पहुँचा दिया। पतन बहुत जल्दी आरम्भ हो गया। ऐसी ही पत्रकारिता के संदर्भ में गणेश शंकर विद्यार्थी ने लिखा था, 'संसार के अधिकांश समाचार पत्र पैसे कमाने और झूठ को सच और सच को झूठ करने में उसी प्रकार लगे हुए हैं जितने कि संसार के चरित्रशून्य व्यक्ति। अधिकांश समाचार पत्र धनी-मानी लोगों द्वारा संचालित होते हैं। इसी प्रकार के संचालन या किसी दल-विशेष की प्रेरणा से ही उनका निकलना संभव है। अपने संचालकों या अपने दल के विरुद्ध सत्य बात कहना तो बहुत दूर की बात है, उनके पक्ष-समर्थन के लिए वे हर तरह के हथकण्डों से काम लेना अपना नित्य का आवश्यक काम समझते हैं। इस काम में वे इस बात का विचार करना आवश्यक नहीं समझते कि सत्य क्या है?'

विद्यार्थी जी के शब्दों में 'जिन लोगों ने पत्रकार कला को अपना काम बना रखा है, उनमें बहुत कम लोग हैं, जो अपने चित्त को इस बात पर विचार करने का कष्ट उठाने का अवसर देते हों कि सच्चाई की भी लाज रखनी चाहिए। केवल अपनी मक्खन-रोटी के लिए दिन भर में कई रंग बदलना ठीक नहीं है। इस देश में भी दुर्भाग्य से समाचार पत्रों और पत्रकारों के लिए यही मार्ग बनता जा रहा है। हिन्दी पत्रों के सामने भी यही लकीर खिंचती जा रही है।'

पत्रकारिता को दूसरे व्यावसायिक उद्योगों जैसा ही एक उद्योग समझने के कारण इसका मूल उद्देश्य आर्थिक मुनाफे द्वारा पीछे ठेला जा रहा है। इस उद्योग में आर्थिक मुनाफा ही नहीं, 'पॉवर' भी है। आज की पत्रकारिता को राजनीति से

अलग नहीं किया जा सकता। दूसरी विधाओं में लेखक की स्वतंत्रता का अर्थ राजनीति-निरपेक्षता है, जबकि प्रेस की स्वतंत्रता का सीधा अर्थ है पूंजी की राजनीति की स्वतंत्रता। बड़े सूचना-घरानों में मुनाफे के अलावा 'पॉवर' की भूख भी होती है। वे हमेशा 'पॉवर' की मुख्य धारा में रहना चाहते हैं, ताकि राजनीतिक फायदे उठाते रहें।

1931 में 'हंस' का एक साल पूरा होने पर प्रेमचन्द ने लिखा था, 'हमें आर्थिक हानि भी हुई, राजनीतिक दंड भी भोगना पड़ा, पर हमने हिम्मत न हारी। हमने अपने सामने जो आदर्श रखा है, वह उत्साह बढ़ाते रहने के लिए काफी है। हम घाटे-नफे के कायल नहीं हैं।' वर्तमान युग के सफलता के मानदंडों के आधार पर प्रेमचन्द का यह कथन बहुत पिछड़ा प्रतीत होगा। 'जागरण' को नये रूप में प्रकाशित करने के अवसर पर 22 अगस्त 1932 के अंक में उन्होंने लिखा, 'उसका ध्येय होगा सत्य की खोज। वह वितंडावादी नहीं, सत्य का पुजारी होगा, चाहे उसे सत्य को स्वीकार करने में कितना ही अपमान क्यों न हो। वह अप्रिय सत्य कहने से भी न चूकेगा। वह केवल दूसरे के दोष ही न देखेगा, अपने दोष भी स्वीकार करेगा।' आज की पत्रकारिता में सत्य की खोज की जगह ले ली है 'स्टोरी' की खोज ने।

रोज ही प्रेस से छप कर इतना अधिक माल निकलता है कि तात्कालिक असर के बाद वह दूसरे दिन ही निरर्थक हो जाता है। समाचार पत्रों में प्रतिनिधि की जगह विचित्र, अर्थपूर्ण की जगह उत्तेजक, वस्तुपरक की जगह आत्मपरक, विस्तृत की जगह अधूरी, संवाद की जगह एकालापपूर्ण सूचनाएं होती हैं। ऐसी सूचनाएं ही इतनी अधिक भरी होती हैं कि प्रेस की स्वतंत्रता का जो एक खास पक्ष है—सही खबर जानने का पाठकीय अधिकार, वह बिलकुल खो जाता है। खबरों में मिलावट और चालाकी होती है या तथ्य के केवल कुछ ही पहलुओं को पूरी खबर की तरह पेश किया जाता है। समाज को सही सूचनाओं और बहसों से परिचित कराने का पत्रकारिता का मूल दायित्व मुनाफाखोरी और 'पॉवर' की भूख के कारण भुला दिया जाता है। पाठक भ्रम से यथार्थ तक पहुंच ही नहीं पाता—उलटे नये रहस्यों, चमत्कारों तथा भ्रमों से घिरता जाता है। जनता के अन्दर फैल रहे वैचारिक पिछड़ेपन, कठमुल्लापन, चमत्कारप्रियता, उपभोगवाद, स्वार्थपरता आदि के लिए आज की पत्रकारिता भी कम जिम्मेदार नहीं है।

पत्रकारिता कविता की तरह वैयक्तिक, दूसरे उद्योगों की तरह पैसा-केन्द्रित तथा धर्त नेताओं की तरह राजनीतिबाज नहीं हो सकती। ऐसा होता है तो यह उसका ह्रास है। उसका गम्भीर सम्बन्ध जन चेतना के निर्माण और विकास से है, जनता की सही तथा विविध सूचनाओं की भूख से है। वह व्यवसाय नहीं, एक संस्कृति है—हमारे जनतांत्रिक जीवन का एक प्रमुख अंग। वह सत्ता

पर एक नियंत्रण है, खुद सत्ता नहीं। व्यवसाय और सत्ता (पॉवर) की होड़ में फंसी पत्रकारिता समाज के प्रति कभी जिम्मेदार नहीं हो सकती। उसकी मूल सेवाएँ हैं—(1) रोज़ की खबरों की सही और विस्तृत जानकारी देना, (2) टिप्पणियों के विनिमय और बहस का सार्थक मंच बनाना, (3) पाठकों का सौन्दर्य बोध उन्नत करना तथा उनके जीवन को मूल्य सापेक्षता की प्रेरणा देना, (4) विभिन्न समुदायों तथा दलों के विचार और रुख की जानकारी देना, (5) समाज के नये ऐतिहासिक लक्ष्यों को प्रचारित करना तथा (6) समाज के हर सदस्य तक पहुँचने का प्रयास करना। पत्रकारिता का धर्म कहता है कि पाठकों की रुचि को विकृत करनेवाला या उन्हें दिग्भ्रमित करनेवाला विज्ञापन या समाचार न छापा जाये। जन हित के समाचारों को ही नहीं, जनता के विचारों को भी प्राथमिकता दी जाये। यदि प्रेस इन लक्ष्यों की उपेक्षा कर महज सनसनी, मजे या किसी तात्कालिक फायदे का पर्याय बन जाता है, तो किसी न किसी रास्ते अपनी स्वतंत्रता खो देगा, अन्यथा एक नये मानव समाज की रचना में उसकी भूमिका अन्यतम होगी।

माखनलाल चतुर्वेदी मुख्यत: कवि थे, राजनीतिक कार्यकर्त्ता थे या पत्रकार, कहना मुश्किल है। वह जमाना 'स्पेशलाइजेशन' का नहीं था। चेतनाएँ और जिम्मेदारियाँ अन्तर्सम्बंधित थीं। माखनलाल चतुर्वेदी ने 1927 में पत्रकार परिषद में भाषण दिया था, 'यदि समाचार पत्र संसार की एक बड़ी ताकत हैं तो उनके सिर पर जोखिम भी कम नहीं। पर्वत की जो शिखरें हिम से चमकती और राष्ट्रीय सुरक्षा की महान दीवार बनती हैं, उन्हें ऊँची होना पड़ता है। जगत में समाचार पत्र यदि बड़प्पन पाये हुए हैं, तो उनकी जिम्मेदारी भी भारी है। बिना जिम्मेदारी के बड़प्पन का मूल्य ही क्या है और वह बड़प्पन तो मिट्टी के मोल हो जाता है, जो अपनी जिम्मेदारी को सँभाल नहीं सकता। समाचार पत्र अपनी गैरजिम्मेदारी से स्वयं ही मिट्टी का मोल नहीं हो जाता, अपितु वह देश के अनेक महान अनर्थों का उत्पादक और पोषक हो जाता है।'

उस युग की सचेत और प्रतिबद्ध पत्रकारिता एक धुन की तरह थी। पैसा नहीं, क्रान्तिकारी देशभक्ति के लिए थी वह पत्रकारिता। वह राष्ट्रीयता का पर्याय थी। गणेश शंकर विद्यार्थी, बाबूराम विष्णु पराड़कर, अम्बिकाप्रसाद वाजपेयी, लक्ष्मी नारायण गर्दे, बनारसीदास चतुर्वेदी आदि प्रमुख स्तम्भ थे। उसके बूर्जुआ प्रेस से जुड़े सम्पादक और पत्रकार भी किसानों-मजदूरों के हितों के लिए लड़ते थे। पत्रों के मालिकों का उन पर कोई खास नियंत्रण न था। 'मर्यादा', 'अभ्युदय', 'विक्रम', 'प्रताप', 'कर्मवीर' आदि के अलावा हम 'सरस्वती', 'प्रभा', 'मतवाला', 'चाँद', 'माधुरी', 'हंस', 'जागरण', 'नवजीवन', 'सुधा' आदि को भी प्रतिबद्ध पत्रकारिता के उदाहरण के रूप में पेश कर सकते हैं। ये पत्र वर्ग दृष्टिकोण के आधार पर

नहीं निकलते थे, फिर भी साधारण जनता को उसके हितों के प्रति जागरूक बनाते थे। इनमें वैज्ञानिक दृष्टि से सम्पन्न सामग्री होती थी। पूंजीवाद तथा अन्तर्राष्ट्रीय घटनाक्रम पर टिप्पणियां और मजदूरों के शोषण तथा वामपंथी शक्तियों के वैचारिक-भौतिक संघर्ष के विवरण समय-समय पर स्थान पाते थे। केवल गणेश शंकर विद्यार्थी के 'प्रताप' में ही नहीं, 'मतवाला' जैसे पत्रों में भी हम पाते हैं कि वामपंथी विज्ञप्तियां हैं। प्रतिबद्ध पत्रकारिता के राष्ट्रवादी संदर्भ के साथ-साथ जनवादी और वामपंथी संदर्भ का मिलना यह संकेत देता है कि पत्र-कारिता में उस समय एक मिश्रित विचारधारा काम कर रही थी। प्रतिबद्ध पत्रकारिता की परंपरा राष्ट्रवादी पत्रकारिता की महान परम्परा के भीतर निरन्तर विकसित हो रही थी। उसके लक्ष्य थे—राष्ट्रीय-सामाजिक मुक्ति और पुनर्निर्माण। आज जब फिर वे ही चुनौतियां नये आकार में हमारे सामने हैं—विखंडता और ह्रास का साम्राज्य है, तो समकालीन पत्रकारिता क्या प्रतिबद्ध राष्ट्रीय पत्रकारिता की परम्परा से कोई शिक्षा नहीं ले सकती ?

प्रेस यदि स्वतन्त्र न हो तो जिम्मेदार भी नहीं हो सकता। लेकिन जब तक प्रेस व्यक्तिगत मुनाफाखोरों पर टिका हुआ है, वह स्वतंत्र नहीं हो सकता। इसी-लिए कहा जाता है कि समाजिक-राजनीतिक व्यवस्था ही अन्ततः तय करती है कि समाज के प्रति पत्रकारिता का दायित्व क्या है।

एक दूसरी धारणा है कि प्रेस को जिम्मेदार बनाने की कोशिश पत्रकार की स्वतन्त्रता का हनन साबित हो सकती है। एक गैरजिम्मेदार, अस्थिर तथा भ्रष्ट शासन पत्रकारिता को 'जिम्मेदार' बनाना चाहेगा, तो यह जनता के जनतांत्रिक अधिकार के हनन के अलावा दूसरा कुछ नहीं होगा। दरअसल, ऐसे ही शासन में व्यवस्था के अन्तर्विरोधों के कारण प्रेस की स्वतंत्रता का पूंजीवादी अर्थ महत्व पा जाता है और सूचना के उन्मुक्त प्रवाह के नाम पर पीत पत्रकारिता का मनोवैज्ञानिक युद्ध चलता रहता है, जो जनता को लगातार अंधकार और निष्क्रियता की ओर ले जाता है। पत्रकार के गहरे मस्तिष्क में ही कहीं तथ्य-विरूपण का यंत्र बैठ जाता है। वह सत्य के नाम पर सत्य का केवल आभास देता है। धार्मिक या राजनीतिक आग्रहवश वह 'खबर' और 'सत्य' के बीच एक सम्मोहक दूरी पैदा कर देता है।

हिन्दी दैनिक 'जनसत्ता' ने इलाहाबाद के 6 फरवरी '89 के महाकुम्भ स्नान को अन्य सभी खबरों से अधिक महत्व ही नहीं दिया, धर्मोन्माद में बढ़ा-चढ़ा कर यह सूचना भी दी —'दुनिया (?) के सबसे बड़े स्नान पर्व में मनुष्य जाति के सबसे बड़े उत्सव (?) में दिन भर में डेढ़ करोड़ (?) लोगों ने स्नान किया।' स्नान पर्व को सम्पूर्ण दुनिया और मनुष्य जाति के स्तर पर न ले जाते हुए भी एक उचित आकार में अभिनंदित किया जा सकता था। समाचार पत्र में कौन-सी खबर छोड़ दी जाती है, कौन-सी चुनी जाती है, किसे सर्वोच्च प्राथमिकता दी

जाती है या किस खबर को बढ़ा-चढ़ा कर उछाला जाता है, इसी से समझ में आता है कि कोई समाचार पत्र जनता की 'सूचनाओं की भूख' को कौन-सा रूप या उसके बौद्धिक पुर्ननिर्माण को कौन-सी दिशा दे रहा है। प्रेस की यह स्वतंत्रता निरुद्देश्य नहीं होती और ऐसे पत्रकार अपने को स्वतंत्र समझ सकते हैं, पर होते नहीं।

लैटिन अमरीकी लेखक गार्सिया मारकूज ने एक जगह लिखा है कि यदि किसी कविता में एक तथ्य भी है तो वह महत्वपूर्ण है, पर किसी समाचार में यदि एक तथ्य भी गलत है, तो पूरा समाचार निरर्थक है। 'खोजी पत्रकारिता' के नाम पर घटना स्थल से भेजे गये किस्से सही सूचनाओं के भूखे अवाम को 'रोटी के बदले दिये गये केक' हैं। इन किस्सों में मिलावट इतनी अधिक होती है कि पाठक मजा जरूर पाते हैं, संसद में बहस के बवंडर भी उठते हैं, लेकिन पूरा मामला अंततः बल्ब की तरह फ्यूज हो जाता है और पत्रकारिता यांत्रिक औपचारिकता में सीमित हो जाती है। इसका कारण यह है कि 'खोजी पत्रकारिता' में 'एडवेंचर' के तत्व हैं, लेकिन व्यापक अंतर्दृष्टि नहीं है—उसके पीछे कोई विचारधारा नहीं है।

सातवें और आठवें दशक में 'दिनमान' तथा 'रविवार' की 'नयी पत्रकारिता' मानवतावादी लगाव और बदलाव की भावना से भरी हुई थी—वह अपने युग की बौद्धिकता को भी अभिव्यक्त कर रही थी। उस युग में एक बार फिर लगा था कि पत्रकारिता महज पेशा नहीं, एक मिशन भी है। पत्रकार सामाजिक बदलाव का अंग बनने को आतुर थे। 1980 के बाद की 'खोजी पत्रकारिता' ने 'नयी पत्रकारिता' के केवल एक ही पक्ष तक अपने को सीमित कर लिया—सत्ता और नौकरशाही का अनावरण। अनावरण की पत्रकारिता गैर-जरूरी है, ऐसी बात नहीं है। लेकिन मानवीय लगाव और बदलाव की तैयारी के बिना यह महज बूर्जुआजी के अंतर्विरोधों का हथियार बन जाना है। आखिरकार खोजी पत्रकारिता जन संघर्षों की ओर कितनी अभिमुख है, वह ऐसे आंदोलनों और लड़ाइयों की कितनी रपटें देती है, जिनसे पता चलता है कि समाज में मूल्यों के लिए जूझने की भावना अभी भी बची हुई है? क्या खोजी पत्रकारिता किसी भी अर्थ में सामाजिक बदलाव का हथियार है?

आज के अधिकतर पत्रकार आते किस वर्ग से हैं? मध्य या विशिष्ट वर्ग से आये पत्रकारों का उत्पीड़ित जीवन की झांकियाँ दिखाना एक फैशन है। सरकार तो टीवी तक पर अनेक बार उत्पीड़न और प्रतिरोध के चित्र पेश करती हैं। समाचार पत्रों और पत्रिकाओं में भी कुछ ऐसी रपटें होती हैं। लेकिन समग्रता में हम पायेंगे कि अधिकतर पत्रकार समाज के उच्च वर्ग के प्रति ही वफादार हैं। फिर भी यह धारणा नहीं बनानी चाहिए कि '80 के बाद की विपथगामी पत्रकारिता कोई एक अलग-थलग मामला है। संपूर्ण गिरावट तथा एकायामिता का यह एक अंग है। खुद राजनीति इसके लिए बहुत जिम्मेदार है।

एक मजेदार तथ्य है कि राष्ट्रीय स्वाधीनता संग्राम के अधिकांश बड़े नेताओं ने पत्र निकाले—वे पत्रकार थे। तिलक, महात्मा गांधी, जवाहरलाल नेहरू, राम-मनोहर लोहिया, सभी ने पत्र निकाले। 1938 में पुरुषोत्तमदास टंडन, कैलाशनाथ काटजू, जवाहरलाल नेहरू, रफी अहमद किदवई, आचार्य नरेंद्र देव आदि को ले कर एक समिति बनी थी 'नेशनल हेराल्ड' निकालने के लिए। मार्क्स, लेनिन, रोजा लक्जमबर्ग आदि ने भी पत्र निकाले थे या उनके लिए लिखा था। जन आंदोलन के नेता आज इस दिशा में मुख्यत: व्यावसायिक पत्र समूह पर निर्भर हैं। नेताओं ने सामान्यत: अपनी बुद्धिजीवी भावना से त्यागपत्र दे दिया है। वे विचार एवं संघर्ष के नये क्षितिज ढूँढ़ना छोड़ चुके हैं। ऐसे नेताओं ने संस्कृति कर्म को नगण्य और औपचारिक बना दिया है। दूसरी ओर, शासक-शोषक वर्ग ने परंपरागत एवं आधुनिक उपायों से इस पर अपने जाल फैला दिये हैं। यह भी एक वजह है जिससे सच्चे पत्रकार बहुत लाचार अनुभव करते हैं। सामाजिक प्रतिबद्धताओं को राजनीतिक पोषण नहीं मिलता। हाँ, दमन और प्रलोभन उसे जरूर घेर लेते हैं। प्रेस को दरअसल स्वतंत्र होना है, तो जनता को सोचना पड़ेगा कि उसके समाज में एक स्वतंत्र प्रेस हो।

प्रतिबद्ध पत्रकारिता को अपनी प्रतिबद्धता की कीमत हर क्षण चुकानी पड़ती है। प्रतिगामी ताकतों द्वारा उसका हतोत्साहन और दमन आम घटना है, क्योंकि प्रतिबद्ध पत्रकार महज संवाददाता नहीं होता, उसका लक्ष्य होता है दुनिया को बदलना। 1848 में 'रेनिसे जेतुंग' से मार्क्सवादी पत्रकारिता का आरम्भ हुआ। इस पत्र को सेंसरशिप का कोपभाजन होना पड़ा, क्योंकि उसमें मोसेल घाटी में अंगूर की खेती करनेवाले किसानों के दरिद्र जीवन के तथ्यों की रोशनी में एक ऐसी रपट छपी थी, जिसे सरकार ने अपने ऊपर आक्रमण समझा। इस घटना के बाद मार्क्स ने महसूस किया कि दमन का मुकाबला करने के लिए स्वतंत्र प्रेस बहुत जरूरी है। लेकिन उन्होंने देखा कि प्रेस समाज के 'सुपर स्ट्रक्चर' का एक ऐसा केन्द्रीय तत्व है, जिस पर शासक वर्ग अपने साहित्यिक, राजनीतिक एवं वैचारिक उद्देश्यों के लिए नियंत्रण रखता है। वह केवल भौतिक माल ही नहीं, बौद्धिक मालों के उत्पादन के साधनों पर भी अपना नियंत्रण रखना चाहता है। बौद्धिक उत्पादन के साधनों पर नियंत्रण उसी का होगा जिसका भौतिक उत्पादन के साधनों पर नियंत्रण है।

मार्क्स के अनुसार, पत्रकार खुद सर्वहारा के ही अंग हैं। लेकिन बूर्जुआजी उन्हें अपना साझेदार बना लेती है। अत: जागरूक पत्रकारों का काम है मजदूर वर्ग को धोखा देने की पूंजीवादी प्रचेष्टाओं पर आक्रमण करना तथा मजदूरों को उनके अस्तित्व के शोषण तथा बिलगाव के विभिन्न रूपों से परिचित कराना—उनकी मिथ्या चेतना को सही चेतना द्वारा रूपांतरित करना। यह मनुष्य को

उसकी सही मानवीय जरूरतों से परिचित कराने का काम है। मार्क्स ने लिखा कि मनुष्य को जरूर सचेत करना चाहिए कि पूंजीवादी विचारधारा के केन्द्र से उसे शब्दों द्वारा किस तरह छला जाता है।

जेफरसन ने चाहा था कि प्रेस सरकार से प्रतिबद्ध हो, जबकि लेनिन ने चाहा कि वह कम्युनिस्ट पार्टी से प्रतिबद्ध हो। 1901 में 'द स्पार्क' में उन्होंने लिखा कि सामूहिक भावना के साथ प्रेस के तीन प्रमुख दायित्व हैं—प्रचार, आंदोलन और संगठन। उनके अनुसार पूंजीवादी समाचार पत्रों का अधिक सर्कुलेशन स्वतंत्रता नहीं, शोषण का चिह्न है। बूर्जुआ समाज में प्रेस की स्वतंत्रता मात्र कुछ अमीरों की स्वतंत्रता है और अमीर यथास्थितिवाद चाहते हैं।

आज का पूंजीपति वर्ग यथास्थितिवाद नहीं चाहता। वह सभी स्थितियों और रूपों को अपने पक्ष में मोड़ कर क्रांति की संभावनाएं ही नष्ट कर देना चाहता है। इसके लिए उसने उत्पादन, पूंजी और टेक्नोलॉजी के चरम संयोग का रास्ता चुना है, जो 20वीं सदी के उत्तरार्द्ध का एक महत्वपूर्ण विकास है। जाहिर है, आज के पूंजीपति वर्ग के खेल का एक मैदान पत्रकारिता भी है। पत्रकारिता के क्षेत्र में आज दमन की जगह ले ली है प्रलोभन ने, जुर्माने की जगह ले ली है विज्ञापन ने। पूंजीवादी ढांचे का प्रेस केवल सामान्य सूचनाएं नहीं देता, यह भी बतलाता है कि बाजार में बिकने के लिए क्या-क्या है। जरूरतों और हितों के बीच गहरा सम्बन्ध है। समाचार पत्र जनता को ऐसी जरूरतों की ओर आकर्षित करते हैं, जो वस्तुत: उसके हितों के विरुद्ध हैं। पत्रकारिता का मुख्य लक्ष्य है जनता के जानने के अधिकार की रक्षा करना। लेकिन आज की पत्रकारिता जनता को कृत्रिम चेतना देती है—उसकी संवेदना और सक्रियता को नष्ट करती है।

प्रेस का सबसे महत्वपूर्ण कार्य है सूचना संप्रेषित करना, तो प्रतिबद्ध सूचना संप्रेषण का अर्थ है समाज की उन सभी चीजों की आलोचना, जो उसके जनवादी विकास में बाधक हैं। इसका सीधा अर्थ है घटनाओं की वजह की बिना देर किये समय पर व्याख्या। सूचना केवल तथ्य नहीं, एक शिक्षा भी है। वह मानवीय व्यवहार को प्रभावित करती है। लू या शीत लहरी की खबर छपती है तो लोग इसी हिसाब से घर से बाहर निकलते हैं या घर में रहते हैं। ह्रासशील पूंजीवादी प्रेस कभी नहीं चाहता कि सूचनाएं मानवीय, जनतांत्रिक तथा क्रांतिकारी व्यवहार की शिक्षा बनें। इसके स्थान पर उसकी दिलचस्पी प्रगतिशील जन आंदोलनों में फूट डालने या बुनियादी समस्याओं से ध्यान विभाजित कर लोगों को गौण मामलों में उलझाने में अधिक होती है। वह बेशर्मी से परंपरागत रूढ़ आस्थाओं का उन्मत्त पोषण करता है या उनके खिलाफ जारी वैचारिक संघर्ष की अवहेलना करता है। समाज में अत्याधुनिक मामलों की कृत्रिम जरूरतें पैदा करने के समानांतर उसका यह काम भी कितना विचित्र है! प्रतिबद्ध पत्रकारिता का एक बड़ा

हिस्सा आज भी ह्रासशील पूंजीवादी प्रेस के विभिन्न तरह के दबावों से आक्रांत है। एक सीमित हिस्सा, राजनीतिक समाचार पत्र के रूप में, आधुनिक विकासों तथा नवोन्मेषों से वंचित है, तो वे प्रतिबद्ध पत्रकार जो पूंजीवादी प्रेस के ढांचे में काम करते हैं, आधुनिक विकासों तथा नवोन्मेषों का सुयोग तो पाते हैं, लेकिन उनकी प्रतिबद्धता ह्रास की बाढ़ में डूबती-उतराती रहती है। एक पत्रकार के लिए प्रतिबद्ध तथा वैचारिक नवोन्मेष दोनों को कायम रखना आज बड़े जोखिम का काम है। उसके सामने तथ्यपरकता और वैचारिक गतिशीलता आज भी सबसे बड़ी समस्याएं हैं।

प्रतिबद्ध पत्रकार और पत्र जन आंदोलनों का हथियार होना अपना गौरव समझते हैं। वे जनता के संघर्षों और आंदोलनों को अपने पन्नों पर अधिक जगह देते हैं, उनकी आवाज मुखरित करने के लिए उनके अधिक से अधिक पत्र छापते हैं और उनके सामूहिक अनुभव से अपने पत्रकारिता विवेक की अखंडता स्थापित करते हैं। पुराने पाखंडों तथा आधुनिक विकृतियों से संघर्ष उनका लक्ष्य होता है। ऐसे पत्रकार और पत्र जनता के जानने के अधिकार को ही नहीं, उसके जीने और बदलने के अधिकार को भी समझने की कोशिश करते हैं। प्रतिबद्ध पत्रकारिता के लिए सबसे पहले साहस चाहिए। बाजार की अर्थव्यवस्थावाले औद्योगिक समाजों में दमन और प्रलोभन का मुकाबला साहस के बिना कैसे होगा? मास मीडिया के विकसित साधन टीवी के युग में शासन ने जब प्रचलित आस्था और व्यवस्था के प्रचार का बेहतर माध्यम खोज लिया है, पत्रकारिता के सामने साधारणतः दो ही विकल्प हैं—उस प्रचलित आस्था और व्यवस्था के प्रचार का दूसरे दरजे का माध्यम बन कर धीरे-धीरे अपनी गरिमा खो दे या प्रगतिशील-जनवादी आंदोलनों के सार तथा लक्ष्य से जुड़ कर अपना सिर ऊँचा करे।

दूरदर्शन की तुलना में समाचार पत्र की खबर बासी लगती है। लोग कहते हैं कि टीवी जो पहले सूचित कर देता है, पत्र उसे दूसरे दिन सूचित करते हैं। सूचनाओं के संप्रेषण में दूरदर्शन 'फौरन' का कितना व्यापक बदला लेता है, यह भी देखना चाहिए। दूरदर्शन अपनी सीमाओं तथा दर्शक वर्ग की भोली रुचियों के कारण खबर के मामले में कुछ गिने-चुने परिचित बिंब ही उठाता है। वह सूचना के विस्तार तथा जटिलता में नहीं जाता। 'द्वंद्व' की जगह ऐसा 'आकर्षक दृश्य' उसका लक्ष्य होता है, जिसमें इतिहास और समकालीनता सम्बन्धरहित होते हैं। वहाँ तो विकृत इतिहास होता है या खंडित समकालीनता। यदि बहुत नाटकीय तथा चमत्कारपूर्ण दृश्य न हो तो दर्शक परदे पर एकाग्र होते ही नहीं। वे चाय पीते या बीच-बीच में आपस में बातचीत करते नजर आते हैं। पाठक जब टीवी दर्शक बनते हैं, तो वे अपनी गहराई ही नहीं खोते, बहुत संकीर्ण और चमत्कार प्रेमी भी होने लगते हैं। पत्रों की प्रासंगिकता इसीलिए कभी समाप्त नहीं होगी

कि वे समान्यतः विस्तृत, खोजपरक और विश्लेषणात्मक सूचनाएँ देते हैं, जो दूरदर्शन पर कभी संभव नहीं है। दर्शक जब पाठक बनता है, तो वह केवल व्यापक और तथ्यप्रेमी ही नहीं होता, उसके अंदर एक गहराई पैदा होती है। वह पाठ्य सामग्री के साथ अधिक आंतरिकता और एकाग्रता से पेश आता है। यही वजह है कि दूरदर्शन के काफी प्रसार के बावजूद पत्रकारिता का युग समाप्त नहीं हुआ।

तीसरी दुनिया में आज भी पत्रकारिता की एक गौरवशाली ऐतिहासिक भूमिका है। कंप्यूटर संस्कृति और दूरदर्शन के प्रति जन लोलुपता के बावजूद पत्र-पत्रिकाएँ सामाजिक परिवर्तन और विकास के बहुत बड़े हथियार हैं। आज भी करोड़ों लोगों की आँखों के सामने दूरदर्शन का परदा नहीं, मुद्रित पन्ने ही होते हैं। मुद्रित पन्नों की उपयोगिता किसी युग में समाप्त होनेवाली नहीं है, क्योंकि वे ज्यादा निकट, भरोसेमंद और दीर्घजीवी होते हैं—वे हमारे वश में होते हैं। जीवन की बढ़ रही टकराहटों, बेचैनियों तथा जरूरतों ने पत्र-पत्रिकाओं को पहले से अधिक प्रासंगिक बना दिया है। लोगों की सूचनाओं की भूख तेज हो गयी है। अतः इतनी निकटता, विश्वास, सच्चाई और विस्तार से सूचनाएँ ही नहीं, सूचनाओं का अर्थ संप्रेषित करनेवाला जन संचार माध्यम उपभोक्ता समाज के संरक्षकों के मनोवैज्ञानिक युद्ध की कमान बन जाये, ऐसा होने नहीं देना चाहिए।

खासकर हिंदी पत्रकारिता पतन और आत्मपहचान के संकट के एक विशेष दौर से गुजर रही है। छपाई, रंगरूप और प्रसार में बहुत तरक्की कर लेने के बावजूद वह अपने सार और लक्ष्य के स्तर पर लगातार खोखली होती जा रही है। यह स्थिति केवल पत्रकारों के लिए ही नहीं, पूरे समाज के लिए चिंता का विषय है।

झूठी तटस्थता और तात्कालिकता में फँसी पत्रकारिता को प्रतिबद्धता और नवोन्मेष की दिशा में खींच लाना निरंतर कठिन हो जा रहा है। पर वर्तमान स्थिति से असंतोष के बीज हर जगह हैं। आजादी के पहले की पत्रकारिता के प्रति आकर्षण, शासक वर्ग की संस्कृति के प्रति क्षोभ, नौकरशाही तथा उपभोक्ता समाज की कठोर आलोचना, जन संघर्ष के नये रूपों के प्रति उत्सुकता आदि बातों से पता चलता है कि हिंदी पत्रकारिता पूरी तरह चेतना उद्योग का हिस्सा नहीं है। अन्दर ही अन्दर एक प्रतिरोध और तैयारी निरंतर साँस ले रही है। प्रतिबद्धता पक्षपात नहीं, पक्षधरता को कहते हैं—ऐसी, प्रतिबद्धता भी अनेक पत्रकारों में दिखाई देती है। वे अपसंस्कृति, धार्मिक पुनरुत्थानवाद और भ्रष्टाचार को निरंतर चुनौती दे रहे हैं। वे नवनिर्माण का सपना दिखा रहे हैं—गहन ह्रास, आतंक और चकाचौंध के वातावरण में भी। यदि यह काम आगे बढ़ेगा, तो दर्शक तेजी से पाठक बनेंगे। अन्यथा जो घटना है, वह बिलकुल सामने है।

उन्मादी संस्कृति की रचना

कृष्ण कुमार

टीवी पर पेट्रोल की बचत का संदेश देनेवाले जो सरकारी विज्ञापन अभी हाल में शुरू हुए हैं, उनमें से एक काफी दिलचस्प है। इस विज्ञापन में एक स्वस्थ मध्य वर्गीय पिता ऑफिस से लौट कर फिर से स्कूटर पर कहीं जाने की तैयारी में है। उसकी बेटी पूछती है तो वह बताता है कि मंदिर जाना है। बेटी समझाती है कि मंदिर जाने के लिए पेट्रोल बरबाद करने की क्या जरूरत है, तो वह पैदल जाने को तैयार हो जाता है। रास्ते में एक मित्र मिलता है, जो कार पर सवार है। बाप-बेटी को पैदल जाते देख पूछता है, तो उसे भी बताया जाता है कि वे मंदिर जा रहे हैं। वह पूछता है कि पैदल क्यों, तो बाप उसे समझाता है कि यह सवाल न ही पूछें तो बेहतर है, वरना उसकी बेटी पेट्रोल की बचत पर पूरा लेक्चर झाड़ देगी। कार पर बैठा मित्र दर्शकों से कहता है कि बेटी ठीक कह रही है।

इस विज्ञापन की संरचना पर विचार करें। उसमें दिखाये गये सामाजिक नाट्य के तीन सिरे हैं। एक पर है बेटी, जिसका अंतराष्ट्रीय वर्ष दुनिया भर में सैकड़ों सेमिनारों पर करोड़ों रुपये फूंक कर अभी-अभी समाप्त हुआ है। दिल्ली में इस विषय पर अंतिम सेमिनार कनाट प्लेस के पार्क होटल में संपन्न हुआ, जिसे एक नवोदित उद्योगपति चलाता है। दिल्ली की सड़कों पर अभी वे तमाम बोर्ड खड़े हैं (इन्हें हटाने में कुछ समय तो लगता ही है; आखिर एशियाड के मार्ग दर्शक बोर्ड भी इतने सालों बाद कहीं-कहीं खड़े रह गये हैं), जिन पर 'बेटी छुएगी आकाश, बस मौके की तलाश' जैसे नारे और झूले में पेंग भरती बच्ची के चित्र अंकित हैं। आशय यह है कि बेटी को लोक चेतना के परिवर्तनशील परदे पर स्थापित करने की सरकारी चेष्टा अभी ताजा है। एक प्रतीक के तौर पर बेटी आज की तारीख में परिवर्तनकामी शक्तियों के साथ है। कुछ वर्ष पहले की स्थिति अब नहीं है, जब 'मानुषी' जैसी संस्थाओं के संघर्ष की बदौलत बेटी समाज के पतनशील ढांचे और मूल्यों पर आक्रमण का माध्यम बनी थी और उसे दहेज के लिए जला दी गयी बहू के रूप में दिखानेवाले बोर्ड किसी-किसी सड़क पर खड़े किये गये

थे। वह आलोचनाई माहौल विदा ले चुका। आज तो नये विवेक, नयी व्यवस्था की अगवानी का माहौल है और उसे लाने में बेटी का सहयोग माँगा जा रहा है। राष्ट्रकवि के शब्दों में, 'पलटी गयी प्रकृति नाटक की नूतन चित्रपटी'।

तो पहले सिरे पर खड़ी है विवेकवती बेटी। दूसरे सिरे पर है खाड़ी युद्ध से उत्पन्न पेट्रोल का संकट। जी हाँ, खाड़ी युद्ध का एक ही आशय भारतवासियों की चिंता का वाजिब विषय बनने दिया गया है और वह है पेट्रोल की संभावित कमी और उससे पैदा होनेवाली आर्थिक दिक्कतें। पर्यावरण पर युद्ध के प्रभाव का जिक्र कहीं-कहीं हो जाता है और खानापूरी के इरादे से तेल में स्नात शोकाकुल पक्षी का बिंब दो-तीन सेकंड के लिए टीवी के परदे पर उभर आता है। जो चीज बिलकुल ही गायब रखी जा रही है, वह है खाड़ी युद्ध की राजनीति और उसके राजनीतिक परिणाम, जो भारत समेत तीसरी दुनिया का हर समाज भुगतेगा। हथियारों की बिक्री पर टिकी अंतर्राष्ट्रीय व्यवस्था को एक महान टॉनिक प्राप्त हुआ है और देतांत, पंचशील, गुटनिरपेक्षता आदि तमाम उच्च विचारों समेत शांति की राजनीतिक शक्ति घूरे के ढेर पर डाल दी गयी है। पर इस सबमें लोक चेतना की रुचि क्यों हो? उसे तो पेट्रोल, मारुति और अनवरत विकास से वास्ता है। उपभोक्ता के हितों पर चोट न आये, नागरिक जाये भाड़ में, व्यापारी और उद्योगपति उत्साहित रहें, तेल के जहाज आते रहें, यही हमारी सर्वोच्च कामना है। युद्ध से इस प्रक्रिया में व्यवधान पड़ रहा है, इसलिए पेट्रोल की बचत जरूरी है। संकट है यानी कुछ दिनों की बात है। एक विवेकशील समाज को अपनी जीवन शैली (जिसमें कारों के उत्पादन में वृद्धि शामिल है) की रक्षा के लिए ऐसे संकट का सामना ठंडे दिमाग से करना चाहिए। घूमा करें अमीरों के लौंडे कार में बैठ कर दिन-रात, विज्ञापन में पेट्रोल की बचत दिखाने के लिए मंदिर की पैदल यात्रा ही उपयुक्त है।

यही वह तीसरा सिरा है इस विज्ञापन के सामाजिक नाट्य का—मंदिर। मन्दिर की पैदल यात्रा अभी लोक स्मृति में ताजा है। मुलायम सिंह यादव ने बसें बन्द करा दीं, ट्रेनें रुकवा दीं, चुंगियों पर पुलिस (उनकी छाती पर लिखे नाम प्रायः पिछड़ी जाति का संकेत देते थे) लगवा दी, जिससे कोई मन्दिर न पहुँच सके। जिस उत्तर प्रदेश की कोई सीमा नहीं है, वह घेर लिया गया। किसी ने इटावा चुना, किसी ने झाँसी, तो किसी ने चित्रकूट, पर हरेक प्रवेश बिंदु पर वही आलम। फिर क्या था, लोगों ने तय किया कि वे खेतों-खेतों चल कर मन्दिर जायेंगे और मुलायम सिंह की राज्य-व्यवस्था को धता बतायेंगे। सब नहीं तो भतेरे पहुँचे, गिरफ्तार हुए, पिटे, यहाँ तक कि मारे गये। एक नयी मिसाल उन्होंने कायम की। राज्य की धर्मनिरपेक्षता भले संविधान में शामिल हो, उसके खिलाफ बोलने में अब भला किसे और क्यों लाज आये? उधर आतंकवादी संविधान के खिलाफ

बोलता है, पर वह देशद्रोही है। रथयात्री नेता संविधान के खिलाफ इसलिए बोलता है, क्योंकि उसका देश प्रेम संविधान की औपचारिकताओं में बंधना बरदाश्त नहीं कर पा रहा। इस तर्क प्रणाली से चलो, फिर कहो कि क्यों न सरकारी टीवी पर मध्य वर्गीय बाप गर्व से कहे कि वह मन्दिर जा रहा है।

अब हमने तीनों सिरे देख लिये तो आइए उन्हें जोड़ें और एक त्रिभुज बनायें। यह त्रिभुज है आधुनिकता की दक्षिण पंथी परिकल्पना का। सतही टिप्पणीकार हमें समझाते आये हैं कि वाम और दक्षिण पंथ का द्वंद्व आधुनिकता और परंपरावाद का द्वंद्व है। भारतीय दक्षिण पंथ पर अपनी किताब में एर्डमैन ने कई दशक पहले कह दिया था कि दक्षिण मार्गी दल भी आधुनिकता वादी हैं। दरअसल, यह भेद व्यर्थ था और आज बेमानी हो भी चुका है। जवाहरलाल नेहरू ने भारत को आधुनिक बनाने का जो नुस्खा दिया था, उसके कुछ तत्वों को उलट कर और कुछ को बचा कर एक नया नुस्खा आज दक्षिण पंथी दल सशक्त रूप से प्रचारित कर रहे हैं। धर्मनिरपेक्षता उनकी दृष्टि में धोखा है, समता विचारणीय है—पर अभी नहीं। देश की आत्मछवि यानी पहचान सर्वोच्च महत्व की चीज है और उसका अकाट्य प्रतीक है धर्म। बाकी बची प्रगति की अनिवार्यता, पर उसके लिए खुली आर्थिक नीति यानी राज्य के नियंत्रण से मुक्त एक प्रतियोगी वातावरण चाहिए। इस अंतिम तत्व में पूंजीवादी राष्ट्रों से प्रतिबद्धता और उपभोक्तावाद की बेरोकटोक दौड़ शामिल है। इस नुस्खे को जन-जन तक पहुँचाना है। जो जितनी समझ रखता हो, उसे उतनी बात बतानी है। तो सबके मतलब की बात है मंदिर, सो वह इस त्रिभुज का शीर्ष रहेगा। करोड़ों निरक्षर भारतीयों के मतलब की बात यही है। शहरी मध्य वर्ग को मतलब है सुखोपभोग से, तो उसके लिए पेट्रोलवाला एंगिल है, जो बचत की बात उठा कर व्यवस्था की बुनियादी दृढ़ता और संकट से जूझ सकने की ताकत की याद दिलाता है (याद करें गरीबी से जूझने के लिए डाकखाने में बचत खाते के संदेशी विज्ञापन)। रहा बुद्धिजीवी, वह तो आदतन यथास्थिति के विरोध में रहा है और सांस्कृतिक परिवर्तन के बिना मानता नहीं। उसके लिए है बेटी, जो बाप से ज्यादा बुद्धि की मालिक है। किसी को लगे कि इससे परिवार की व्यवस्था को खतरा है, तो वह इस बात पर गौर करे कि बेटी की सलाह में दम का सर्टिफिकेट कौन देता है। बाप का दोस्त अपनी अंतिम भूमिका के जरिये पुरुष-प्रधानता और बाप की पुनर्प्रतिष्ठा करके ही दर्शकों से विदा लेता है।

यहाँ हम अपने इस शीर्ष प्रश्न पर पहुँचते हैं कि आधुनिक भारत की रचना के इस नये नुस्खे का लोकव्यापीकरण संभव कैसे हुआ? भौतिक परिस्थितियों ने इस नुस्खे के प्रसार में जो बड़ी-बड़ी बाधाएँ डाली होंगी, वे कैसे दूर की गयीं? सचमुच यदि भौतिक परिस्थितियों पर विचार करें तो दक्षिण पंथ की विचार नीति के विस्तार की संभावना हमें दिवा स्वप्न प्रतीत होगी। जिस देश में कुपोषण और

साधारण बीमारियों से करोड़ों शिशु मर रहे हों, वहाँ आत्म-गौरव की पुनर्स्थापना सस्ता दूध-अन्न और साफ पानी मुहैया करा कर होगी या एक चार सौ साल पुरानी मस्जिद तोड़ कर? इतनी व्यापक और निर्मम गरीबी, बेरोजगारी और बेघरी के रहते आत्मछवि, इतिहास के परिमार्जन और राज्य की धर्म संबंधी नीति जैसे सवाल लोक मत को प्रभावित कर सके, यही आश्चर्य का विषय होना चाहिए। जाहिर है, भौतिक परिस्थितियों पर परदा डालने की जबरदस्त कोशिश की गयी, जन मानस को ज़िंदगी की दैनिक समस्याओं से विमुख करने और रखने का सिलसिला चला, तभी भूख, बीमारी और शोषण से जूझते इस देश में इतिहास की मरम्मत का मुद्दा एक राष्ट्रीय संकट बना कर उभारा जा सका। जहाँ बच्चों की दैनिक कुशिक्षा, अस्पतालों की गंदगी, सरकारी अधिकारियों के भ्रष्टाचार और रोज बढ़ायी जा रही कीमतों से खौल कर लोग कोई कदम नहीं उठाते, वहाँ एक भव्य मंदिर के निर्माण की माँग ले कर लाखों लोग सफर करने, डंडे-गोली खाने को तैयार हो गये। कैसे तैयार हुआ यह माया लोक, जिसमें हिंसा के लिए ललकारना राष्ट्र कर्म बन गया?

इन प्रश्नों का उत्तर किसी एक जगह ढूंढ़ लेना संभव नहीं है, पर मेरा तर्क है कि दैनिक अखबार की पत्रकारिता ने हमारे देश में विवेक और विश्लेषण की पहले से क्षीण संभावना को चोट पहुँचा कर उन्माद का माहौल रचने में भारी योगदान किया है। इस तर्क को सिद्ध करने के लिए हमें दैनिक पत्रकारिता के मूल स्वभाव पर विचार करना होगा और फिर इस स्वभाव की हमारे संदर्भ में ऐतिहासिक अभिव्यक्ति पर गौर करना होगा। यह मान कर चलना चाहिए कि यह विश्लेषण यात्रा कष्टप्रद होगी, क्योंकि हमें अखबारों को सूचना तंत्र के विकास का प्रतीक समझने की आदत रही है। सातवीं-आठवीं में हम सबने 'समाचार पत्रों की उपयोगिता' पर परीक्षोपयोगी निबंध लिखे हैं। हमारे शिक्षकों ने हमें समझाया है कि लोगों में बराबर रहनेवाले ज्ञान, विशेषकर समसामयिक जानकारी (जिसे 'सामान्य ज्ञान' कहते हैं और जिसका नौकरी की परीक्षाओं में विशेष महत्व है) की भूख को पूरा करते हैं। यही नहीं, हम मानते आये हैं कि दैनिक अखबारों की संख्या, प्रसार संख्या और विविधता हमारे लोकतंत्र की उदारपंथी प्रकृति का सबूत है। पत्रकारिता को हमने अपने स्वतंत्रता संघर्ष के इतिहास से भी जोड़ रखा है और उसके चंद कीर्तिमानों को महिमा से अलंकृत कर डाला है। इन्हीं सब संस्कारों की बदौलत हम यह सवाल कभी नहीं उठाते कि जंगलों के विनाश की कीमत पर एक-एक नगर से चार-चार अखबारों को निकलने के लिए प्रोत्साहित करनेवाली सरकारी कागज और विज्ञापन नीति का औचित्य क्या है? जब बच्चों को चित्र बनाने के लिए कागज नहीं है, उनकी कापियाँ तक राशन से बेचने की नौबत आ चुकी है, तो फिर हजारों शीर्ष-पंक्तियों में प्रतिदिन चीखनेवाले इन तमाम अखबारों पर

ऐसी कृपा दृष्टि क्यों की जा रही है कि उनके लिए यूरोप से कागज आ सकता है और कागज मिलों के इर्द-गिर्द की सैकड़ों वर्ग मील जमीन के बाँसों का सफाया किया जा सकता है ? इतनी विशेष अनुकंपा और उदारता में अभय चल रहे इस उद्योग के स्वभाव और नैतिक ढांचे का विश्लेषण बरदाश्त करने के लिए वास्तव में बहुत-सी निस्संगता जुटानी होगी।

प्रसिद्ध मीडियाविद मार्शल मैक्लूहन के गुरु हैरल्ड इनिस ने लिखा था कि जिस समाज में दैनिक अखबार प्रतिष्ठित हो चुका हो, वहाँ भविष्य को ले कर कोई दूरदृष्टि पनपना मुश्किल है। इनिस ने यह बात अमेरिका के संदर्भ में की थी। उनका मानना था कि अमेरीकी संस्कृति (सभ्यता तो वहाँ अभी उभरी नहीं) का नैतिक आधार नष्ट करने में दैनिक पत्रकारिता ने बहुत बड़ा योगदान किया है। कारण यह है कि अखबार हर साधारण दिन को एक ऐतिहासिक इकाई बनाने की कोशिश करता है। वर्तमान को महत्व देने की उसकी विवशता एक सीमा के बाद एक तरह की मानसिक बीमारी बन जाती है। प्रतिदिन कुछ नया, कुछ भिन्न परोसने के चक्कर में अखबार हमारी दैनिक चिंताओं का शोषण करने लगता है। वह सामाजिक संवाद को लगातार वर्तमान-केंद्रित बनाने का प्रयास करता है। हर खबर उसके लिए आज के महत्व का विज्ञापन होती है और अखबार चलाने के लिए विज्ञापन तो होते ही हैं। अखबार का स्वभाव ही ऐसा है कि वह सामाजिक जीवन और समय को अस्थिरता से ग्रस्त दिखाता है। वह एक अस्थिर विश्व की रचना करता है, फिर उसे हमारे मन पर मढ़ कर इस रचना को सत्य बना देता है। अतीत का, यहाँ तक कि ताजा अतीत का भी, मंथन और भविष्य पर विचार इस अस्थिरताकामी स्वभाव के कारण संभव ही नहीं रह जाता। न केवल अखबार स्वयं ऐसा चिंतन करने में असमर्थ होता है, वह दूसरों को भी ऐसे चिंतन के लिए अक्षम बनाता चलता है। वह ऐसे माहौल की रचना करता है, जिसमें किसी भी किस्म की निरंतरता एक कल्पना, एक झूठ दिखने लगे। राजनीति हो या आर्थिक स्थिति, हर तरफ आवेग ही एकमात्र सचाई दिखने लगता है। दैनिक आवेग युगसत्य बन जाता है। पत्रकारिता का यह स्वभाव अखबार में सूक्ष्म रूप में ही प्रकट होता है, पर टीवी जैसे माध्यम में एकदम मुखर होकर अपनी पराकाष्ठा पर पहुँच जाता है। समाज में सक्रिय एक शक्ति के रूप में पत्रकारिता मनुष्य की चेतना की निरंतरता को निर्मम निश्चय के साथ चोट पहुंचाती चलती है। कोई लेख, कोई विचार इस चोट से बचने में कामयाब नहीं हो पाता, क्योंकि हर बात का दायरा उस दिन की शाम बनाती है और अगली सुबह कुछ नया लाने का भ्रम गढ़ कर परोसती है। मनुष्य एक उपभोक्ता बनने की प्रक्रिया के चरम पर पहुँच कर घटनाओं, विचारों, भविष्यवाणियों का ताबड़तोड़ सेवन करने लगता है। हिंसा हो या धर्म, दोनों तात्कालिक आवेग बन जाते हैं। किसी

आवेग का अंततः कोई अलग चरित्र नहीं रह जाता। कोई नयी चीज खरीद कर खा लेने का आवेग हो या किसी को पकड़ कर मार डालने का, किसी लड़की को पीछे बिठा कर मोटर साइकिल भगाने का हो या शिक्षा पा कर अफसरी चलाने का, या फिर एक मंदिर बनवा कर इतिहास पलटने का, सभी किस्मों और स्तरों के आवेग एक बर्बर चेतना को प्रतिक्षण धकेलनेवाले बल मात्र रह जाते हैं। विचार, अध्ययन और विश्लेषण मुट्ठी भर बौद्धिकों का शौक मान लिये जाते हैं और इन बौद्धिक लोगों को अप्रासंगिक बना दिया जाता है।

एक व्यवसाय के रूप में पत्रकारिता का यह विवरण शायद आपको कुछ अतिरजित लगे और संभव है आप इसे पढ़ते-पढ़ते गणेश शंकर विद्यार्थी, राहुल बारपुते या रघुवीर सहाय जैसे अपवादों की याद कर इस विवरण को नकारने के लिए तैयार हो जायें, पर भारतीय संदर्भ में पत्रकारिता के इस मूल स्वभाव ने इतनी मुखर अभिव्यक्ति पायी है कि अंततः उसे नजरअंदाज करना कठिन ही सिद्ध होगा। यहाँ मैं इस अभिव्यक्ति के एक-दो पक्षों को ही ले सकूँगा। महानगरों से ले कर कस्बे-कस्बे से रोज निकल रहे छोटे-बड़े अखबार किसकी संपत्ति हैं? बड़े अखबार किसकी संपत्ति हैं? बड़े उद्योगपति हों या छोटे व्यापारी, देश के दो-चार अखबारों को छोड़ कर शेष सब पर उन्हीं की मिल्कियत है। उनमें से कुछ थोड़े संभ्रांत हैं और अपने संपादक को तनख्वाह के साथ थोड़ी आजादी भी देते हैं, पर प्रकाशन और मुद्रण की तकनीकी सीमाएँ, राजनैतिकों की शर्तें, सरकार के दबाव संपादकीय लेख मशीन में दिये जाने के क्षण कितनी आजादी दरअसल छोड़ते हैं, यह कोई संपादक अपनी असीम थकान के बीच कभी नहीं बता पायेगा। हर जिले के नामी नेता और गुंडों का तो 'अपना' अखबार है और जरूरत के वक्त कोई भी अखबार अपना बनाया जा सकता है। छोटे नगर का संपादक, संवाददाता, लेखक (जो प्रायः एक ही होता है) हर नये जिलाधीश का चरण स्पर्श करके ही कलम उठाता है और हर वाक्यांश के बाद महामहिम की मुद्रा का परीक्षण करके आगे बढ़ता है, इन जैसे तमाम स्थूल पक्षों का विस्तृत विवरण यहाँ देना जरूरी नहीं है, क्योंकि हिंदी का कोई पाठक इनसे अनभिज्ञ नहीं होगा। हिंदी में अब मिलता ही क्या है कस्बे की दुकान पर सिवाय अखबारों और पत्रकाओं के? कस्बे की छोड़िए। यदि दिल्ली के हिंदी विषय के अध्यापक और शिक्षक भी किताब पढ़ रहे होते, तो आज हिंदी साहित्य की हर नयी कृति कम से कम पाँच-सात हजार सिर्फ दिल्ली में बिक जाती। साहित्य को पत्रकारिता ने लील लिया है। मन को स्थिरता देनेवाली किताब आवेगजीवी पत्रकारिता के आगे ठहर ही कैसे सकती है? पत्रकारिता का दोस्त तो विज्ञापन है, जो अखबार के मुखपृष्ठ की लाज छोड़ कर (वह भी सदैव नहीं) हर पन्ने पर फैला रहता है। पत्रकारिता की आत्मा पाठक में नहीं, खरीदार में रहती है।

हमारे देश की उदीयमान पूंजीवादी व्यवस्था को सांस्कृतिक जनाधार देना पत्रकारिता का विशिष्ट ऐतिहासिक मिशन था। इस मिशन को पूरा करने में उसे शिक्षा का भरपूर सहयोग किस प्रकार मिला, यह मैं विस्तार से अन्यत्र (देखिए सोशल साइंटिस्ट, अक्तूबर 1990) बता चुका हूँ। यहाँ इतना कहना ही पर्याप्त और अधिक प्रासंगिक होगा कि हिंदी पत्रकारिता ने उस खोखलेपन का लाभ उठाया जो औपनिवेशिक व्यवस्था से उपजे स्वतंत्र भारत के शासन तंत्र की शिक्षा और प्रसार की नीतियों में निहित था। सबसे साफ रूप में यह खोखलापन शासन की भाषा नीति में दिखाई देता था। अंग्रेजी पर टिका शासक वर्ग हिंदी का विकास संविधान में अंकित राज्य प्रणाली और समाज रचना के अनुरूप करने में स्वयं अक्षम था, इसलिए उसने यह गुरु-गंभीर जिम्मा उन लोगों के हाथों सौंप दिया जो स्वतंत्रता संघर्ष के दिनों में ही हिंदी के राजनैतिक उपयोग ताड़ चुके थे। ये लोग समाज के आंचलिक 'एलीट' थे—बड़ी जोतवाले सामंत, शहर के व्यापारी, उच्च जातियों के नौकरीशुदा व्यवसायी इस 'एलीट' वृत्त में शामिल थे। देश को इकाई बना कर राज कर रहे अंग्रेजीदाँ प्रभु वर्ग से होड़ लेने के लिए इस आंचलिक प्रभु वर्ग का औजार थी भाषा और उसके जरिये फैलायी जा सकने-वाली पुनरुत्थानवादी संस्कृति। दक्षिण पंथी राजनीति का यह प्रच्छन्न रूप था, और अभी कुछ वर्ष पहले तक कोई बड़ा दक्षिण पंथी नेता यह मानने को तैयार नहीं होता था कि यह राजनीति है। भाषा के स्तर पर इस राजनीति ने उर्दू और हिंदी के पहले से प्रचारित आपसी परायेपन को उभारा, प्रतीकों के स्तर पर इतिहास और मिथक को गड्डमगड्ड कर भारत के एक रोमांटिक अतीत और रोमांटिक भविष्य की रचना की। भाषा और प्रतीकों के स्तर पर पुनरुत्थानवाद की इस सूक्ष्म पहल को उन्माद में बदलने का काम किया पत्रकारिता ने। प्रेस काउंसिल की विशेष समिति (जिसके सदस्य रघुवीर सहाय थे) ने हाल के सांप्रदायिक तांडव में उत्तर प्रदेश और बिहार के जिन अखबारों की प्रताड़ना की है, उन्हें अपवाद मानना उतना ही गलत होगा जितना हिंदी पत्रकारिता के उन्मादी चरित्र को एक आकस्मिक विक्षेप समझना। हमारे देश में दैनिक पत्रिकारिता को राज्य की ओर से मिली सुविधाओं और प्रांतीय राजनीति, अपराध जगत और सूचना तंत्र क रिश्तों का रहस्य जाने बगैर हम अखबार को आठवीं कक्षा के छात्र की दृष्टि से ही देखते चले जायेंगे। उस हालत में हम इतना भी नहीं देख सकेंगे कि अखबारों ने निर्धनता, शोषण और अशिक्षा से पैदा हुई परिस्थितियों को किस कामयाबी से छिपाया है और उनका लाभ उठाया है।

सावधान, पुलिया संकीर्ण है

प्रभाष जोशी

पहले जहाँ लिखा था, 'बीवेर ! नैरो ब्रिज अहेड', अब वहाँ आ गया है, 'सावधान ! पुलिया संकीर्ण है ।' उस पुल से गुजरनेवाले ज्यादातर लोगों के लिए 'सावधान ! पुलिया संकीण है' भी उतना ही अंग्रेजी है, जितना कि 'नैरो ब्रिज अहेड' था । अगर अंग्रेजी की जगह हिंदी इसलिए लिखी गयी कि लोग पुल से गुजरने के पहले जान लें कि वह सँकरा है तो यह इरादा पूरा नहीं हुआ है । हिंदी ने अंग्रेजी को सिर्फ हटाया है ।

हिंदी के जन संचार की प्रभावशाली भाषा न बन पाने के पीछे सबसे बड़ा कारण हिंदी और अंग्रेजीवालों की यह हटाने की मानसिकता है । 'भारत छोड़ो आंदोलन' के वक्त महात्मा गाँधी ने अंग्रेजों से कहा था कि पहले आप जाइए, हमारी अराजकता आपके राज से बेहतर होगी । अंग्रेज चले गये । हमारी अराजकता भी कायम है और शासन भी, लेकिन इसे न बेहतर कहा जा सकता है, न बदतर । सरकारों को हटाने के इतने अनुभव के बाद हम जानते हैं कि एक शासक को महज हटाने से कुछ नहीं बदलता । व्यवस्था व्यक्तियों को अपने जैसा बना लेती है । इसलिए बदलनी चाहिए व्यवस्था ।

सरकार और प्रशासन भाषा की तुलना में बहुत स्थूल और बाहरी हैं । जब उन्हें भी महज हटाने से कोई बात नहीं बनती, तो भाषा, जो अंतरंग और सूक्ष्म है और बोलनेवाले के व्यक्तित्व और चरित्र की पहचान है, को दूसरी भाषा से कैसे हटाया जा सकता है ? जब एक चीज दूसरी चीज से हटाये जाने के लिए विकसित की जाती है, तो वह उसी तरह की हो जाती है, जिसे वह हटाती है या हटाना चाहती है । हिंदी अंग्रेजी की तरह कैसे हो सकती है ? हिंदी अंग्रेजी की तरह क्यों बनायी जानी चाहिए ?

अंग्रेजी हिंदी की तरह नहीं हो सकती, न अंग्रेजों ने कभी उसे हिंदी की तरह बनाने की कोशिश की । लेकिन हमने हिंदी को अंग्रेजी की जगह लेने के लायक बनाने की कोशिशें की हैं । ये कोशिशें आजादी के बहुत पहले से की जा रही है ।

इसी का नतीजा है कि प्रशासन में, औपचारिक संवाद में और सार्वजनिक स्थलों पर जो हिंदी हम लिखते-बोलते हैं, वह तो अंग्रेजी हो ही गयी है, जन संचार और साहित्य में भी नकली हिंदी चल रही है। इस हिंदी ने संप्रेषण के पुल को इतना सँकरा कर दिया है कि उस पर से वे ही गुजर सकते हैं, जो अंग्रेजी भी जानते हैं।

हिंदी अंग्रेजी हटाने के लायक बन सके, इसकी कोशिशें सिर्फ हिंदीवालों ने नहीं कीं। उन गैरहिंदी राष्ट्रीय नेताओं और सोचने-समझनेवालों ने भी कीं, जो मानते थे कि इस देश का कामकाज अपनी भाषा में चलना चाहिए। लेकिन जाने-अनजाने ये कोशिशें उसी रास्ते पर चल निकलीं, जिस पर हिंदी को स्कूलों और कालेजों में पढ़ाने लायक बनाने के लिए अंग्रेजों ने संस्कृत से जोड़ कर चला दिया था। हिंदी संस्कृत से भले ही निकली हो और संस्कृत भले ही धर्म और पुराणों की देवभाषा हो और हमारी संस्कृति को उसने सुरक्षित रखा हो, वह न पिछली दो सदियों में जीवंत भाषा थी, न अब है। हिंदी को संस्कृत से जोड़ने का नतीजा यह निकाला कि जड़ हुई भाषा में अंग्रेजी के ऐसे शब्द और पर्यायवाची खोजे गये जो कहीं भी चलन में नहीं थे। डॉ० रघुवीर का शब्द कोश इन कोशिशों का स्मारक है। तो सिर पर संस्कृत और सामने अंग्रेजी रख कर हिंदी चली और इस तरह बन गयी कि अपने ज्यादातर बोलनेवालों की समझ से भी बाहर निकल गयी।

भाषा बोलनेवालों के लिए एक-दूसरे को समझने और नजदीक लाने का माध्यम है। पर राजनीतिज्ञों के लिए वह हथियार भी है और औजार भी। अंग्रेजी आखिर इस देश पर राज करनेवाले अंग्रेजों और हिंदुस्तानियों की भाषा थी और है। उसकी जगह अगर हिंदी ले रही है या लेगी, तो उसे बोलनेवाले राज भी करेंगे। पुनर्जागरण और आजादी की लड़ाई ने सभी हिंदुस्तानियों को अपनी भाषा, अपने प्रांत और अपनी संस्कृति पर गर्व करना सिखाया है और उन पर किसी भी हमले का सामना करने के लिए तैयार किया है। अंग्रेजी की जगह हिंदी का लेना और हिंदीवालों का राजनीतिक रूप से ज्यादा शक्तिशाली होना दूसरी भाषावालों को अपनी भाषा के जरिये जोर दिखाने के लिए उकसाये तो इसमें अचरज क्या है। यह धारणा भी गलत नहीं है कि हिंदी के श्रेष्ठी और शासक वर्ग ने अंग्रेजी के शासक वर्ग की जगह लेने में दूसरी भाषाओं के लोगों की भावनाओं का पर्याप्त सम्मान नहीं किया। हिंदी के विरोध में क्षेत्रीय राजनीति जितनी जिम्मेदार है, उतनी ही है हिंदी को अंग्रेजी बनाने की इच्छा।

इस विरोध की आँच को कम करने के लिए दो तरह के प्रयत्न किये गये। पहला यह कि कि भारत की ज्यादातर भाषाओं की माँ संस्कृत है, इसलिए हिंदी का संस्कृतीकरण किया जाये, ताकि वह ज्यादातर लोगों को मंजूर हो सके। दूसरा हिंदी को सरल यानी बोचचाल की आमफहम भाषा बनाने के लिए उसमें उर्दू के

शब्द लाये जायें। पहली कोशिश दक्षिण, पश्चिम और पूर्व को मनाने के लिए थी और दूसरी उत्तर को। हिंदी पूरे देश में स्वीकार्य हुई हो या नहीं—इन कोशिशों ने नकली हिंदी को और भी ज्यादा अटपटी बना दिया। शुद्ध संस्कृत के शब्दों के साथ उर्दू के नाम पर अरबी-फारसी शब्द आने लगे। अटपनापन इतना बढ़ा कि व्याकरण और वर्तनी में अराजकता फैल गयी।

अंग्रेजी को हिंदी से हटाने के प्रयत्नों से राजनीतिक नुकसान जो हुआ तो हुआ —सबसे ज्यादा दुर्गति खुद हिंदी की हुई। हिंदी देश की आबादी के लगभग आधे लोगों की भाषा है और संस्कृत या अंग्रेजी के दम पर नहीं, अपनी परंपरा, धरोहर, शक्ति, लोच और सर्वग्राहिता के दम पर खुद अपने अधिकार से स्वतंत्र भाषा है। उसका मूल संस्कृत से ज्यादा उन बोलियों में रहा है, जो आज भी हिंदी क्षेत्र में बोली जाती हैं। ये बोलियाँ भौतिक और आध्यात्मिक दोनों स्तरों पर धरती से जुड़ी हुई हैं। अंग्रेजों ने शायद जानबूझ कर या नासमझी के कारण हिंदी को संस्कृत से जोड़ा। लेकिन हम हिंदीवाले, जो ज्यादातर घर में कुछ और बोलते हैं तथा बाहर कुछ और, लिखते किसी भाषा में हैं तथा बोलते हैं किसी और में—कम से कम हम तो इसे बोलियों से जोड़ सकते थे, ताकि खड़ी बोली में दिल धड़कने लगता —उसमें प्राण प्रतिष्ठा होती।

हमने ऐसा नहीं किया तो इसका कारण राजनीति या अंग्रेजी की गुलामी नहीं थी। हिंदी को जैसा हमने आज बना लिया है—उसके पीछे हमारी मानसिकता में गहराई तक उतरा एक सांस्कृतिक दास्य भाव है। जिस भाषा के जरिये राजनीतिक, सांस्कृतिक और सामाजिक श्रेष्ठता स्थापित की जा सके, वह इस देश में जनभाषा नहीं रही है। संस्कृत जनभाषा नहीं थी, न अरबी, न फारसी और न अंग्रेजी। शासक भले ही विदेशियों की जगह हिंदुस्तानी हो गये हों (और आज ही नहीं, लिखित इतिहास में ऐसा होता ही रहा है), शासकों और श्रेष्ठियों की भाषा जन भाषा से अलग रही है।

इस तथ्य और प्रवृत्ति को एक दूसरे क्षेत्र और स्तर पर जरा आसानी से समझा जा सकता है। भारत जैसे गरम देश में तली हुई चीजें खाने का इतना ज्यादा चलन क्यों है, जबकि पाचन की गड़बड़ी की शिकायत देशव्यापी है तथा आयुर्वेद तली हुई और मसालोंवाली चीजों से परहेज करने को कहता रहा है? शहरों की बात छोड़ दीजिए। लेकिन गाँवों में अभी भी खाने की तली हुई चीजें ही सभी जातियों को एक साथ स्वीकार हैं। ब्राह्मण नीची जातियों में बना कच्चा खाना नहीं खाता, पक्का भोजन कर लेता है। क्षत्रिय और वैश्य ब्राह्मण के घर कच्चा खाना खा लेंगे, लेकिन अपने से नीची जातियों में पक्का भोजन माँगेंगे। जाति की सीढ़ियों पर उतरते हुए पक्के भोजन की मांग और मंजूरी बढ़ती जाती है। तली हुई चीजों का आग्रह इसलिए कि उनके खराब होने की संभावना ज्यादा नहीं होती

और वे कुछ दिन टिक सकती हैं। कच्ची चीजों में उगने और बिगड़ने की संभावना ज्यादा होती है, क्योंकि वे ज्यादा जैविक होती हैं। चीजों को खराब न होने और टिकाये रखने के लिए उन्हें घी या तेल में तल लिया जाता है। तली हुई चीज उग या बढ़ नहीं सकती, उसके पोषक तत्व निश्चित ही कम हो जाते हैं, पर वह सुरक्षित होती है और कुछ टिक सकती है।

ऊँची जातियों का भोजन में यह आग्रह शासक और श्रेष्ठी वर्ग में भाषा और संस्कृति के स्तरों पर रहा है। जन और उनकी भाषा से शासक और श्रेष्ठी वर्ग ने वही मंजूर किया है, जो उन्हें उनकी भाषा में तल कर परोसा गया है। पहले संस्कृत में तलते थे, फिर अरबी में, फारसी में और पिछले दो सौ सालों से अंग्रेजी में। यानी सत्ता और सांस्कृतिक क्षेत्रों में धरती से उगी वही बात मानी गयी, जिसे पराये घी या तेल ने उसकी जैविकता से काट दिया। हमारी बोलियों में हमारी जैविकता है, जो हमारे शासकों को—वे चाहे विदेशी रहे हों या देशी—मंजूर नहीं होती। इस देश में शासक का शासित से अलग होना जरूरी माना जाता है। शासित की बात शासक की भाषा में कही जाये तो सुनवाई होती है, प्रतिष्ठा मिलती है। वह दंतकथा सचमुच कथा नहीं है, जिसके अनुसार रामचरितमानस को पंडितों ने इसलिए स्वीकार नहीं किया कि वह अवधी में लिखी गयी थी। अगर गंगा उसे उतार नहीं देती, तो पंडित रामचरितमानस को मंजूर नहीं करते। पिछले बीस-तीस बरसों में भारतीय भाषाओं के प्रेस ने काफी विकास किया है। भाषाई पत्रों का प्रचार अंग्रेजी से चौगुना है। फिर भी पूछ और प्रभाव अंग्रेजी का है, क्योंकि वह शासकों और श्रेष्ठियों की भाषा है।

यह आपको अजीब नहीं लगता कि हिंदी को समृद्ध करने के लिए संस्कृत से जोड़ा गया, जो बोली के नाते सदियों से सरस्वती की तरह लुप्त थी? उसे अंग्रेजी के पद-चिह्नों पर चलने को भी कहा गया, जो इस देश में उगती, पनपती और फलती नहीं। लेकिन उसे उन बोलियों से नहीं जोड़ा गया, जो मिट्टी, पानी और हवा दे सकती थीं। क्या यह हिंदी को शासकों की, श्रेष्ठियों की भाषा बनाने की कोशिश थी? इस नकली हिंदी के चलते ही लगभग बत्तीस करोड़ हिंदी भाषियों और दस करोड़ पढ़नेवालों के बावजूद हिंदी की पत्र-पत्रिकाओं की सिर्फ एक करोड़ चालीस लाख प्रतियाँ छपती हैं। यह संख्या अंग्रेजी से तीस लाख ज्यादा है, लेकिन अंग्रेजी बोलने-समझनेवाले इस देश में दो या तीन प्रतिशत हैं, जबकि हिंदीवाले लगभग पचास प्रतिशत।

जन संचार के लिए जो हिंदी चल रही है—उससे ज्यादा उम्मीद की भी नहीं जा सकती। यह नकली अनुवादी भाषा हिंदी पत्रकारिता के विकास की पहली सबसे बड़ी बाधा है। आँकड़े बताते हैं कि बंगला, मलयालम, तमिल और गुजराती पत्रकारिता के कदम हिंदी से तेज उठे हैं। देश का सबसे बड़ा अखबार—आनंद-

बाजार पत्रिका—बंगला का है और कोट्टायम, कालिकट और कोचीन से निकलनेवाला मलयालम दैनिक 'मलयाल मनोरमा' पाँच लाख से ज्यादा बिकता है। हालाँकि केरल में साक्षरता हिंदी क्षेत्र की तुलना में लगभग दुगुनी है, पर उसकी जनसंख्या कुल ढाई करोड़ है। पश्चिम बंगाल में साक्षरता हिंदी क्षेत्र से डेढ़ गुनी है, पर आबादी लगभग साढ़े पाँच करोड़ है।

इन भाषाओं से हिंदी पिछड़ रही है, तो इसका एक कारण है—हिंदी का कोई एक राज्य न होना। मोटे तौर पर मलयालम का केंद्र केरल में, बंगला का बंगाल में, मराठी का महाराष्ट्र में, गुजराती का गुजरात में और तमिल का तमिलनाडु में है। हिंदी का केंद्र किसी एक राज्य में नहीं है। न हिंदीभाषी राज्यों की वैसी साफ तराशी हुई पहचान है, जैसे कि महाराष्ट्र, केरल, तमिलनाडु और बंगाल की है। दिल्ली हिंदी क्षेत्र के मस्तक की तरह है, लेकिन उसी में बसता है अंग्रेजी के जरिये देश की सत्ता चलानेवाला और सांस्कृतिक श्रेष्ठता का फैशन तय करनेवाला श्रेष्ठी वर्ग। भौगोलिक और ऐतिहासिक कारणों से हिंदी क्षेत्र उस गहरे छुपे हुए मानसिक दास्य भाव का ज्यादा शिकार रहा है और विदेशी शासक लगभग उसकी छाती पर बैठा रहा है। इस माने में महाराष्ट्र, गुजरात, केरल, तमिलनाडु और बंगाल जरा किस्मतवाले रहे हैं। दूसरे राज्यों की तरह अगर पूरा हिंदी क्षेत्र भी एक राज्य होता और उसकी एक निश्चित पहचान होती तो हिंदी पत्रकारिता का विकास बंगला या मलयालम से निश्चित ही काफी तेज होता।

हिंदी क्षेत्र की भौगोलिकता उसके जन संचार के प्रभावशाली माध्यम न बनने के लिए भी जिम्मेदार है। जैसा कि मैंने पहले कहा, बोलियों से जुड़ना ही हिंदी के उद्धार का रास्ता है। हिंदी के जिन क्षेत्रीय अखबारों ने अपनी भाषा को बोलियों से जोड़ा है, उनमें जीवन चमक रहा है और वे फल-फूल रहे हैं। लेकिन पंजाब में हिंदी को जुड़ना होगा पंजाबी से, हरियाणा में हरियाणवी, राजस्थानी और पंजाबी से, दिल्ली में उर्दू से, उत्तर प्रदेश में अवधी, ब्रज और भोजपुरी से, बिहार में मगधी और मैथिली से, राजस्थान में राजस्थानी की मारवाड़ी, मेवाड़ी आदि बोलियों से और मध्य प्रदेश में बुंदेलखंडी, मालवी आदि से। अभी तो पढ़ने की हिंदी अमृतसर के हिंदी भाषी को और जबलपुर की हिंदी बलिया के आदमी को अटपटी लगती है। और जब हिंदी इन सभी राज्यों में अपनी बोलियों से जुड़ जायेगी तो शुरू में एक दूसरी से और भी अलग हो जायेगी। लेकिन आज जिस नकली और मानक हिंदी को हम चलाने और बनाने की कोशिश कर रहे हैं, उससे वह फिर भी ज्यादा समझ में आनेवाली होगी। आखिर हमारा सारा भक्ति साहित्य बोलियों में है, लेकिन पूरा हिंदी क्षेत्र ही नहीं, कई गैर-हिंदी राज्य भी उसे आसानी से समझ लेते हैं। हिंदी क्षेत्र की भौगोलिक, ऐतिहासिक और सांस्कृतिक दूरियों पर पुल बनानेवाली हिंदी बोलियों के गर्भ से ही सीमेंट, लोहा, स्टील, कंक्रीट आदि

निकल सकते हैं।

धरती की धड़कन और गंधवाली ऐसी हिंदी निश्चित ही जन संचार और इसलिए पत्रकारिता का बेहतर माध्यम होगी। हिंदी के क्षेत्रीय अखबार इस प्रयोग में कुछ हद तक सफल हुए हैं, लेकिन समझ-बूझ कर अगर वे लगातार कोशिश करें तो तथाकथित मानक हिंदी के नकलीपन और औपचारिकता को खत्म कर सकते हैं। वे बेहतर स्थिति में हैं। वे प्रशासनिक-शासकीय दुराग्रहों के सत्तापीठ दिल्ली से दूर हैं। उन्हें मोटे तौर पर एक ऐसे क्षेत्र के पाठकों का होना है, जिनका भाषाई और सांस्कृतिक धरातल लगभग एक जैसा है। इस क्षेत्रीय पहचान से तादात्म्य करना आसान है। फिर राज्य सरकारें उन्हें उस तरह नजरअंदाज नहीं कर सकतीं, जिस तरह दिल्ली की सरकार और प्रशासन हिंदी के तथाकथित राष्ट्रीय दैनिकों को करते हैं। दिल्ली को पूरे देश और इसलिए अंग्रेजी की चिंता है। राज्य सरकार और उसके मंत्रियों का राजनीतिक जीवन ये क्षेत्रीय अखबार बना या बिगाड़ सकते हैं।

लेकिन क्षेत्रीय दैनिकों की दिक्कत यह है कि अगर वे सघन प्रसार के लिए अधिक क्षेत्रीय बनते हैं, तो हिंदी पत्रकारिता की नियति से कट जाते हैं। एक से अधिक राज्यों और आधे देश की भाषा होने के कारण हिंदी पत्रकारिता की यह जिम्मेदारी है कि वह स्वभाव से राष्ट्रीय हो। वैसे भी सदियों से सत्ता केंद्र के आसपास होने और आजादी की लड़ाई में अगुआई करने से हिंदी क्षेत्र के लोगों का परिप्रेक्ष्य आम तौर पर दूसरी भारतीय भाषाओं से ज्यादा राष्ट्रीय है। हिंदी क्षेत्र अपने को लगभग देश समझता है। क्षेत्रीयता का आग्रह इस अखिल भारतीयता से मेल नहींखाता। लेकिन ट्रेजेडी यह है कि अखिल भारतीयता की जरूरतें जिस दिल्ली से पूरी की जा सकती हैं, उसमें हिंदी या किसी भी क्षेत्रीय भाषा का सम्मान और प्रतिष्ठा नहीं है। और, पूरे हिंदी क्षेत्र से दिल्ली की हिंदी पत्रकारिता अगर अपने को जैविक रूप से जोड़ना चाहे तो उसके पास कोई मानक और जीवित भाषा नहीं है। अपनी-अपनी खूबियों और कमजोरियों में क्षेत्रीय पत्रकारिता फिर भी बेहतर स्थिति में है, क्योंकि वह अपनी खूबियों को भुना सकती है।

अखिल भारतीयता की जरूरतों को पूरी करने में हिंदी पत्रकारिता अभी सफल नहीं हो सकी है। इसका कारण यह है कि हिंदी भाषियों की राष्ट्रीय रुचियों और चिंताओं के अनुरूप वह खबरों और विचारों का अखिल भारतीय ढांचा (नेटवर्क) विकसित नहीं कर पायी है। गैर-हिंदी राज्यों की जानकारी वह अंग्रेजी के जरिये लेती है, जबकि सभी भारतीय भाषाओं से उसका सीधा संपर्क होना चाहिए था। खबरें जानकारी हैं और इसलिए उनके जरिये संपर्क आसान होता है। अगर हिंदी को देश की संपर्क भाषा बनना है, तो हिंदी पत्रकारिता दूसरी भाषाओं से सीधा संपर्क बढ़ा कर इसे आसान कर सकती है। अभी समस्या यह है

कि क्षेत्रीय दैनिक पूरे हिंदी क्षेत्र तक नहीं पहुंच पाते। दिल्ली के अखबार भी ऐसा नहीं कर पाते। दक्षिण, पश्चिम और पूर्वी भारत के बारे में कितनी खबरें और रूपक (फीचर) हमारे अखबारों में होते हैं ? क्या हिंदी का पाठक अपने अखबार के प्रसार क्षेत्र के बाहर की खबरें पढ़ना नहीं चाहता ? क्या हिंदी पत्रकारिता अंग्रेजी से ज्यादा राष्ट्रीय हुए बिना अपनी जिम्मेदारी निभा सकती है ? हिंदी पत्रकारिता यह जिम्मेदारी नहीं निभा पायी है, क्योंकि आजादी के बाद जो समस्याएँ और चुनौतियां उसके सामने आयीं, उनका हल खोजने की व्यवस्थित कोशिशें नहीं हुई। बदलाव उसमें जरूर आया है, लेकिन वह संपादकीय सामग्री में उतना नहीं जितना छपाई, प्रसार और तकनीकी के मामलों में दिखाई देता है। बदली हुई परिस्थिति में मिशन को व्यवसाय बनना था, वह धंधा बन गया।

पुनर्जागरण के दौर में जन शिक्षण और फिर देश की आजादी हिंदी पत्रकारिता के मिशन रहे। पहला दौर सेवा का था और दूसरा लड़ाई का। तब के मालिक संपादकों के लिए अखबार निकालना और जेल जाना घर-फूंक तमाशा देखना था। लाभ-हानि उनके खाते में कहीं नहीं थे। न वे सामाजिक-राजनीतिक रूप से प्रभावशाली हो सकते थे। वे एक बड़ी लड़ाई के छोटे सिपाही थे और पत्रकारिता के हथियार से लड़ रहे थे। तब अखबारों में काम करने भी वे लोग आते थे जो या तो साहित्य सेवा में लगे थे या राजनीतिक कार्यकर्ता थे। आस्था, सेवा, समर्पण और संघर्ष उन्हें पत्रकारिता में अनोखा सुख-संतोष देते थे। मालिक और संपादक या मालिक-संपादक और उनके साथियों में मालिक-मजदूर का रिश्ता नहीं था।

आजादी के बाद जन सेवा और संघर्ष का मिशन पूरा हुआ, तो मालिक-संपादक लाभ कमाने की सोचने लगा और राजनीतिक कार्यकर्ता-पत्रकार राजनीति में सीधे हिस्सेदारी या सरकार से लाभ और प्रभाव मांगने लगा। यह होना ही चाहिए था, क्योंकि जन सेवा और आजादी की लड़ाई के ज्यादातर सेनापति भी अपने त्याग, बलिदान और प्रभाव को भुनाने में लग गये थे। लाभ की इच्छा रखने और उसके लिए काम करने में कोई खराबी नहीं है, न राजनीतिक प्रभाव के इस्तेमाल में कोई पाप है। गड़बड़ तब होती है, जब मंदिर में भरत नाट्यम करनेवाली देवदासी को आप कोठे पर बैठा कर उत्तेजक कथक, कैबरे या डिस्को करने को कहें।

आजादी की लड़ाई के दौरान हिंदी पत्रकारिता का चरित्र खरा भारतीय था और उस समय के ज्यादातर अंग्रेजी अखबारों से बिल्कुल अलग। व्यावसायिक धरातल पर वह अंग्रेजी अखबारों से कमजोर रही हो, पर उसमें जो जान और आन थी, वह आजादी की लड़ाई में लगे गिने-चुने अंग्रेजी अखबारों में भी नहीं थी। तब वह किसी के पीछे नहीं चलती थी और अपना औचित्य खुद थी। उसका अपना रास्ता था और उस पर वह आत्मसम्मान और गरिमा से चलती थी।

आजादी के बाद मिशन को व्यवसाय बनना था और समर्पण या लगाव को

तटस्थता। इन जरूरतों को पूरा करने के लिए न तो मालिकों के पास साधन थे, न पत्रकारों में वह हुनर। पत्रकार बने साहित्यकार के लिए अनुभूति और आस्था ज्यादा महत्वपूर्ण थी, बजाय जानकारी और तटस्थता के। मिशनहीन पत्रकारिता को वह हिकारत से देखता था। और, राजनीतिक कार्यकर्ता अभी भी पत्रकारिता को राजनीति की सेविका बनाये रखना चाहता था। साधनों के लिए मालिक सरकारों पर और हुनर के लिए पत्रकार अंग्रेजी अखबारों की तरफ देखने लगे। इसका नतीजा हुआ सरकार और नेताओं का समर्थन और सामग्री के मामले में अंग्रेजी अखबारों की अंधी नकल। अंग्रेजी अखबार एक तो इंग्लैंड और अमेरिका की पत्रकारिता से जुड़े हुए थे; दूसरे, उनमें व्यावसायिकता शुरू से ही ज्यादा थी और तीसरे, वे अंग्रेजी की कृपा से आर्थिक रूप से भी बेहतर थे।

विडंबना देखिए कि आजादी के पहले जिस हिंदी पत्रकारिता का मस्तक ऊँचा और चमचमाता हुआ था और जो अपने आपमें प्रतिष्ठित थी, वह अंग्रेजी की नकल करने लगी। जो अंग्रेजी अखबारों में होता है, हिंदी में भी हो। चूंकि धंधा चलाना है, इसलिए तत्व और मूल्य दोनों में सस्ता हो। अंग्रेजी पत्रकारिता की यह भद्दी नकल हिंदी पत्रकारिता को आजादी की उस सुबह में करनी पड़ी, जब उसे गाँवों तथा लोगों से और बेहतर जुड़ने के लिए नये प्रयोग करने थे। यह मजबूरी बड़े अंग्रेजी अखबारों के प्रतिष्ठानों के हिंदी अखबारों में और भी दयनीयता के साथ उभरी, हालांकि साधन होने के कारण उनका प्रसार बढ़ा।

पिछले कुछ सालों से हिंदी की क्षेत्रीय पत्रकारिता अपनीवाली पर आ रही है और साधन-संपन्न हुए मालिक छपाई की नयी तकनीकी अपना रहे हैं। लेकिन वे मशीनों और दूसरे साधनों में पैसा लगाने को तैयार हैं, पत्रकारिता का हुनर बढ़ाने के लिए अपने इलाके की प्रतिभाओं को आकर्षित करने में नहीं। पुरानी शिकायत है कि हिंदी को अंग्रेजी की संवाद समितियों पर निर्भर रहना पड़ता है। अब समाचार तो दूर, हिंदी के ज्यादातर अखबार वे लेख और कॉलम लगातार छापते हैं, जो अंग्रेजी से अनुवाद किये जाते हैं और कई अखबारों में एक साथ छपते हैं। अंग्रेजी समाचार सेवाओं की तरह लेख सेवाएँ निकली हैं, जो सस्ती हैं और देनदारी की माँग नहीं करतीं। सचाचार सेवाओं के कारण हिंदी के अखबार संवाददाता नहीं रखते थे। अब लेख सेवाओं के कारण लिखनेवालों को रखने की जरूरत नहीं रही। इलाके के लिखनेवालों को जगह कहाँ से मिले?

इस नयी प्रवृत्ति के लिए सिर्फ मालिकों को दोष मत दीजिए। एक खबर का अंग्रेजी से अनुवाद जिस भाषा में किया जाता है, ज्यादातर संवाददाता उसी भाषा में अपनी खुद की खबर लिखते हैं। ज्यादातर पत्रकार लेखों में भी उसी भाषा का इस्तेमाल करते हैं और आम तौर पर अखबारों में लिखनेवाले ज्यादातर लेखक अंग्रेजी में छपे तीन-चार लेखों को मार-पीट कर हिंदी में लेख बना देते हैं। मालिक

हिंदी पत्रकारिता की सेवा में नहीं लगा है। उसे अगर फायदा न हो तो वह नुकसान भी नहीं भुगतना चाहता। जो चीज़ उसे सस्ते में अंग्रेजी से मिल जाती है, उसकी नकल और नकल करनेवालों पर वह फालतू पैसा क्यों उजाड़े?

अपनी अनुभूति को सत्य समझनेवाले साहित्यकार-संपादक अब मंच से हट गये हैं। राजनीतिक कार्यकर्ताओं के लिए पत्रकारिता से ज्यादा आसान और कमाऊ रास्ते खुले हुए हैं। मालिक के पास साधन हैं और वह ऐसा अखबार या पत्रिका चाहता है, जो कमा सके। फिर क्यों हिंदी पत्रकारिता व्यावसायिक श्रेष्ठता की तरफ नहीं बढ़ रही है? भविष्य उसका है। लेकिन भविष्य भी तो कमाना पड़ता है। हिंदी पत्रकारिता यह कमाई अर्थ और पुण्य दोनों ही स्तरों पर हिंदी-भाषियों से जुड़ कर ही कर सकती है। लेकिन इसके लिए पुल को इतना चौड़ा करना होगा कि उस पर से करोड़ों लोग गुजर सकें और वह हिंदी को दूसरी भारतीय भाषाओं से भी जोड़ दें। अंग्रेजी की तुलना में हिंदी पत्रकारिता की चुनौती बड़ी है। हिंदुस्तान में अंग्रेजी को 90 से 180 डिग्री कवर करना रहता है। हिंदी को 0 से 180 डिग्री कवर करनी पड़ेगी। उसके एक सिरे पर नव-साक्षर या अर्धसाक्षर हैं और दूसरी तरफ विद्वान। हिंदी पत्रकारिता को संकीर्ण पुलिया से उठ कर पूरे आकाश पर फैलना होगा।

स्त्री के साथ सलूक

ममता कालिया

सलूक शब्द मेरे जेहन में कई सड़कोंवाले एक चौराहे की तरह खुल रहा है—सलूक स्त्री के साथ समाज का, परिवार का, मर्द का, अन्य स्त्रियों का, आधुनिक समय का, वर्तमान दृष्टिकोण का और पत्रकार का।

समाज की महत्वपूर्ण इकाई परिवार का केंद्र बिंदु, पुरुष की साथी, अन्य स्त्रियों की सहयोगी, समय की तसवीर और दृष्टिकोण के सफर की शुरुआत की शक्ल में स्त्री के महत्व को कम करके आज नहीं देखा जा सकता। लेकिन उसके इस महत्व स्वीकार में जिन दो शक्तियों ने सबसे सार्थक योगदान दिया है, वे हैं साहित्यकार और पत्रकार। अभी कुछ वर्ष पूर्व तक भारतीय स्त्री का जीवन एक बंद किताब की तरह था। अपने अंतर्बाह्य के सशक्त, अशक्त और विषाक्त सवालों के प्रति जितनी वह स्वयं अचेत थी, उतना ही समाज का हर महकमा।

मुझे आज भी याद आती है अपने परिवार में रह रही स्त्रियों की दुर्दशा। मेरी सगी मामी बारह साल अपने पति की उपेक्षा की पात्र बन कर घर में पड़ी रहीं। उनका दोष सिर्फ इतना था कि वे साँवली थीं, मामा गोरे। मामा उन्हें एक नजर देख कर घर से जो गायब हुए, किसी को पता नहीं चला वे कहाँ गये। नाना ने कहा, 'कोई और होता तो बहू को धक्के मार मायके पहुँचा देता। मेरा धर्म इस बात की गवाही नहीं देता। चलो आधी रोटी खा कर पड़ी रहेगी एक कोने में।' बारह साल छोटी मामी बड़ी मामी के बच्चों को पालती रहीं, पति की माँ से लात खाती रहीं और भोजन के नाम पर घर का बासी-सूखा पाती रहीं। तेरहवें साल मामा एकाएक नमूदार हुए और उनसे मुखातिब। मामी ने उनसे इस तिरस्कार का कारण नहीं पूछा, वरन जा कर मंदिर में प्रसाद चढ़ाया कि उनके देवता उनसे प्रसन्न हुए, उनका जीवन सार्थक हुआ। इस बीच उन्हें प्लूरिसी हुई, संग्रहणी हुई, मिरगी के दौरे पड़े—तब उनके देवता को कोई फर्क नहीं पड़ा। मामी के आगामी वर्ष चेतावनी सुनते ही बीते—देख, होश में काम कर, नहीं तो तेरा आदमी फिर चला जायेगा। लड़कपन में कई बार मैंने मामी से पूछा, 'मामी, सब तुम्हें दुतकारते

हैं, तुम लड़ती क्यों नहीं ?' मामी ने हर बार लाचार मुद्रा में सिर पर हाथ रख कर कहा, 'क्या कहूँ ! जाई गाँव में रहना, हाँजी-हाँजी कहना।' और भी बहुत-कुछ देखा उन वर्षों में—परिवार की स्त्रियों का किसी बहू को चूल्हे की जलती लकड़ी से पीटना, दाल की खदकती बटलोई सिर पर पटकना, बीमार, गर्भवती औरत के पेट में जोर की लात ! उन स्त्रियों की पीड़ा को दूर करनेवाला कोई नहीं था।

आज जब सुबह का अखबार उठाती हूँ और ऐसे समाचार पढ़ती हूँ : 'दहेज में भैंस, टेप और साइकिल न मिलने पर मंजु को जिंदा जला दिया गया', 'रूप कुँवर धन-लोलुप ससुरालवालों के षडयंत्र का शिकार', 'पुलिस के दरिंदों ने माया त्यागी को सरे बाजार अपमानित किया', 'पति के दुर्व्यवहार से तंग आ कर शकुंतला ने आत्महत्या की' तब मुझे लगता है पहली बार हिंदुस्तानी औरत को शायद जुबान मिली है। स्त्री की दशा को नगण्य से गण्य बनाने में भारतीय पत्रकारों का अद्‌भुत योगदान रहा है। आज स्त्री के जीवन में व्याप्त आक्रोश, कुंठा, विसंगति आदि को पहली बार अभिव्यक्ति मिल रही है। इस काम की शुरुआत जरूर समाज सुधारकों और विचारकों ने की, लेकिन इसे तीखेपन से रेखांकित किया है पत्रकार ने कि धौलपुर के बाजार में औरत बेची और खरीदी जाती है, कि औरत घर की चारदीवारी के अंदर प्रताड़ना पाती है, कि औरत को नौकरी की आड़ में पीड़ित किया जाता है, इस सबकी खोज और खबर आज अखबार और पत्र-पत्रकाओं के हवाले से मिलती है। यह कोई कम बड़ा कार्य नहीं है। पत्रकार महिला मुक्ति संगठनों से भी पहले सक्रिय हुआ है और इसी में है उसका अभूतपूर्व महत्व।

यहाँ तक तो सब बड़ा आदर्श और उज्ज्वल है। लेकिन इसके आगे आता है पत्रकारिता का कृष्ण दक्ष। अगर पत्रकार सचमुच भारतीय जन मानस को झकझोर कर सचमुच स्त्री के प्रति सार्थक चिंता और चेतना से जोड़ सकता तो यह एक अविस्मरणीय काम होता, क्योंकि उससे पैदा होती स्त्री और समाज के बीच बेहतर तैयारी और समझदारी। लेकिन अपनी तमाम प्रखरता के बावजूद भारतीय पत्रकार के लिए औरत एक 'स्कूप' से ज्यादा कुछ भी नहीं है। स्त्री के साथ हुए सलूक को रेखांकित करना एक खतरनाक और रपटीला रास्ता है, जिसके तहत पत्रकार जरा-सा बहकते ही दलाल या दुकानदार बन सकता है। नहीं तो क्या कारण है कि रोजाना स्त्री की प्रताड़ना की खबरें समाज में सरोकार की जगह सनसनी, चिंता की जगह चटपटापन और जागरूकता की जगह जुगुप्सा पैदा कर रही हैं ? कुछ अंशों में पत्रकार ने आज औरत के साथ वैसा ही सलूक किया है जैसा समाज के अन्य तबकों ने। उसने उसे एक जिंस भी बनाया है—बिकाऊ जिंस। आज पत्रकारिता में सबसे ज्यादा चटाखेदार विवरण जो दे सके—मारू

तसवीरें ओर गरम खबर, वही बिक्री और लोकप्रियता का मानदंड बन जाता है। यही कारण है कि जब माया त्यागी कांड घटित हुआ तो धड़ाधड़ सभी पत्रिकाओं ने बलात्कार विरोधी विशेषांक प्रकाशित किये। फर्क सिर्फ यह था कि उन सब पत्रिकाओं के मुखपृष्ठ पर 'बलात्कार' शब्द प्रमुखता से लिखा था—बड़े-बड़े अक्षरों में और 'विरोध' बारीक छोटे अक्षरों में। इन पत्रिकाओं का उद्देश्य माया त्यागी की पीड़ा बताना कम, अपनी बिक्री बढ़ाना ज्यादा था। यही हाल मथुरा कांड के समय देखा गया। कई वर्ष पहले 'साप्ताहिक हिंदुस्तान' का एक पृष्ठ कुछ-कुछ इसी तरह का होता था—टूटी हुई जिंदगी।

इन प्रयोगों से पत्रिका की बिक्री के आँकड़े बढ़ते हैं, मानवीय या सामाजिक सरोकार धुंधला पड़ता जाता है। धीरे-धीरे लोगों को ऐसी रिपोर्ट पढ़ने का ऐसा ही तटस्थ अभ्यास हो जाता है जैसा फिल्मों के विज्ञापन और गुड़-तिलहन के भाव देखने का। मुंह के रास्ते नितांत शाकाहारी लोग भी ऐसी तमाम पत्रिकाएँ बड़े चाव से पढ़ते हैं, जिनमें औरत एक सामिष व्यंजन की तरह परोसी जाती है। पत्रिकाओं के संपादक इस विष को पहचानते हुए भी इलाज नहीं करते, क्योंकि उनके ऊपर व्यावसायिक दबाव होते हैं। 'धर्मयुग' में कई बार कुछ मैटर सिर्फ इसलिए दूसरे मैटर की जगह लगा दिया जाता था, क्योंकि उसके साथ तैयार चित्र पर्याप्त उत्तेजक नहीं होते थे। ये बातें प्रबुद्ध पाठक से छिपती नहीं हैं। यही जानकारियाँ 'महाभोज' और 'कमला' जैसे नाटकों को जन्म देती हैं, जहाँ एक बार फिर औरत-जनित चटपटेपन की बिसात बिछायी जाती है। औरत के प्रति अपने सार्थक सरोकार का एक यथार्थपरक दृष्टिकोण स्वयं पत्रकार को खोजना होगा, ताकि उसका सारा अन्वेषण मात्र उत्तेजना की व्यंजन-पुस्तिका बन कर न रह जाये, वरन समाज को सही दिशा की रोशनी दे।

दरअसल, पत्रकार वही है जो समाज के अन्य लोग हैं। हमारा पत्रकार हमारे ही समय की पैदावार है। आज समाज की इस शाखा ने स्त्री को एक रंगीन बल्ब मान लिया है—उद्योग, व्यवसाय, विज्ञापन, फिल्म, दूरदर्शन और पत्रकारिता इन सब द्वारा चित्रित स्त्री उस भारतीय स्त्री से जरा भी मेल नहीं खाती, जिसकी दिनचर्या में आज भी वही आश्रम जीवन-सी कठोरता और एकरसता मौजूद है। जीवन चाहे कितना भी आधुनिक हो जाये, घर की औरत आज भी आपकी महाराजिन, महरी, आया, धोबन, भंगिन, नर्स, चपरासी और दासी है। ये सब चतुर्थ श्रेणी की भूमिकाएँ हैं और इन्हें अदा करते-करते औरत स्वयं अपना तेज धूमिल कर बैठती है। ऐसे में जड़ता एक बड़ी ही सुविधाजनक, सहज और स्वाभाविक प्रवृत्ति की तरह पनप सकती है। इस जड़ता को बड़े मोहक और रंगीन तरीके से 'ग्लोरिफाइ' किया है महिला पत्रिकाओं ने, जिन्होंने स्त्री सरोकार के एकदम तंग पैमाने खींच लिये हैं—कमरों की सजावट, कमोड की सफाई, नन्हे

बाबा का मोजा, पति को रिझानेवाले व्यंजन, शॉपिंग, गॉसिप और ज्यादा से ज्यादा गार्डेनिंग। सभी महिला पत्रिकाएँ महिलाओं के घरेलू कारावास को विश्वसनीय और रोमांटिक बनाने का जोरदार अभियान चलाये रखती हैं। देखने में ये सभी पत्रिकाएँ इतनी सुंदर और चिकनी होती हैं कि इनसे हुए नुकसान की तरफ किसी का ध्यान ही नहीं जाता। इस तरह सामाजिक सोच का दायरा तंग होता जाता है और समानता का कोई भी जीवन दर्शन जन्म नहीं ले पाता।

अब तो टेली-पत्रकारिता भी धड़ल्ले से चल निकली है और इसके माध्यम से जरूरी सवालों पर उँगली रखी जा सकती है। अनेक ऐसे कार्यक्रम हैं जो स्त्री संबंधी सरोकारों को बहस और विचार का मुद्दा बनाते हैं। इनमें से कुछ सार्थक भी हैं। मसलन दूरदर्शन ने 'बंद फाइल' कार्यक्रम में कानपुर में हुई तीन बहनों की सामूहिक आत्महत्या का विश्लेषण किया। यह एक बहुत ही सही और संतुलित विश्लेषण था। इसमें महज बातचीत में कमलेश्वर ने न केवल उन लड़कियों के पिता के सोच-विचार का खोट ढूँढ़ निकाला, वरन उस युवा छात्र नेता का भी, जो यह मान रहा था कि लड़कियों को सिर उठाने की जगह सिर झुका कर फाँसी लगा लेनी चाहिए।

लेकिन पत्रकार पर हम स्त्री संबंधी सलूक की बेहतरी की पूरी जिम्मेदारी नहीं डाल सकते। पत्रकार आखिर अपने रोजगार से जुड़ा हुआ जीव है और उसकी सीमाएँ हैं। वह चाहे भी तो बहुत देर तक मसीहा बना नहीं रह सकता। स्त्री को स्वयं अपनी तेजस्विता को अभिव्यक्ति देनी होगी, इधर-उधर की सतही माँगों में न पड़ सबसे पहले उसे समाज से माँगनी होगी समानता, फिर शुरू होगी उसमें और पुरुष में श्रेष्ठता की प्रतियोगिता। सिर्फ एक औरत के प्रधानमंत्री या मुख्यमंत्री या गवर्नर बन जाने से समूची स्त्री जाति के प्रति न्याय नहीं हो जाता। स्त्री को समय की मुख्य धारा से जुड़ना होगा, उसे अपनी व्यक्तित्व संपन्नता प्राप्त करनी होगी, तभी साहित्यकार और पत्रकार उसका सही प्रतिनिधित्व कर सकेंगे।

आंदोलन की तमीज

हेमंत

आजाद भारत में आंदोलन और प्रेस के रिश्ते और आंदोलन के बारे में पत्रकारिता की तमीज की पड़ताल करने के लिए यह जानना आवश्यक है कि देश में उत्तरोत्तर विकसित हो रहे प्रेस और खबर के बीच का रिश्ता क्या है, क्योंकि कोई भी आंदोलन खबर बन कर ही प्रेस से जुड़ता है। इसके साथ ही उस प्रक्रिया को भी समझना होगा, जो किसी आंदोलन को खबर बनाती है। खबर देने का तंत्र या प्रणाली पत्रकारिता को आधार देती है और खबर लेने की प्रक्रिया पत्रकारिता को अर्थ। अत: आंदोलन के संदर्भ में पत्रकारिता की समझ और स्वभाव की परख करने के लिए हमें उस प्रणाली और प्रक्रिया दोनों का तथ्यात्मक विश्लेषण और उनके अंतसँबंधों की विवेचना करनी होगी।

वैसे भारतीय लोकतंत्र में आंदोलनों के झंडे हरदम बुलंद रहे हैं। इन आंदोलनों को 'तंत्र' के आक्रोश की अभिव्यक्ति कह सकते हैं। आजादी के 41 वर्ष बाद भी भारत में लोक पर तंत्र का अंकुश है, नियंत्रण है। तंत्र की सत्ता लोक पर हावी है। वही लोक का स्वरूप और स्वभाव निर्धारित करती है। इसलिए लोकतंत्र की चौथी सत्ता आजाद प्रेस की प्रक्रिया के पहले उसकी प्रणाली की चर्चा करना अनुचित नहीं होगा। इसके लिए कुछ ऐसे तथ्यों का उल्लेख प्रासंगिक होगा, जो नग्नता की हद तक स्पष्ट हो चुके हैं। दो दशक पहल पहले यानी आपातकाल के दौरान देश के आजाद प्रेस का चेहरा साफ होने के पूर्व इन तथ्यों का उद्घाटन पत्रकारिता की भाषा में 'सनसनीखेज स्टोरी' या 'चौंकानेवाला स्कूप' हो सकता था, लेकिन आज नहीं, क्योंकि वे तथ्य अब लगभग सर्वमान्य हैं।

एक तो यह कि अब यह तथ्य 'अर्द्धसत्य' साबित हो चुका हैं कि आजाद भारत के आजाद प्रेस को बड़े पूंजीपतियों ने अपने कब्जे में कर रखा है। 'पूर्ण सत्य' यह है कि अब प्रेस ऐसा उद्योग, किंचित बड़ा उद्योग, बन चुका है, जो बड़े पूंजीपतियों के कब्जे में रह कर ही अपना अस्तित्व कायम रख सकता है। देश में एक तरफ

बड़े पूंजीपति घरानों के अखबारों के संस्करणों में वृद्धि व बाजार में नित नयी रंग-बिरंगी पत्रिकाओं का आगमन और दूसरी तरफ छोटी-मझोली पत्रिकाओं की अकाल मृत्यु इस 'पूर्ण सत्य' के प्रमाण हैं। यह सच है कि जब-तब कुछ बड़ी पत्र-पत्रिकाएं भी 'अवसान' या 'मौत' का शिकार होती दिखती हैं, लेकिन यह कोई आश्चर्यजनक घटना नहीं लगेगी अगर इस दूसरे तथ्य का सही अर्थ समझ लिया जाये कि भारत में प्रेस उद्योग (छोटे-मोटे झटकों के बावजूद) जिंदा है, चल रहा है और औद्योगिक विकास की वर्तमान मान्य कसौटी पर विकसित एवं समृद्ध हो रहा है।

प्रेस उद्योग जिंदा है और फल-फूल रहा है तो इसका वास्तविक अर्थ यह है कि उसका अर्थशास्त्र भी अन्य उद्योगों की भांति तीन अक्षरों के एक शब्द पर टिका है। वह शब्द है—मुनाफा। तिपाये पर खड़े हो कर संतुलन बनाये रखना कुछ कठिन होता है। उसके लिए गुरुत्वाकर्षण के कुछ नियमों की समझ जरूरी है। मुनाफे पर टिका कोई भी उद्योगपति 'खुले बाजार में गलाकाट प्रतियोगिता' और 'एकाधिकार की प्रवृत्ति' जैसे अर्थशास्त्रीय सूत्रों से वाकिफ रहता है। प्रेस उद्योगों में अपनी पूंजी दांव पर लगानेवाले हर पूंजीपति को ये सूत्र मालूम हैं और मंजूर भी। (यहाँ उन पूंजीपतियों की चर्चा आवश्यक नहीं प्रतीत होती, जिनके लिए प्रेस उद्योग न हो कर उनके औद्योगिक साम्राज्य की सुरक्षा के लिए 'राजनीतिक-सामाजिक कवच' बना हुआ है।)

लेकिन तीसरा तथ्य सर्वाधिक महत्वपूर्ण है। वह यह कि जिस प्रकार मानव जीवन तीन तत्वों देह—दिल—दिमाग के मेल से टिका है, उसी प्रकार देश की पत्र-पत्रिकाओं की जिंदगी तीन तत्वों पर टिकी हुई हैं। वे हैं—विज्ञापन, सर्कुलेशन और खबर। उन तीनों के बीच अन्योन्याश्रित संबंध है। उनके आपसी रिश्तों के विभिन्न अनुपात एवं समीकरण ही विभिन्न पत्र-पत्रिकाओं को अलग-अलग कद, चेहरा, जिंदगी और जीवंतता प्रदान करते हैं। मुनाफे के आईने में देखिए तो इन पत्र-पत्रिकाओं के कद, चेहरे और हैसियत में फर्क नहीं, बल्कि यह भी मालूम हो जायेगा कि उनमें कौन सिर्फ जिंदा है और किसमें जीवंतता भी है।

पत्र-पत्रिकाओं के लिए मुनाफे का मूल स्रोत विज्ञापन है। आँकड़े बताते हैं कि पत्र-पत्रिकाओं को फिलहाल सरकार से प्रतिवर्ष कम-से-कम 600 करोड़ रुपये के विज्ञापन मिलते हैं। फिर बड़ी-बड़ी देशी-विदेशी कंपनियों का भी नंबर है। हिसाब करें तो देश की विभिन्न पत्र-पत्रिकाओं को प्रतिवर्ष 1200 से 1500 करोड़ रुपयों की छीना-झपटी का मौका मिलता है। इस छीना-झपटी के भी कुछ व्यावसायिक नियम हैं, जो विज्ञापन का सर्कुलेशन और खबर से नाता जोड़ते हैं। सरकारी विज्ञापन खबर को नियंत्रित करता है। उसका चेहरा और चरित्र

बदलता है। गैरसरकारी विज्ञापन का आधार है—सर्कुलेशन (विशेष स्थितियों में पत्र-पत्रिका के प्रति सरकार का रुख भी गैरसरकारी विज्ञापनों पर असर डालता है)। सर्कुलेशन यानी प्रसार संख्या यानी पाठकों की संख्या। जितना सर्कुलेशन, उतने ही विज्ञापन और उसी अनुपात में ऊँची कीमत। सर्कुलेशन का संबंध पाठक से है। वह सिर्फ विज्ञापित वस्तुओं का उपभोक्ता नहीं होता। वह खबर भी पढ़ता है। इसलिए सर्कुलेशन का एक सिरा खबर से जुड़ा हुआ है। राष्ट्रीय अखबार में अपना सर्कुलेशन बढ़ाने के लिए स्थानीय एवं क्षेत्रीय राजनीति, घटनाओं एवं आंदोलन की खबरों के सहारे अपने-अपने क्षेत्रीय संस्करण छापने की जो होड़ लगी है, वह सर्कुलेशन ओर खबर के गहरे संबंधों का सूचक है। इसी सर्कुलेशन के लिहाज से खबर और विज्ञापन के बीच भी अलग-अलग रंग के रिश्ते बनते हैं, जो अलग-अलग चेहरोंवाली पत्र-पत्रिकाओं से बखूबी पहचाने जा सकते हैं।

आप स्वयं उन पत्रों को आसानी से पहचान सकते हैं, जिनके लिए विज्ञापन सिर्फ मुनाफे का स्रोत नहीं, बल्कि अस्तित्व का बुनियादी आधार भी है। उनके लिए विज्ञापन शरीर भी है और प्राण भी। ऐसे अखबार के लिए खबर महज एक पहनावा—परिधान—बन जाती है। कभी साड़ी-ब्लाउज, कभी मैक्सी तो कभी सलवार-जंपर, कभी पाजामा-कुरता तो कभी सफारी सूट। जैसे आजकल पहनावा व्यक्तित्व में आकर्षण पैदा करने का प्रमुख पहलू है, उसी तरह अनेक पत्रों में खबरों की हैसियत रंग-बिरंगे कपड़ों से अधिक नहीं है। (किसी बड़ी पत्र-पत्रिका में परोसी गयी खबर के बारे में अक्सर यह कहते सुना जा सकता है कि उसमें अच्छा कवरेज दिया गया। कवरेज यानी कवर करना। उसमें कहीं विज्ञापन और खबर के बीच का शरीर-कपड़े का रिश्ता तो 'ध्वनित' नहीं होता!) इसका एक उदाहरण है अखबार में विज्ञापन और खबर के बीच का बदलता अनुपात। यह अनुपात अब 60 और 60 का हो गया है। 60 प्रतिशत विज्ञापन और 40 प्रतिशत खबर। उन अखबारों के 15 अगस्त, 2 अक्तूबर, 26 जनवरी जैसे दिन पर निकाले गये परिशिष्टांकों पर नजर डालिए, तो विज्ञापन और खबर के बीच का रिश्ता और स्पष्ट हो जायेगा। अमीरों के कपड़े सिलनेवाली एक भव्य दरजी की दुकान, जिसका नाम 'चोला' है, का 15 अगस्त के मौके पर एक अखबार में क्रांतिकारी एवं भव्य विज्ञापन छपा, जिसका सूत्र वाक्य था—'मेरा रँग दे बसंती चोला।' अखबार में तीन चौथाई हिस्सा इसी तरह के विज्ञापनों से भरा था और एक चौथाई में देश में जारी आंदोलनों की रिपोर्टिंग की गयी थी, जिसकी 'स्पेस' के अनुरूप 'एडिटिंग' नहीं, 'कटिंग' कर दी गयी थी। ऐसे सैकड़ों उदाहरण हैं।

देश में बड़ी पत्र-पत्रिकाओं की आपसी प्रतिद्वंद्विता की बात छोड़िए, किसी

भी पत्र-पत्रिका के अंदर विज्ञापन और खबर के बीच का द्वंद्वात्मक समीकरण परखिए तो शरीर और कपड़े के कुछ अन्य रिश्तों का रहस्य भी खुल जायेगा। आपने देखा होगा कि कुछ पत्र-पत्रिकाएँ सनसनीखेज खबरें या स्कूप छापने के लिए बेचैन होती हैं। अगर कुछ न बना तो सामान्य एवं सीधी-सच्ची खबर को ही 'स्कूप' में ढाल दिया जाता है। सामान्य समझ यह है कि इससे बिक्री बढ़ती है और पाठकों की संख्या में वृद्धि होती है। लेकिन कुछ गहरे उतरिए, तो समझ में आयेगा कि वह खबर ऐसा पारदर्शी आवरण मात्र है, जिसके भीतर से विज्ञापन के मोहक-मादक-मांसल अंग नजर आयें—कुछ अधिक आकर्षक और उत्तेजक रूप में।

आपने सूखाग्रस्त क्षेत्रों में पानी के लिए मरते-छटपटाते लोगों के बारे में पत्र-पत्रिकाओं में छपी रिपोर्टिंग और उसके बीच सनसनाती ताजगी देनेवाले साबुन के विज्ञापन के साथ एक युवती को छल-छल, कल-कल करते पानी में किल्लोल करते अवश्य देखा होगा, या फिर तैरने की पोशाक में सागर के सीने पर तैरती युवतियों को झाग भरे किसी शीतल पेय की चुस्की लेते हुए ही देखा हो और साथ लगी उस रिपोर्टिंग को पढ़ा हो, जिसमें सूखे में सरकारी राहत नीति के खिलाफ चल रहे आंदोलनों का जिक्र था। बाजार में कुछ विद्रोही पत्रिकाएँ भी हैं। वे विद्रोह पर उतर आती हैं (वैसे हर अंक में विद्रोह करना उनका स्थायी भाव है) तब विज्ञापन के लिए खबर का पारदर्शी परिधान भी उतार फेंकती हैं। इन पत्र-पत्रिकाओं के मध्यवर्ती रंगीन पृष्ठों में पसरे ऐसे नग्न विद्रोह के तेवर का सामना आपने भी किया होगा। ऐसी पत्र-पत्रिकाओं की भी अब कमी नहीं रही, जिन्होंने विज्ञापन और खबर के बीच के फर्क को मिटा दिया हैं। उनके लिए विज्ञापन ही खबर बन कर सर्कुलेशन का बुलंद ग्राफ तैयार कर रहा है अथवा खबर विज्ञापन बन कर मुनाफे की रकम द्विगुणित कर रही है।

उस वाकये को भारत का पाठक वर्ग शायद जल्दी भूल नहीं पायेगा, जब 'रेप' से बचने के लिए औरत के साहस का परिचय देने के लिए एक पत्रिका ने रेप प्रक्रिया का सचित्र वर्णन प्रस्तुत किया। पूरे देश में जिस वक्त बलात्कार के खिलाफ महिलाओं की आवाजें बुलंद हो रही हों, विभिन्न नारी मुक्ति संगठन मिल कर संघर्ष छेड़ने की तैयारी में जुटे हों, यहाँ तक कि उनकी विशेष रिपोर्टिंग कर लाभ कमाने के लोभ में कुछ बड़ी पत्रिकाएँ अतिरिक्त उत्साह में हों, उसी वक्त 'रेप' के प्रदर्शन की प्रायोजित रंगीन चित्रों सहित रिपोर्टिंग अच्छे उद्देश्य के लिए अनजाने में की गयी निर्दोष या मासूम भूल नहीं है। इसके विपरीत उस रिपोर्टिंग से प्रेस का कपटी चेहरा उघड़ गया। उसने संकेत दिया कि आजाद प्रेस अपने मुनाफे के लिए किसी स्थिति, घटना या आंदोलन को खबर के रूप में पेश करने की किस सीमा तक जा सकता है।

प्रेस उद्योग की आधुनिक प्रवृत्तियों के मुताबिक कुछ पत्र-पत्रिकाओं में विज्ञापन ही सर्कुलेशन से ले कर खबर तक की सीमा-संभावनाओं का निर्धारण करते हैं। होता यह है कि कुछ बड़े उद्योग एवं बहुराष्ट्रीय कंपनियाँ फैशन, विलासिता एवं उपभोग के अपने अत्याधुनिक सामान को कुछ खास पत्र-पत्रिकाओं में ही विज्ञापित करने की कृपा करते हैं। उनकी अलिखित शर्त यह है कि वे धन्य-भाग पत्रिकाएँ खास पाठकों की रुचि के अनुरूप खास खबर दें या फिर आम खबर को भी खास रूप में ढालें। आखिर वे कंपनियाँ अपने विज्ञापनों के लिए सामान्य विज्ञापनों से दुगुनी-तिगुनी कीमत जो देती हैं।

ऐसी पत्रिकाओं ने एक नयी तकनीक का आविष्कार किया है। इस तकनीक के परिणामस्वरूप विज्ञापन के अनुशासन में छपनेवाली पत्रिकाएँ अब सिर्फ अंग्रेजी में नहीं, बल्कि हिंदी अनुवाद की ट्रू कॉपियों में भी उपलब्ध होने लगी हैं। फिलहाल एकाध पत्रिकाएँ यह प्रयोग कर रही हैं। उनकी सफलता के संकेत मिलने लगे हैं। इसलिए यह प्रयोग बड़े पैमाने पर चलेगा। इस तकनीक ने कमोबेश एक ही लागत और श्रम से दो पत्रिकाओं का उत्पादन कर प्रेस उद्योग और विज्ञापनदाता उद्योग, दोनों को एक साथ मुनाफा कमाने के लिए नया और बड़ा बाजार मुहैया कर दिया है। इस तकनीक से प्रमाणित कर दिया कि खास पत्रिका खास खबरें छाप कर खास लोगों को खुश ही नहीं करती, बल्कि आम आबादी में खास की जमात पैदा करने की क्षमता भी रखती है।

पहले अंग्रेजी और फिर हिंदी में छपनेवाली इन पत्रिकाओं का कलेवर एक ही होता है। ठेठ अंग्रेजी कलेवर, क्योंकि पत्रिका मूलतः अंग्रेजी में छपती है। अंग्रेजी पत्रकार अंग्रेजी पत्रिका के लिए निर्धारित मानदंडों के अनुसार खबर जुटाता है। अंग्रेजी में लिखता है। अंग्रेजी संपादक उसका संपादन करता है। तब हिंदी अनुवादक उसका शब्दशः अनुवाद करता है। सिर्फ चंद अनुवादकों के जरिये गुणवत्ता के अंग्रेजी मानदंडों पर खरी एक 'अच्छी' हिंदी पत्रिका आसानी से बाजार में आ जाती है।

ऐसी हिंदी पत्रिका को पढ़िए, तो आप एक साथ दो अद्भुत अनुभवों से गुजरेंगे। ऐसी पत्रिका एक सिरे से वह अनुभव देगी कि जैसे कोई अंग्रेज अपना व्यापार जमाने के लिए हिंदी बोलने की कोशिश कर रहा है। ऐसी कोशिश, वह भी हिंदी की खाँटी शुद्धता के प्रति अतिरिक्त आग्रह के साथ, करनेवाले अंग्रेजों के प्रति भारतीयों का खास और पुराना 'आकर्षण' रहा है; यानी ऐतिहासिक आकर्षण। दूसरे सिरे से लगेगा कि कोई हिंदी भाषी अंग्रेजी लहजे में हिंदी बोल रहा है। वर्तमान भारतीय मध्य वर्ग का यह खास 'अंदाज' है। यह वर्ग मानता है कि पाश्चात्य उपभोगवादी संस्कृति ही आधुनिकता व प्रगति का पर्याय है और अंग्रेजियत के बिना इस तेजरफ्तार संस्कृति के साथ कदम मिलाना मुश्किल है।

वह यह भी माने बैठा था कि अंग्रेजी से ही अंग्रेजियत आती है। इस मुश्किल ने आत्महीनता की पीड़ा दी और इस खास अंदाज को जन्म दिया।

अंग्रेजी से अनूदित हिंदी पत्रिकाओं ने इन दोनों सिरों में अद्भुत जोड़ पैदा किया है। ऐसी पत्रिकाओं ने एक तरफ उपर्युक्त भारतीय आकर्षण पर से वक्त की धूल झाड़ कर उसे आधुनिकता के रंगों से चमका दिया, दूसरी ओर भारतीय मध्य वर्ग के खास अंदाज को भाषा के बंधन से मुक्त कर आत्महीनता की पीड़ा से बचा लिया। फिर उस आकर्षण और अंदाज में व्यावसायिक जोड़ लगा कर बाजार में नयी हलचल पैदा कर दी। इसके लिए सिर्फ इतना किया कि 'खबर' को संस्कृति की जमीन व भाषा को जड़ से काट कर 'अमर बेल' बना दिया। किसी भी खबर को 'व्यक्तित्व एवं चरित्र' के बंधन से मुक्त कर उसे यों क्वालिटी उत्पादन के साँचे में ढाला कि उसे खास उपभोग की वस्तु बना दिया। कहिए कि खबर को इस कदर बेचेहरा बना दिया कि पाठक उसका भरपूर उपभोग करे और उससे किसी तरह का रिश्ता जुड़ जाने के भय से भी मुक्त रहे। ऐसी पत्रिकाओं की रिकार्डतोड़ बिक्री यह संकेत दे चुकी है कि ये पत्रिकाएँ भारतीय मध्य वर्ग के सपनों व आकांक्षाओं को भाषागत आत्महीनता से उबार कर ऊपर लाने, सहलाने और उन्हें मुनाफे में ढालने में सफल हो रही हैं।

तो यह है वह प्रणाली, जिसमें अखबार और खबर का रिश्ता रूपाकार ग्रहण करता है। इस स्वरूप से वर्तमान पत्रकारिता का 'स्वभाव' पहचाना जा सकता है। प्रणाली के इस विवेचन से यह निष्कर्ष निकालना आसान है कि आंदोलन से भी (जैसे किसी अन्य खबर से) सिर्फ व्यावसायिक रिश्ता है। यानी पत्रकारिता आंदोलन को एक पारदर्शी परिधान अथवा बेचहरा बिकाऊ माल बना कर अखबार अथवा प्रेस उद्योग को कमाने में मदद देती है। लेकिन यह निष्कर्ष आंदोलन के संदर्भ में पत्रकारिता की तमीज का पूरा खुलासा नहीं करता। इसके लिए आंदोलन के साथ पत्रकारिता के बरताव का विश्लेषण करना होगा यानी उस प्रक्रिया की गतिदिशा की पहचान करनी होगी, जो किसी आंदोलन को खबर बना कर बिकाऊ माल होने के परिणाम तक पहुँचा रहा है।

पिछले दस-बारह वर्षों से आंदोलन को खबर बनाने की जो प्रक्रिया चल रही है, उसके लिए सटीक सूत्र वाक्य होगा 'पत्रकारिता के लिए आंदोलन अंधों का हाथी है।' जी हाँ, अंधों का हाथी। ऐसा हाथी बना कर ही आज आंदोलन को बेचा जा रहा है। पत्रकारिता के हाल के इतिहास के कुछ पन्नों को पलट कर आप इसका प्रमाण पा सकते हैं।

किसी आंदोलन को खबर बना कर धड़ल्ले से बेचने की प्रक्रिया देश में 1977 से शुरू हुई। उसके पहले देश के लोकतंत्र के पहरेदार प्रेस की कायरता सामने आ चुकी थी। आपातकाल के 'अनुशासन' ने आजाद प्रेस की कलई खोल दी। आपात-

काल के डंडे के सामने उसकी बोलती बंद हो गयी। इतना ही नहीं, प्रेस मालिकों के साथ संपादक एवं पत्रकार भी सत्ताधीशों के तलवे सहलाने लगे थे। इतिहास साक्षी है कि उस वक्त बड़ी राजनीतिक पार्टियाँ और उनके अधिकांश नेता अप्रासंगिक हो चुके थे। तानाशाही के खिलाफ संघर्ष की मशाल मुख्यत: उन लाखों छोटे लोगों के हाथों में थी, जो छोटी-छोटी जमातों में जमीन से जुड़ कर रोटी, आजादी और समानता के बुनियादी आंदोलन में सक्रिय, लेकिन भारतीय लोकतंत्र में गुमनाम-से थे। आपातकाल में उन्होंने लोकतंत्र की लौ को बुझने नहीं दिया।

1977 के चुनाव में सत्ता पलट होते ही पत्रकारिता के सामने फिर एक बार बाजार में नंगा होने का खतरा उपस्थित हुआ। लोकतंत्र का पहरेदार बनने का दावा करते हुए प्रेस की लंबी तेल-पिलायी लाठी हाथ में थाम कर पत्रकारिता ने आपातकाल में अपनी कायरता और डरपोक स्वभाव का ही परिचय नहीं दिया, बल्कि तानाशाह सत्ता के सामने घुटने टेक कर 'प्रेस उद्योग' को मुनाफे के बाजार में सीधे खड़े रखने की बेहयाई भी बरती थी। इसलिए 1977 में जब आपातकाल लादनेवाली सत्ता की कमर टूट गयी तब पत्रकारिता को भी महसूस हुआ कि उसकी अपनी रीढ़ की हड्डी नहीं है। प्रेस उद्योग के मालिक नये शासकों के साथ चिपक गये, लेकिन जनता में पत्रकारिता की साख खत्म हो गयी।

याद कीजिए, ठीक उसी वक्त दूसरी आजादी की धूम उठी थी। पत्रकारिता ने रातोंरात अपना चेहरा बदल लिया। बड़ी-बड़ी पत्र-पत्रिकाओं में हर छोटे-मोटे आंदोलन की अंधाधुंध खबरें छपने लगीं। महज तीन-चार वर्षों में ही भारतीय पत्रकारिता ने आंदोलनों (खासकर उन जमातों, जो तानाशाही बनाम लोकतंत्र के संघर्ष में सक्रिय थीं) की खबरों का ऐसा धुआँ उठाया कि उसने आसानी से अपनी कायरता को तटस्थता की टोपी पहना दी। आंदोलन की खबरें बटोर-परोस कर अपनी तटस्थता को निष्पक्षता का भी पर्याय बना लिया। पत्रकारिता एक तरफ आंदोलन की खबरों से अपना चेहरा चमकाने लगी और दूसरी तरफ उसने हर आंदोलन को 'स्कूप' और खास खबर के रूप में छाप कर उसकी ऐसी खंडित तसवीर पेश की, जिससे आपातकाल में उसकी क्रांतिकारी भूमिका जल्द-से-जल्द धुंधली हो जाये। शीघ्र ही आंदोलनों में शामिल जमातों की तलाश की भटकन तथा आपसी बहस को नेतृत्व के लिए उठापटक अथवा नीतिगत अस्पष्टता के रूप में प्रस्तुत कर पत्रकारिता ने उन आंदोलनों द्वारा आपातकाल में निभायी गयी भूमिका को संदिग्ध बना दिया।

पत्रकारिता की चालाकी यह भी थी कि उसने हर आंदोलन को इस कदर सजा-सँवार कर पेश किया कि उसका असली चेहरा ही खो जाये। उसने सभी आंदोलनों को अखबार में जगह दे कर सबों के प्रति तटस्थ अथवा समान दृष्टि रखने का एहसास जगाया, लेकिन ऐसा कर उसने आंदोलन और आंदोलन के बीच

के फर्क या संबंध को पहचान करने की पाठकों की दृष्टि को धुंधला दिया।

उस वक्त की पत्र-पत्रिकाएँ गवाह हैं कि दूसरी आजादी के जश्न में पत्रकारिता खुशी के ढोल पीटने और नाचने-गाने में सबसे आगे रही। उसने ऐसा समाँ बाँधा कि दूल्हे के समान गद्दी पर बैठे सत्ताधीशों और उनके साथ लगे बारातियों (जनता पार्टी) और दर्शकों (वे क्रांतिकारी जमातें और जनता, जिससे दूसरी आजादी की वह घड़ी नसीब हुई) के बीच के फर्क को खत्म कर दिया। आज भी कई आंदोलनकारी जमातों को उस वक्त का दर्द याद है, जब पत्रकारिता ने जनता पार्टी की 'सरकार' और बुनियादी काभों के लिए संघर्ष का आह्वान करती जमातों के बीच के फर्क को अस्पष्ट रखने में विशेष भूमिका निभायी। पत्र-पत्रिकाओं में जे पी (जनता पार्टी) और जे पी (जयप्रकाश नारायण) को एक प्राण दो देह साबित किया जा रहा था। यह सवाल उछाला जा रहा था कि जब अपनी पार्टी की सरकार बन गयी, तो संघर्ष की जरूरत क्या है? तीन ही वर्ष बाद कई क्रांतिकारी जमातों को आत्म-ग्लानि का बेवजह शिकार होना पड़ा, जब सवाल यह हो गया कि क्या आपकी यही सरकार है?

1975-76 की अपनी कायर भूमिका के लिए देश की बड़ी पत्र-पत्रिकाओं से जुड़ी पत्रकारिता को न शर्म करने की जरूरत पड़ी और न खेद प्रकट करने की। 1977 के बाद तीन साल तक उसने जिस ढंग से आंदोलन की खबरें पेश कीं, उससे यह स्पष्ट है कि वह कोई प्रायश्चित भी नहीं कर रही थी। इसके विपरीत वह हम्माम में सबको नंगा दिखा कर अपने नंगेपन को सहज-स्वाभाविक बनाने की कोशिश कर रही थी।

आगे के वर्षों में पत्रकारिता ने इसी कोशिश से 'आंदोलन' की रिपोटिंग की वह तमीज विकसित की, जिसे ऊपर अंधों द्वारा हाथी की पहचान कहा गया है। आज आप किसी पत्रकार से उस अंधेपन की चर्चा कीजिए, तो आपको यह जवाब सुनने को मिलेगा कि 'अखबार कभी कोई अन्तिम सत्य लिखने का दावा नहीं करता।' ऐसा कह कर पूरे सत्य की खोज से बचने का पत्रकारिता का अंदाज बड़ी पत्र-पत्रिकाओं को पसन्द है। ऐसी पत्रिकाएँ जानती हैं कि अर्धसत्य को बेच कर जितना मुनाफा कमाया जा सकता है, उतना पूर्ण सत्य से नहीं। कई पत्र-पत्रकाओं में तो डेस्क पर ही आंदोलन की रपटें तैयार कर ली जाती हैं। इसे पत्रकारिता की भाषा में 'कटिंग-पेस्टिंग की कला' कहा जाता है। कई पत्र-पत्रिकाओं के मामले में यह स्पष्ट है कि वे 'दो नंबर' के माल को मुनाफे के लिए अधिक कारगर समझती हैं। वे दो नंबर का माल तैयार करने के लिए ही पत्रकारों की बहाली करती हैं। आज अधिकांश आंदोलन महज तात्कालिक घटना या उनके नेताओं के बयान या दो नम्बर का माल बन कर बड़ी पत्र-पत्रिकाओं में खबरों की कतार में खड़े नजर आते हैं। इस प्रवृत्ति के विकास में उपर्युक्त प्रक्रिया

के एक और महत्वपूर्ण पहलू का विशेष योगदान है। वह है आंदोलनकारी जमातों से जुड़े युवाओं का नौकरी के लिए बड़े अखबारों एवं पत्रिकाओं में प्रवेश।

1980 आते-आते देश में एक तरफ दूसरी आजादी से मोहभंग हुआ तो दूसरी तरफ पत्रकारिता के चेहरे से इमरजेंसी के दाग धुल गये। जनता पार्टी के हाथ से सत्ता खिसक गयी। लोकतंत्र का कबूतर पुनः उसी सत्ताधीश बहेलिये के कंधे पर जा बैठा, जिसने इमरजेंसी के चाकू से उसके पर कतरने की कोशिश की थी। ऐसे वक्त में बड़ी पत्र-पत्रिकाओं ने अपनी रणनीति बदली। वैसे तो ये पत्र-पत्रिकाएं तटस्थता के नाम पर पुनः नये सत्ताधीश के इर्दगिर्द मंडराने लगीं, लेकिन ये उस सत्ताधीश की सीमाओं से भी परिचित थीं, जिसने 19 महीने तक इमरजेंसी की तलवार चमकायी थी, लेकिन विजयदर्प में तलवार को म्यान में लौटाते वक्त जिसकी उँगलियाँ कट गयी थीं। दूसरी ओर आजादी के तीन वर्ष के दौर में प्रेस के हाथ 'आंदोलन की खबर' के रूप में एक नया हथियार आ गया था, जो आशा-निराशा के दौर से गुजरते देश में सर्कुलेशन की नयी मंजिलों को फतह करने में काफी हद तक कारगर साबित हो रहा था। इतना ही नहीं, उस हथियार को हाथ में लिये प्रेस की मुद्रा भी आक्रामक नजर आने लगी थी।

सो, अखबारों ने एक तरफ सत्ता को सलाम बजाना शुरू किया, तो दूसरी तरफ अपने हाथ के हथियार को कुछ पैना करना भी शुरू किया। इसके लिए उसने बड़ी संख्या में उन युवाओं को 'नौकर' बना लिया, जो किसी न किसी आंदोलन से जुड़े थे। दूसरी तरफ कुछ आंदोलनकारी जमातों ने भी, जिनमें दक्षिण पंथी से ले कर लोकतांत्रिक और धुर वाम पंथी विचारधारा से जुड़ी जमातें शामिल हैं, सत्ता के खिलाफ जारी अपने संघर्षों में बड़ी पत्र-पत्रिकाओं का अपने पक्ष में इस्तेमाल करने की रणनीति बनायी और अपने बीच के कार्यकर्ताओं को उन पत्र-पत्रिकाओं में 'घुसाया'। यह भी एक तथ्य है कि उस दौर में अनेक युवा आर्थिक मजबूरियों के कारण आंदोलन में प्रत्यक्ष भागीदारी करने से हट कर नौकरी की तलाश में भटक रहे थे। वे भी मौका मिलते ही प्रेस की सेवा में नौकर बने। उनका खयाल था कि वे पत्रकारिता से जुड़ कर अपने अन्दर के 'विद्रोह' को जिंदा रख सकेंगे और अप्रत्यक्ष रूप से उस आंदोलन की मदद कर सकेंगे, जिसमें वे शामिल थे।

यहीं से एक दिलचस्प विडंबना का दौर शुरू हुआ जो आज भी जारी है। प्रेस मालिक और संपादक, जो इमरजेंसी में कायर साबित हुए, क्रांतिकारियों का इण्टरव्यू लेने लगे। पत्रकारिता की सुख-सुविधा एवं ग्लैमर से परिपूर्ण नौकरी के लिए 'आंदोलन के बैकग्राउंड' को आवश्यक शर्त बनाने लगे और प्रत्याशियों की क्रांतिकारिता की जांच-परख करने लगे। और, क्रांतिकारी जमातों से जुड़े युवा नौकरी के लिए अपनी क्रांतिकारिता के प्रमाणपत्र ले कर बड़ी पत्र-पत्रिकाओं के

द्वार पर खड़े हो गये।

आजादी के पूर्व पत्रकारिता नौकरी के रूप में नहीं स्वीकार की जाती थी। वह एक मिशन थी। उस वक्त भी कुछ बड़े अखबार छपते थे, लेकिन आंदोलनकारी उन पत्र-पत्रिकाओं का इस्तेमाल करने के लिए उनमें नौकर बनने के बजाय अपना अखबार निकालना श्रेयस्कर समझते थे। इतिहास गवाह है कि संघर्ष की देशव्यापी मुख्य धारा अथवा संघर्ष की अपनी मौलिक अवधारणा के प्रति जनता में सही समझ पैदा करने के लिए उस दौर में कई आंदोलनकारियों ने ऐसी पत्र-पत्रिकाएँ निकालीं, जो प्रचार-प्रसार की दृष्टि से भी ख्याति की बुलन्दी पर थीं। संघर्ष-सेवा-त्याग के मूल्यों के लिए प्रतिबद्ध आंदोलनकारी पत्रकारों के ये अखबार ही विश्वसनीय और प्रामाणिक माने जाते थे। सबसे महत्वपूर्ण बात यह है कि आंदोलनकारियों के अखबारों ने उस वक्त देश में व्यावसायिक दृष्टि से बड़े माने जानेवाले अखबारों को आंदोलन एवं संघर्ष के प्रति निरंतर सचेत रहने और तमाम सरकारी दबावों के बावजूद अपने तेवर को जनता की पीड़ा और आकांक्षा के अनुरूप रखने को विवश एवं प्रेरित किया।

आजादी के बाद पत्रकारिता के विकास की यह धारा उलट गयी। प्रथमतः उसका परिणाम दूसरी आजादी के पूर्व बड़ी पत्र-पत्रिकाओं से जुड़ी पत्रकारिता की कायर भूमिका के रूप में सामने आया। दूसरी आजादी से मोह भंग के बाद दूसरा परिणाम उसी पत्रकारिता के 'इस्तेमाल' की रणनीतियों के रूप में सामने आया।

आंदोलन के 'बैकग्राउंड' से आये पत्रकारों के प्रवेश से पत्रकारिता के तेवर में कितना क्रांतिकारी परिवर्तन हुआ, अपने मुनाफे के लिए बड़ी पत्र-पत्रिकाओं ने उनका कितना इस्तेमाल किया और आंदोलनकारी जमातों ने अपने लोकतांत्रिक अथवा वामपंथी संघर्ष एवं संगठन के विस्तार में पूँजीवादी प्रेस का कितना सफल इस्तेमाल किया, इस मुद्दे पर काफी बहस की गुंजाइश है। लेकिन इस्तेमाल की रणनीतियों की टक्कर में विभिन्न आंदोलनों की जो तसवीरें बड़ी पत्र-पत्रिकाओं में पेश हुईं या हो रही हैं और उन्हें पेश करने में लगे पत्रकारों के चरित्र में जो परिवर्तन आया है, वह यह साबित करने के लिए काफी होगा कि दरअसल पिछले दशकों में इन दो रणनीतियों में 'टक्कर' नहीं, बल्कि 'समझौता' हुआ है। यह समझौता ही आज की पत्रकारिता के स्वरूप, स्वभाव और समझ का नियंत्रण बिंदु है। आंदोलन के संदर्भ में इस समझौते का बहुआयामी असर देखा जा सकता है।

इस समझौते से बड़े अखबारों को मुनाफे का नया बाजार मिला है। वे अपनी साधन संपन्नता के बल पर केंद्र और राज्य की राजधानियों से ही गांव एवं पंचायत स्तर के स्थानीय बाजार पर नियंत्रण करने लगे हैं। अधिक मुनाफे की गुंजाइश होते ही इन अखबारों के क्षेत्रीय संस्करण छपने लगे। दूसरी ओर

आंदोलनकारी पत्रकार इस्तेमाल की अपनी रणनीति के मुताबिक अपने-अपने वैचारिक आग्रहों के चश्मे से किसी भी आंदोलन को टटोलते हुए 'न्यूज' निकालने की छूट पा गये। प्रेस उद्योग को आग्रहों के चश्मे लगाये पत्रकारों से कोई शिकायत नहीं है, क्योंकि उनके क्रांतिकारी स्पर्श से प्रेस को अपनी छवि चमकाने में मदद मिली और मुनाफा बढ़ाने में भी।

आजकल ऐसे पत्रकारों की कमी नहीं, जो घटना स्थल पर पहुँचने अथवा आंदोलन की जड़ों की पहचान करने के पहले ही यह तय कर लेते हैं कि उसे किस 'ऐंगल' से देखना है। अगर घटना की या आंदोलन की प्राथमिक जानकारी हो, तो वे अपनी भावी रिपोर्ट का 'इंट्रो' भी पहले से तैयार कर लेते हैं। उसमें भी वे घटना के उस पहलू को पकड़ने की कोशिश करते हैं, जो 'क्लिक' करे यानी सनसनी पैदा करे तथा अखबार की बिक्री बढ़ाये।

आग्रह के चश्मे ने पत्रकारिता में ऐसा दृष्टि दोष पैदा किया है कि उसे एक हाथी तो पूरा हाथी नजर आता है, लेकिन दूसरा हाथी सूप, रस्सी या केले के थंब-सा लगने लगता है। अब आप इसे क्या कहिएगा कि कुछ पत्रकारों को वह जन आंदोलन 'क्रांतिकारी' लगता ही नहीं जो गैर-वामपंथी है, भले ही उसने व्यवस्था की चूलें दिला दी हों; कि कुछ पत्रकारों को शक है कि वामपंथी आंदोलन लोकतंत्र की दुहाई तो देता है, लेकिन उस पर भरोसा नहीं करता, लोकतंत्र उसके लिए मूल्य नहीं, रणनीति है; कि कुछ पत्रकारों के लिए कोई आंदोलन तब तक 'खबर' नहीं बनता, जब तक उसमें कुछ हिंसा-हत्या न हो जाये। इसी तरह के कई नजरिये हैं। इन्हीं से पत्रकारिता में आंदोलनों के कद तय किये जाते हैं और उन्हें खबरों या रपटों में डाला जाता है। सबसे बड़ी बात यह कि उपर्युक्त समझौते से प्रेस और पत्रकारिता ने छद्म क्रांतिकारिता का ऐसा माहौल पैदा किया है, जिसमें कई आंदोलन भटकते-से नजर आते हैं। इस छद्म क्रांतिकारिता ने कई क्रांतिकारी जमातों में यह गलतफहमी पैदा की है कि उनके आंदोलन के विस्तार एवं सफलता में बड़े अखबार मददगार हो सकते हैं।

आज किसी भी बड़े अखबार के दफ्तर में रोज पहुँचनेवाले विभिन्न आंदोलनों की खबरों और उनके 'हैंडआउट' पहुँचानेवाले आंदोलनकारी चेहरों को देखिए, तो इस छद्म क्रांतिकारिता के परिणाम समझ में आ सकते हैं। कई आंदोलन तो अब सिर्फ अखबारों की बदौलत जिंदा हैं। इनमें सिर्फ मध्य वर्गीय ही नहीं, बल्कि दलितों-शोषितों के आंदोलन भी शामिल हैं। कुछ बड़ी क्रांतिकारी जमातें अपने आंदोलन के कार्यक्रम की रणनीति के साथ यह तय करती हैं कि उसकी खबर समय पर अखबारों के दफ्तरों में पहुँच जाये। वे अब अपने प्रकाशन या बुलेटिन के लिए कोई तंत्र विकसित करने के बारे में कम सोचती हैं। इसके बजाय वे आंदोलन की खबर को अखबारों तक पहुँचाने के लिए

तंत्र बनाती हैं। इसका सबसे बुरा परिणाम यह हुआ है कि अब अपनी 'पब्लिसिटी' के लिए कई आंदोलन प्रेस एवं पत्रकारिता को छूट देते हैं कि वह उनके साथ जैसा चाहे वैसा बरताव करे। यानी कई आंदोलन अब स्वयं ही 'अंधों के हाथी' के रूप में छपने एवं बिकने को प्रस्तुत हैं।

आज अकसर देश में बढ़ती 'संवेदनहीनता' की चर्चा होती है, जबकि पीड़ा, शोषण एवं असमानता के खिलाफ सामूहिक आंदोलनों की संख्या में भी वृद्धि हो रही है। क्या यह संवेदनहीनता उपर्युक्त प्रणाली और प्रक्रिया से रिश्ते का परिणाम नहीं है, जो किसी आंदोलन को चाय की चुस्कियों के साथ भुला देनेवाली एक खबर या तात्कालिक घटना बना देती है?

अंत में, यह कहना जरूरी होगा कि देश में ऐसे पत्रकार भी हैं, जो प्रेस उद्योग की उपर्युक्त प्रणाली का अंग हो कर भी पत्रकारिता की उपर्युक्त प्रक्रिया में शामिल नहीं हैं। अपवाद ही सही, ऐसे पत्रकार अलग से पहचाने जा सकते हैं। वे हर तरह की कीमत चुका कर भी उपर्युक्त प्रक्रिया को नकार रहे हैं। ऐसे अपवाद ही अकसर नये इतिहास का सृजन करते हैं।

संवेदना का क्षय

विनोद कुमार

आज से लगभग 74 वर्ष पूर्व, 1925 में वृन्दावन हिंदी साहित्य सम्मेलन के अवसर पर भारतीय पत्रकारिता के पितामह बाबूराव विष्णु पराड़कर ने अपने अध्यक्षीय भाषण में कहा था, 'आगे चल कर पत्र सर्वांग सुंदर होंगे, आकार बड़े होंगे, छपाई अच्छी होगी, कल्पकता होगी, गंभीर गवेषणा की झलक होगी और मनोहारिणी शक्ति भी होगी। ग्राहकों की संख्या लाखों में गिनी जायेगी। यह सब होगा, पर पत्र प्राणहीन होंगे। पत्रों की नीति देशभक्त, धर्मभक्त अथवा मानवता के उपासक महाप्राण संपादकों की नीति न होगी। इन गुणों से संपन्न लेखक विक्षिप्तमस्तिष्क समझे जायेंगे, संपादकों की कुरसी तक उनकी पहुँच भी नहीं होगी। वेतनभोगी संपादक मालिक का काम करेंगे। वे हम लोगों से अच्छे होंगे, पर आज हमें जो स्वतंत्रता प्राप्त है, उन्हें न होगी। वस्तुतः पत्रों के जीवन में यही समय बहुमूल्य है। इंग्लैंड और अमेरिका के पत्रों ने उन्हीं दिनों सच्चा काम किया था, जब उनके आकार छोटे थे, समाचार कम होते थे, ग्राहक थोड़े थे, पर संपादक की लेखनी में ओज और प्राण था। इन देशों की उन्नति के बहुत कुछ कारण वे ही संपादक थे जिनसे धनी घृणा करते थे, शासक क्रुद्ध रहा करते थे और जो हमारे ही जैसे एक पैर जेल में रख कर धर्मबुद्धि से पत्र संपादन किया करते थे। उनके परिश्रम से और कष्ट से पत्रों की उन्नति हुई, पर उनके वंश का लोप हो गया। अब संचालक और व्यवस्थापक सर्वेसर्वा हैं, संपादक कुछ नहीं है। इस इतिहास से हमें उपदेश ग्रहण करना चाहिए। समय रहते सावधान हो जाना चाहिए।'

बाबूराव विष्णु पराड़कर की भविष्यवाणी पूर्णतः सत्य प्रमाणित हुई है। विगत वर्षों में पत्र-पत्रिकाओं की संख्या में बेतहाशा वृद्धि हुई है। उनके रंग-रूप और सज्जा में भी गुणात्मक फर्क आया है। लेकिन उनमें वह आतंरिक शक्ति नहीं रही, जो अत्यंत सीमित संसाधनों से निकाली गयी पत्र-पत्रिकाओं में हुआ करती थी। अब वे पाठकों की चेतना को झकझोरते नहीं, उलटे उनकी चेतना

को पहले से थोड़ा ज्यादा कुंद करते हैं।

दरअसल, हिंदी पत्रकारिता का जन्म, या यों कहा जाये कि पत्रकारिता का ही जन्म, स्थापित सत्ता के विरोधस्वरूप हुआ था। 17वीं शताब्दी के अंत में इंग्लैंड में संवैधानिक राजतंत्र की स्थापना के पूर्व क्राउन और आम जनता के बीच संघर्ष ने पत्रकारिता को जन्म दिया। चूंकि भारत में राजा और प्रजा के बीच किसी तरह का टकराव नहीं था, इसलिए पत्रकारिता का जन्म यहां कुछ विलंब से हुआ। राजसत्ता की सुरक्षा के लिए आम जनता में व्याप्त प्रतिक्रियाओं को जानना जरूरी था, इसलिए इसकी वैकल्पिक व्यवस्थाएं पहले से रही होंगी, लेकिन यह पद्धति पत्रकारिता के खुले रूप से थोड़ा भिन्न थी। आधुनिक पत्रकारिता का जन्म यहां तभी हुआ जब आधुनिक युग के झंझावातों ने, लोकतांत्रिक मूल्यों की अनुगूंज ने भारतीय जन मानस को झकझोरना शुरू किया और अंग्रेजों की गुलामी से मुक्ति की दमित इच्छा बलवती हो उठी। उस माहौल में पत्रकारिता एक हथियार बन कर चली आयी, जिसकी धार आज की व्यावसायिक पत्रकारिता से बिल्कुल भिन्न थी। आरंभिक दौर में जो पत्र-पत्रिकाएं निकलीं, वे व्यावसायिक पत्रकारिता से भिन्न महज इस अर्थ में नहीं थीं कि उनमें विज्ञापन नहीं होता था या वे विज्ञापनों के लिए नहीं निकालती थीं, बल्कि इसलिए भी कि पत्र में जो पाठ्य सामग्री होती थी, उसका प्रेरणा स्रोत भी व्यावसायिक तकाजा नहीं होता था। आजकल जिस तरह पाठकों की रुचियों को ध्यान में रख कर, माप-तौल कर पत्र-पत्रिकाएं निकलती हैं, इस तरह का दबाव पत्र-पत्रिका निकालनेवालों पर नहीं रहता था। (विषय से हटने के बावजूद यहां इस तथ्य को रेखांकित करना जरूरी है कि अब पाठकों की अपनी कोई रुचियां या रुझान रह नहीं गये हैं। बाजार में जो भी चीज उपलब्ध रहती है, उसके इस्तेमाल के लिए वे बाध्य हैं और उसी तरह की उनकी रुचि भी बन जाती है, जिसे बाद में वे अपनी स्वाभाविक रुचि समझने लगते हैं।) पत्र निकालनेवाले किसी न किसी आदर्श को ले कर, किसी गंभीर उद्देश्य को ले कर पत्र निकालते थे। कोई आधुनिक ज्ञान की रोशनी अपने भाइयों तक पहुंचाना चाहता था, किसी को हिंदी से अनुराग था और उसका प्रचार-प्रसार करना चाहता था, तो कोई भारतवासियों की सोयी चेतना को जगाना चाहता था। इन पत्र-पत्रिकाओं को निकालनेवाले लोग कैसे हुआ करते थे? उस कबीर की तरह, जो अपने झोपड़े में आग लगा कर और मशाल हाथ में लिये चौराहे पर खड़ा हो और दूसरों को आह्वान कर रहा हो कि जिसे साथ चलना हो, चले।

1874 के पहले पटना शहर में प्रेस नहीं था और आसपास के शहरों-कस्बों तक आदिम किस्म का छापाखाना खुलने में भी वर्षों लगे। उस जमाने में छापाखाने थे भी तो कैसे? कुछ अपवादों को छोड़ दें तो काल कोठरियों जैसे कमरे, ढिबरी

और लालटेन की रोशनी, एक-एक अक्षर को चुन कर हाथों द्वारा कंपोजिंग की व्यवस्था। उसके बावजूद जितनी पत्र-पत्रिकाएँ उस वक्त निकलती थीं, वह आज के अनुपात में काफी ज्यादा थीं। आरा जैसे छोटे कस्बे से इस शताब्दी के प्रारंभ में 'नागरी हितैषी' पत्रिका निकलती थी, जिसके संपादक थे पंडित सकलनाराण शर्मा। बाद में इसका नाम 'साहित्य पत्रिका' कर दिया गया। 1920 तक यह चली। 1921 में पं० ईश्वरी प्रसाद शर्मा ने एक साहित्यिक मासिक निकाला—'मनोरंजन', जो बहुत लोकप्रिय हुआ। गया से 1903 में 'लक्ष्मी' नाम की पत्रिका निकाली गयी, जिसके संपादक थे राव साहब लक्ष्मीनारायण लाल। बाद में राय साहब ने 'गृहस्थ' नाम की एक साप्ताहिक पत्रिका निकाली, जो 1941-42 तक चली। इसके अलावा इस शहर से उपन्यास कुसुमांजलि, साहित्य माला, विद्या, हरिश्चंद्र कौमुदी आदि पत्र निकले। भागलपुर से पंडित अंबिकादत्त व्यास ने 'पीयूष प्रभा' नामक मासिक पत्रिका निकाली। सुलतानगंज जैसे छोटे-से कस्बे से 'गंगा' नामक श्रेष्ठ कोटि की साहित्यि पत्रिका निकलती थी, जिसके संपादकों में पं० गौरीनाथ झा, पं० रामगोविंद त्रिवेदी और शिवपूजन सहाय जैसे प्रख्यात विद्वान थे। इसी तरह राँची, पलामू, सारन, चंपारण जैसे छोटे-छोटे कस्बों से पत्र-पत्रिकाएँ निकला करती थीं। उनके पाठकों का अपना एक संसार होता था और आज जब संचार के साधन इतने विकसित हो चुके हैं, हर शहर में आधुनिक किस्म का प्रेस है, संचार की सुविधाएँ हैं, खोजने से भी एक अच्छी पत्रिका नहीं मिलती। पत्र-पत्रिकाओं में उस वक्त जो विविधता थी, वह तो अब नहीं ही रही, सिर्फ साहित्यिक पत्रिकाओं की बात करें तो पूरे देश के पैमाने पर मुश्किल से पाँच-सात हिंदी पत्रिकाएँ दिखाई देती हैं। वैसे सरकारी जन संपर्क विभाग की मीडिया सूची में आज भी अनगिनत पत्र-पत्रिकाओं के नाम मिल जायेंगे, लेकिन वस्तुतः पत्र-पत्रिकाएँ या अखबार अब बड़े व्यापारिक प्रतिष्ठानों द्वारा ही निकल रहे हैं। वैयक्तिक प्रयास अब दिखाई नहीं देता। ऐसा क्यों?

एक जवाब तो यह कि पत्रकारिता का अब व्यवसायीकरण हो गया है और अब वैयक्तिक प्रयास सफल नहीं हो सकते। लेकिन एक वजह यह भी है कि अब वह लगन, कुछ कर गुजरने का उत्साह, जोखिम उठाने की ललक भी नहीं रही। स्थूल रूप में कहा जाये तो देश के प्रति, समाज के प्रति वह अनुराग भी नहीं रहा। उस वक्त विभिन्न उद्देश्यों से निकाली जानेवाली पत्र-पत्रिकाओं के संपादकों को उद्वेलित करनेवाली वस्तु एक ही थी—वे सभी आदर्शवादी थे, देश प्रेमी थे। वे चाहे हिंदी के उत्थान और प्रचार-प्रसार के लिए पत्र निकाल रहे हों, अंधविश्वासों से लड़ने के लिए या फिर प्रखर राजनीतिक उद्देश्यों के लिए—मूलतः वे राष्ट्र प्रेम की भावना से उद्वेलित थे और इसलिए घर-बार बेच कर, बरतन-सामान बेच कर भी पत्र-पत्रिका निकालने के लिए कमर कसे

रहते थे। यह देश प्रेम और आदर्शवाद आज दुर्लभ वस्तु हो गयी है। लोगों के गले नहीं उतरती। प्रेमचंद की 'नमक का दारोगा' या अन्य कहानियों का आदर्शवादी स्वरूप आज तथाकथित प्रगतिवादियों को अखरता है, लेकिन यही आदर्शवाद स्वतंत्रता संग्राम के दौरान नशा बन कर लोगों के दिलो-दिमाग पर काबिज रहता था। उस ऐतिहासिक दौर में हजारों युवकों ने घर-बार छोड़ा, सुख-सुविधा का जीवन ठुकराया, कॉलेजी शिक्षा को ठोकर मारी और स्वतंत्रता आंदोलन में कूद पड़े। उस वक्त निकलनेवाली पत्र-पत्रिकाएँ भी स्वतंत्रता आंदोलन का एक हिस्सा थीं। बाद में जब देश के भीतर राष्ट्रीय पूंजी और पूंजीपति वर्ग का विकास हुआ, तो उन्होंने भी पत्रकारिता की बिना शर्त मदद की, क्योंकि देश से प्रेम रहा हो या नहीं रहा हो, अंग्रेजों की गुलामी से मुक्ति उन्हें भी चाहिए थी।

आजादी के बाद संपादकों की वह पीढ़ी विरल हो गयी। साथ ही पत्रकारिता और पूंजी के रिश्ते भी बदल गये। भारतीय पूंजीपतियों और पत्रकारिता का उद्देश्य आजादी के पूर्व भिन्न नहीं था, लेकिन आजादी प्राप्त होने के बाद तमाम मसलों पर उनके सरोकार बदलने लगे। बिना किसी लोभ के अपनी मेहनत और मशक्कत से जिन लोगों ने पत्रकारिता को एक निश्चित स्वरूप दिया था, उसके लिए एक तंत्र विकसित किया था, उन पर पूंजीपतियों का कब्जा होता गया। इसकी एक वजह यह भी थी कि पत्रकारिता एक मिशन के रूप में शुरू हुई थी और इससे जीवन यापन करना या रोजगार करना संपादकों की उस पीढ़ी का उद्देश्य नहीं था। आजादी के बाद लगा कि एक उद्देश्य पूरा हुआ। आखिरकार पत्रकारिता स्वतंत्रता आंदोलन का एक हथियार थी और उद्देश्य की प्राप्ति के बाद हथियार की जरूरत क्या थी? नेहरू युग की स्वर्णिम प्रभा में सारे विसंवादी स्वर डूब चुके थे। लगा, राम राज्य आने ही वाला है। डॉ० नामवर सिंह ('कविता के नये प्रतिमान') के अनुसार, 'आजादी के आरंभिक तीन-चार वर्ष भारी उथल-पुथल के थे। इतिहास में भाग लेनेवाली सभी शक्तियाँ भावी इतिहास में अपना स्थान निर्धारित करने के लिए प्रयत्नशील थीं। परिवर्तन की प्रकृति को ठीक-ठीक पहचानना और पहचान कर उसके साथ संगति बैठाना आसान नहीं था। किंतु तीन-चार वर्षों की कशमकश और ऊहापोह के बाद 1951 के आसपास वातावरण में स्थिरता आयी। संविधान निर्माण, गणतंत्र की घोषणा, बालिग मताधिकार के आधार पर प्रथम आम चुनाव, केंद्र तथा राज्यों में जनतांत्रिक सरकारों के गठन के साथ देश में कांग्रेस शासन का वह दौर शुरू हुआ, जिसे नेहरू युग कह सकते हैं। भारत दुनिया के सबसे बड़े लोकतांत्रिक देश के रूप में उभरा था। एक बिल्कुल ही अप्रतिम युद्ध के नेता के रूप में विश्व के सामने आये थे गाँधी के मानसपुत्र श्री नेहरू। तीसरी दुनिया की रहनुमाई का भार उन पर था। बड़ी-बड़ी पंचवर्षीय योजनाओं से तमाम जनता के दुख-तकलीफ बस मिटने ही वाले थे।' इस मोहाविष्ट वातावरण में पत्र-

कारिता ने भी अपना तेवर खो दिया।

लेकिन नेहरू युग के अंतर्विरोध जल्द ही अपने असली रूप में सामने आने लगे और कुछ ही दिनों बाद यह स्पष्ट हो गया कि जिसे हम स्वतंत्रता प्राप्ति के प्रारंभिक दिनों में सत्य समझ रहे थे, वह वस्तुतः भ्रम था। बढ़ती महँगाई, बेरोजगारी और गरीबी के बीच '62 में चीन के हाथों शर्मनाक पराजय ने भारतीय जन-मानस को झकझोर कर रख दिया। पंचशील के हिंडोले में झूलते बुद्धिजीवी वर्ग की नींद अचानक टूट गयी। परंतु उस वक्त तक देर हो चुकी थी। तब तक पत्रकारिता पूँजी के दानवाकार शिकंजे में पूरी तरह फँस चुकी थी। पूँजी के मालिकों ने उदात्त जीवन मूल्यों और विचारों की वाहक राष्ट्रीय पत्रकारिता को भी 'खबरों' का वाहक बना दिया था। पत्रकारिता अब व्यवसाय में बदल गयी थी। साथ ही वह पूँजीपति वर्ग और उसके साथ गंठजोड़ करनेवाली सरकार के हितों की रक्षा करने लगी थी। वर्गीय और व्यावसायिक हित सर्वोपरि बन गया और शोषित जन के प्रति प्रतिबद्ध राष्ट्रीय पत्रकारिता भी तटस्थता का चोला पहन कर यथास्थिति की ताकतों को मजबूत करने लगी। एक खूबसूरत जुमला गढ़ा गया—'हम सच्चाई के प्रति, सिर्फ सच्चाई के प्रति प्रतिबद्ध हैं।' और, जिस सच्चाई के प्रति प्रतिबद्धता का ढिंढोरा पीटा जाता है, उस तक पहुँचने का मुख्य स्रोत क्या था? सरकारी सूत्रों द्वारा उपलब्ध कराये गये आँकड़े, सरकारी एजेंसियों से प्राप्त समाचार और विकसित देशों की वे बड़ी-बड़ी सूचना एजेंसियाँ, जिनकी भीतरी मंशा आम आदमी के सोच और विचारधारा पर साम्राज्यवादी शिकंजा मजबूत करना है।

टेलीप्रिंटरों से छन कर, अखबार के डेस्क और मशीनों से गुजर कर जो सच्चाई अखबार के पन्नों पर उतरती है, उसमें मानवीय आँच नहीं होती, न किसी तरह का दायित्व बोध। मानो वे किसी दूसरे लोक की घटनाएँ होती हैं। इसकी वजह यह है कि जिन माध्यमों से भी वे तथाकथित सच्चाइयाँ अखबार के पन्नों तक पहुँचती हैं, उन माध्यमों का मानवीय सरोकार नहीं होता। आजादी के पूर्व जो खबर बनाते थे, वे स्वयं उस खबर का एक जीवंत हिस्सा हुआ करते थे। लेकिन अब जो खबर बनाने में लगे हैं, वे खबरों, घटनाओं के तटस्थ दर्शक होते हैं, पर्य-वेक्षक होते हैं। अत: समाचारों में मानवीय ऊष्मा आये तो कैसे? पत्रकारिता के व्यवसाय में बदलने का एक अवश्यंभावी परिणाम यह भी हुआ कि जब पत्र-पत्रिकाएँ खबरों के सौदागर और पाठक खबरों के उपभोक्ता में बदल गये, तो हत्या, बलात्कार और भ्रष्टाचार की खबरों ने प्रमुखता पायी और वह भी इस तरह कि पाठकों को मजा दे, पाठक उनको पढ़ने में रस ले। मथुरा कांड और माया त्यागी जैसे कांड भी तिलमिलाहट और आक्रोश जगाने के बजाय पाठकों में एक तरह का जुगुप्सा रस पैदा करने लगे। यह चमत्कार पत्रकारिता ने भाषा को बाजारू बना कर दिखाया।

लेकिन नेहरू युग का मोहाविष्ट वातावरण जब टूटा तो पत्रकारिता को भी एक करारा झटका लगा। व्यावसायिक पत्रकारिता के बुनियादी ढांचे में तो कोई बदलाव नहीं आया, लेकिन खोजी पत्रकारिता का एक नया दौर शुरू हुआ। आदर्श और नैतिकता के ऊंचे परकोटे पर चोट की गयी। विकास नीतियों की धज्जियां उड़ायी गयीं। इस दौर में बड़े से बड़े महिमामंडित व्यक्तित्व को भी नहीं बख्शा गया। फिर आया आपातकाल का काला दिन। भारतीय भाषाओं की पत्रकारिता की गौरवमयी परंपरा और उसका संघर्षशील चरित्र आजादी के बाद के वर्षों में कितना खोखला हो गया था, यह जग जाहिर हो गया। बहरहाल, आम जानता की जागरूकता से आपातकाल का वह दौर समाप्त हुआ। प्रेस की स्वतंत्रता बहाल हुई। आज पत्रकारिता और प्रेस का एक बड़ा तबका सत्तामुखी है। उसके बावजूद प्रेस के खिलाफ सत्तासीन लोगों का गर्जन-तर्जन होता रहता है।

पत्रकारिता के सामने फिलहाल दो तरह के संकट हैं। सुविधा के खयाल से उन्हें बाह्य संकट और आतंरिक संकट में बांटा जा सकता है। बाह्य संकट यह है कि यद्यपि पत्रकार घटनाओं का तटस्थ दर्शक होता है, लेकिन मानवीय धरातल पर वह शोषण, अन्याय और भ्रष्टाचार के खिलाफ संघर्ष करने के लिए प्रतिबद्ध है। इसी बात को दूसरे शब्दों में इस तरह कहा जा सकता है कि किसी घटना विशेष से वह व्यक्तिगत स्तर पर भावनात्मक रूप से नहीं जुड़ा होता, लेकिन किसी भी तरह की जिम्मेदार पत्रकारिता का अंततोगत्वा यही लक्ष्य होता है कि समाज के सड़े-गले मूल्य टूटें, पहले से बेहतर समाज बने। पत्रकार जब अपनी इस प्रतिबद्धता से अंदरूनी रूप में मजबूर हो कर अपने सामने हो रही घटनाओं का विश्लेषण करता है, भ्रष्टाचार का परदाफाश करता है, तो निहित स्वार्थवाले तमाम लोग एक हो कर उसका विरोध करते हैं। वैसे विशालकाय मंचों से सभी प्रेस की अहम भूमिका की वकालत करते हैं, प्रेस की स्वतंत्रता बनाये रखने की शपथ लेते हैं, पत्रकारों के प्रति प्रेम और सम्मान की बातें करते हैं, लेकिन व्यवहार में प्रधानमंत्री के अनुसार 'भारतीय प्रेस गैरजिम्मेवार है' और कानून-व्यवस्था का 'थानेदार' पत्रकार का कैमरा छीन लेता है, उसके साथ दुर्व्यवहार करता है। हाल के वर्षों में पूरे देश में पत्रकारों के साथ जिस तरह का दुर्व्यवहार हुआ, जिस तरह उन्हें प्रताड़ित किया गया, मारा-पीटा गया, उनकी हत्या हुई, वैसा अंग्रेजी राज में भी नहीं होता था। अंग्रेज अपने हितों के प्रति सतर्क थे, फिर भी एक सुनिश्चित न्याय व्यवस्था के तहत ही पत्रकार या संपादक के खिलाफ कारंवाई होती थी। आज के राजनेताओं की तरह उन्होंने अपराधी तत्वों से गँठजोड़ नहीं वना लिया था। हाल के वर्षों में कानूनी प्रक्रिया के तहत पत्रकार को अदालत में ले जाने, उस पर आरोप लगा कर प्रमाणित करने और सजा दिलाने की घटना

अपवादस्वरूप ही हुई है।

मतलब साफ है : पत्रकार और प्रेस को किसी तरह आतंकित करो। इस काम के लिए राजनेताओं, प्रशासन-पुलिस और समाज के भ्रष्ट तबके ने गंठबंधन कर लिया है। वजह यह है कि भ्रष्टाचार की भागीरथी के तीर पर ही आज की राजनीतिक व्यवस्था, प्रशासन, सामाजिक संस्थाएँ—सभी खड़े हैं। शोषण, भ्रष्टाचार और अन्याय का विरोध करनेवाली सभी शक्तियां धीरे-धीरे पस्त होती जा रही हैं। उनकी संवेदना कुंद होती जा रही है और एक निराश हताशा पूरे जनमानस पर एक धुंध की तरह छा गयी है—'शोषण, भ्रष्टाचार, अन्याय सभी शाश्वत हैं, कुछ बदलनेवाला नहीं है।' यह स्थिति वर्तमान व्यवस्था के ठेकेदारों के लिए बहुत अनुकूल है। वे इस तरह की मनस्थिति बनाये रखने की पूरी कोशिश भी करते हैं। आजादी के पहले कहीं एक जगह गोली चलती थी, तो देशव्यापी विरोध होता था। आजादी के बाद भी कुछ वर्षों तक पुलिस द्वारा निहत्थी जनता पर गोली चलाया जाना असामान्य बात होती थी और कुछ मौकों पर मुख्यमंत्री तक को इस्तीफा देना पड़ा था। लेकिन अब प्रति-दिन देश के किसी न किसी कोने में गोली चलती है। अब यह सामान्य बात हो गयी है। आजादी के तुरंत बाद किसी मंत्री पर भ्रष्टाचार का आरोप लगना एक गंभीर बात थी, लेकिन अब कुछ इने-गिने मंत्रियों को छोड़ कर सभी पर भ्रष्टाचार के आरोप हैं। टीवी पर 'जनवाणी' कार्यक्रमों के तहत कई मंत्री अपने विभाग में भ्रष्टाचार की बात स्वीकार कर चुके हैं। विडंबना यह भी है कि आम दर्शक टीवी पर नेताओं और पत्रकारों के दाँव-पेच को देख कर मजा लेते हैं। मंत्री की बेशर्मी से उन्हें गुस्सा नहीं आता। इसी तरह बलात्कार, दहेज हत्याएँ, जेल के अंदर मौत, पुलिस मुठभेड़ के नाम पर हत्याएँ—ये सभी कुछ अब हमारी संवेदना को चुटीला नहीं करते। इस तरह की अगली हर घटना मानवीय संवेदना को थोड़ा और कुंद करती है। भोथरा बनाती है। दूसरी ओर राजनीतिक नेतृत्व इस प्रकिया को रोकता नहीं, बल्कि उसे एक अंतर्राष्ट्रीय बीमारी का रूप दे देता है—'भ्रष्टाचार अंतर्राष्ट्रीय समस्या है', 'आतंकवाद अंतर्राष्ट्रीय समस्या है', 'बेरीजगारी से पूरा विश्व जूझ रहा है' यानी व्यवस्था जैसे चल रही है, उसे चलने दो। कुछ नहीं किया जा सकता।

निश्चय ही प्रेस और पत्रकार इस धुंध को, इस दुःस्वप्न को तोड़ते हैं। तोड़ सकते हैं। इसकी वजह यह है कि अखबार व्यवसायी चलाता है। उसका उद्देश्य है मुनाफा और इसके लिए अंततोगत्वा जनता के बीच उसकी विश्वसनीयता आवश्यक होती है। आकाशवाणी के बहिष्कार से रेडियो स्टेशन के लोगों को तत्काल कोई नुकसान नहीं, लेकिन अखबार के प्रति विश्वसनीयता घटे तो उसके लिए अस्तित्व का संकट उत्पन्न हो जायेगा। लेकिन इस व्यावसायिकता की

बाध्यता के कारण या अपनी आंतरिक नैतिकता से प्रेरित हो कर पत्रकार अन्याय, शोषण और भ्रष्टाचार का विरोध करता है, भ्रष्ट चेहरे से नकाब खींचने का दु:साहस करता है, तो समाज का भ्रष्ट तबका बौखला जाता है और उसे किसी न किसी तरह आतंकित करना चाहता है।

यदि पत्रकार किसी व्यक्ति विशेष के भ्रष्टाचार के खिलाफ कुछ लिखता है तो जाहिर है, यह व्यक्ति विशेष का मामला नहीं होता। चूंकि पत्रकार भ्रष्टाचार की उस घटना विशेष से किसी प्रकार जुड़ा नहीं होता, न उस व्यक्ति विशेष से उसका कोई राग-द्वेष होता है, इसलिए उसकी यह नि:संगता उसे एक आंतरिक शक्ति प्रदान करती है और इसी वजह से भ्रष्टाचार के खिलाफ वह एक मुखर आवाज बन जाता है, जो जन मानस को दु:स्वप्न से जगाता है। इसी से प्रेस भ्रष्ट व्यवस्था के पोषकों के लिए एक गंभीर खतरा है। उस पर लगातार आक्रमण होते हैं। चौतरफा। इस आक्रमण से अभी तक प्रेस बचा हुआ है, तो किसी की सदाशयता की वजह से नहीं। प्रेस ने अपनी यह स्वतंत्रता लड़ कर प्राप्त की है। वह एक शक्ति है। उसे नकारा नहीं जा सकता और जब तक समाज में लोकतांत्रिक मूल्यों के प्रति आस्था रहेगी, तब तक उस पर कोई खतरा भी नहीं। उसके संघर्ष की नैतिकता ही उसके लिए रक्षा कवच बनेगी।

पत्रकारिता का आंतरिक संकट खुद उसकी अपनी दुनिया का संकट है और उससे निपटने के लिए पत्रकारों को खुद जद्दोजहद करना पड़ेगा। पत्रकारिता के व्यवसायीकरण ने तत्काल पाठकों का एक नया वर्ग पैदा किया, लेकिन जैसे-जैसे अखबारों की व्यवस्था खर्चीली और बोझिल होने लगी, उस अनुपात में पाठक बढ़े नहीं। दिल्ली और प्रदेशों की राजधानियों से निकलनेवाले अखबारों का प्रभाव सिमटने लगा। उनकी जगह स्थानीय स्तर पर निकलनेवाले अखबारों ने प्रमुखता पायी। स्थानीय स्तर पर निकलनेवाले अखबार स्वच्छ हवा के झोंके की तरह सामने आये। इन्होंने बहुतेरे ऐसे लिखनेवालों को भी जन्म दिया, जिनके पास भाषाई चमत्कार नहीं थे, लेकिन यथार्थ जगत से जिनका जीवंत संपर्क था। उनके प्रयास से अखबार आम आदमी के जीवन का अंग बनने लगा। हाल के कुछ वर्षों में बड़े राष्ट्रीय दैनिकों ने प्रादेशिक राजधानियों का रुख किया है और अब वे प्रदेशों के बड़े शहरों में भी पहुंचनेवाले है। स्थानीय अखबारों की तुलना में चूंकि वे अधिक साधन संपन्न हैं, इसलिए वे स्थानीय अखबारों को बुरी तरह प्रभावित भी कर रहे हैं। इन दोनों तरह के अखबारों—स्थानीय अखबारों एवं प्रदेश की राजधानियों में पहुंचे राष्ट्रीय अखबारों—ने छोटे-छोटे शहरों और कस्बों में बड़ी संख्या में मुफस्सिल पत्रकारों की एक फौज पैदा की है। इन अखबारों की सफलता का दारोमदार पत्रकारों की इस नयी पौध पर ही है। पत्रकारिता की बढ़ती हुई शक्ति ने इन पत्रकारों को समाज में एक सम्मानित स्थान भी दिलाया है, लेकिन

आर्थिक सुरक्षा प्रदान नहीं की है। मुफस्सिल पत्रकारों की यह पीढ़ी हर वक्त एक मानसिक द्वंद्व से पीड़ित रहती है।

पत्रकारिता पहले एक अंशकालिक पेशा थी। पटना से निकलनेवाले अंग्रेजी और हिंदी अखबारों ने एकाध प्रमुख शहरों को छोड़ तमाम स्थानों पर ऐसे पत्रकार खड़े किये जो किसी दूसरे काम-धंधे में लगे रहते थे। जब बड़े अखबार भी अपना बाजार खोजते प्रदेश-राजधानियों में पहुँचे, तो उन्होंने भी कस्बों तक फैलने के लिए हर जगह अपने प्रतिनिधि रखे। लेकिन इन बड़े अखबारों ने भी पत्रकारों को आर्थिक सुरक्षा प्रदान नहीं की। कुछ महत्वपूर्ण शहरों को छोड़ कर इन अखबारों ने भी अन्य तमाम शहरों-कस्बों में अंशकालिक संवाददाता ही रखे, जिन्हें वेतन आदि के नाम पर अत्यंत तुच्छ राशि मिलती है। अब एक तरफ तो लोकतांत्रिक व्यवस्था में सत्ता के एक प्रमुख केंद्र से जुड़े होने की वजह से सामाजिक क्षेत्र में पत्रकारों को महत्वपूर्ण स्थान और सामाजिक प्रतिष्ठा प्राप्त है, दूसरी तरफ उनकी आर्थिक स्थिति अत्यंत कारुणिक है। इसी वजह से पत्रकारिता कैरियर की दृष्टि से अभी भी सम्मानित पेशा नहीं समझी जाती। साथ ही इस पेशे में ऐसे भी बहुतेरे लोग चले आये है, जिनका न भाषा पर अधिकार है और न देश-काल की कोई समझ। हाँ, तकनीकी दृष्टि से लगातार लिखते रहने की वजह से इन्होंने अखबार के उपयोग में आनेवाली चलताऊ भाषा पर जरूर अधिकार प्राप्त कर लिया है। इसी का नतीजा है कि स्थानीय पत्रकार किसी घटना की प्राथमिक जानकारी तो दे देते हैं, लेकिन उस मुद्दे को शक्तिशाली रूप में खड़ा नहीं कर पाते, उस मुद्दे पर सतत लिख नहीं पाते। आम तौर पर होता यह है कि भागलपुर अँखफोड़वा कांड या भोपाल गैस त्रासदी जैसी घटना का प्राथमिक समाचार कोई स्थानीय पत्रकार प्रकाशित करता है और फिर तमाम बड़े अखबारों के प्रतिनिधि वहाँ पहुँचते हैं और उसी समाचार को बड़े कैनवास पर लिखते हैं।

आर्थिक रूप से सुरक्षित नहीं होने की वजह से एक तो योग्य लोग इस पेशे में नहीं आते और जो इस पेशे में रहते हैं, उनमें से बहुतेरे सत्ता के अन्य केंद्रों से समझौता कर लेते हैं। अखबार के प्रबंधन को इस तथ्य की जानकारी रहती भी है, तो उन्हें उस वक्त तक कोई शिकायत नहीं होती जब तक उनका व्यावसायिक हित प्रभावित नहीं होने लगता। सौ-डेढ़ सौ रुपल्ली देनेवाले संपादक यह मान कर चलते हैं कि उनका स्थानीय प्रतिनिधि अपने जीवन यापन के लिए आवश्यक कमाई अपने क्षेत्र में ही कर लेगा। छोटे अखबारों के प्रतिनिधियों पर तो विज्ञापन जुटाने के लिए भी दबाव रहता है। प्रबंधन, यहाँ तक कि संपादक भी, इसके लिए प्रत्यक्ष और परोक्ष रूप से दबाव देते हैं—यह जानते हुए भी कि विज्ञापन के बदले पत्रकार को अपनी पेशागत ईमानदारी से कदम-कदम पर समझौता करना पड़ेगा।

पत्रकारिता के इस माहौल से उत्पीड़ित सबसे अधिक वे हो रहे हैं, जो किसी

आदर्श से प्रेरित हो कर इस पेशे में आये थे, जिन्होंने पत्रकारिता को शोषण और अन्याय के खिलाफ एक जिहाद समझा था। दो-चार वर्ष इस पेशे में टिक जाने के बाद उनकी सारी आदर्शवादिता, उदात्त जीवन मूल्यों की प्रतिबद्धता झड़ जाती है और जो इनसे मुक्त नहीं हो जाते, वे हर वक्त एक घुटन महसूस करते हैं।

पत्रकारिता के इस दमघोटू माहौल में बदलाव कैसे आये? जवाब आम तौर पर यह दिया जाता है कि पत्रकारिता को व्यावसायिकता से मुक्त किया जाये, पत्रकारिता पर पूंजी की जकड़न को समाप्त किया जाये। लेकिन क्या यह सोच भी एक अतिशय आदर्शवादी भावुक सोच नहीं है? पिछले वर्षों में पत्रकारिता एक पेशे के रूप में बदल गयी है। कुछ लोग अभी भी इसे एक मिशन मान सकते हैं, लेकिन उससे इस तथ्य में अंतर नहीं पड़ता कि यह एक पेशा भी है और हजारों-हजार लोगों की रोजी-रोटी इससे चल रही है। कई बार प्रयास भी किया गया कि व्यावसायिक पत्रकारिता के समानांतर गैर-व्यावसायिक पत्रकारिता को फिर से खड़ा किया जाये, लेकिन कुछ अपवादों को छोड़ कर इस तरह के प्रयोग असफल रहे हैं। अतः हम मान कर चलें कि पत्रकारिता के वर्तमान संसार में रहते हुए ही हमें रद्दो-बदल करना होगा। जरूरत है कि प्रतिबद्ध लोग इस पेशे में आयें, ऐसे लोग जो अपने सामाजिक दायित्वों के प्रति जागरूक हों। साथ ही उन्हें अपनी आर्थिक विपन्नता के खिलाफ संघबद्ध हो कर संघर्ष करना होगा। लेखन की आजादी के प्रति सजग होना होगा। इसके अलावा जीवन-जगत के प्रति अपने ज्ञान का भी निरंतर विकास करना होगा, ताकि वे अपने पेशे के प्रति न्याय कर सकें। स्पष्ट है कि यह काम पत्रकारिता से जुड़े वे लोग नहीं कर सकते जो सत्ता सुख में हिस्सेदार बने हुए हैं। यह तो पत्रकारिता से जुड़ा वह तबका ही कर सकता है, जो शोषित है। और, मुफस्सिल पत्रकारों से ज्यादा कौन शोषित है मीडिया की इस चमचमाती दुनिया में?

मूल से कटने का संकट

अरुण कुमार त्रिपाठी

हिंदी पत्रकारिता का संकट अपने मूल से कटने का संकट है। वह अंग्रेजी की नकल में महानगरीय और राष्ट्रीय तो बन गयी, पर इस प्रक्रिया में लगातार अपनी जड़ों से कटती गयी। अब हिंदी के साथ दिक्कत यह है कि वह अंग्रेजी पत्रकारिता की तरह अंतर्राष्ट्रीय हो नहीं सकती। इसलिए वह अपनी खुराक कहाँ से उठाये ? अंग्रेजी पत्रकारिता तो अंतर्राष्ट्रीय 'फीडबैक' पर चलती है, लेकिन हिंदी पत्रकारिता अंतर्राष्ट्रीय 'फीडबैक' पर नहीं चल सकती। उसे अपनी विभिन्न बोलियों और अंचलों से गर्भनाल का नाता बनाना ही पड़ेगा, क्योंकि हिंदी का राष्ट्रीय ताना-बाना इन्हीं आंचलिक अस्मिताओं के सहारे बना है। इन्हें रौंद कर या इनकी उपेक्षा कर हिंदी पत्रकारिता लंबे समय तक खड़ी नहीं रह सकती।

हिंदी के जिन अखबारों ने पूर्णतः विदेशमुखी (अमेरिकामुखी) हो कर अपना प्रकाशन शुरू किया, वे औंधे मुँह गिर पड़े। अमेरिकी तर्ज पर शुरू किये गये अंग्रेजी नामों से हिंदी के कई साप्ताहिकों की दुर्दशा के पीछे सिर्फ उनका कुप्रबंधन और कुसंपादन ही नहीं जिम्मेदार था। दरअसल, वे हिंदी के मूल चरित्र के अनुरूप नहीं थे। वे हिंदी पत्रकारिता की बढ़ती समृद्धि के प्रतीक जरूर थे, पर उस समृद्धि को बरकरार रखने के लिए उनके पास ऊर्जा की 'रिसाइकिलिंग' की व्यवस्था नहीं थी। हिंदी के मूर्धन्य संपादक प्रभाष जोशी ने उस दौरान यह चेतावनी भी दी थी। उन्होंने साफ संकेत दिया था कि ये अखबार या पत्रिकाएँ चलनेवाले नहीं हैं। हालांकि हिंदी 'इंडिया टुडे' के बारे में उनकी यह भविष्यवाणी खरी नहीं उतरी, पर बाकी के लिए सटीक बैठी।

अंग्रेजी चोला पहन कर हिंदी बोलनेवाले उन अखबारों का लक्ष्य वह संक्रमण-कालीन मध्य वर्ग था, जो हिंदी के सहारे अंग्रेजी से जुड़ने का गर्व करना चाहता था। यह वर्ग अपनी मूल चेतना से मुक्त हो कर अभिजात्य वर्ग में शामिल होने के लिए छटपटानेवाला वर्ग है। वह गाँवों, कस्बों और अंचलों को भूल कर राष्ट्रीय, महानगरीय और अंतर्राष्ट्रीय होना चाहता है। वह हिंदी में तत्व नहीं, रस ढूँढ़ता

है और यह रस उसे दूरदर्शन के परदे से मिलने लगे तो उसे हिंदी अखबार छोड़ने में कोई दिक्कत नहीं होगी। हो सकता है, वह यह भी महसूस करे कि घर में हिंदी अखबार आने से बच्चों की अंग्रेजी खराब होती है और वह अखबार बंद कर दे। फिर ये साप्ताहिक दैनिक अखबार और दूरदर्शन की रिक्तता को भर नहीं सके। वे दैनिक अखबारों और दूरदर्शन दोनों से आगे व गहरे जाने के बजाय उनसे पीछे व उथले चलने लगे। नतीजतन वे नहीं चल सके। वस्तुतः वे यह भूल रहे थे कि हिंदी पत्रकारिता का इतिहास ऊर्ध्वमुखी नहीं, जनोन्मुखी रहा है। उसमें तेजी से ऊपर चढ़ने के बजाय समाज को साथ ले कर चलने की प्रवृत्ति रही है। स्वाधीनता संघर्ष में आहुति देनेवाले सैकड़ों अखबारों को निश्चित रूप से यह एहसास रहा होगा कि वे दीर्घजीवी नहीं हैं। इसके बावजूद वे थोड़े-से समय में हिंदी पत्रकारिता के आकाश में धूमकेतु की तरह चमक उठे। लेकिन पिछले पांच सालों में उदित हुए और बुझे हिंदी साप्ताहिक अखबारों के बुझने का किसी को एहसास ही नहीं होता। इसका बड़ा कारण यह है कि उन्होंने या तो अंग्रेजी की कार्बन कॉपी बनने की कोशिश की या अपनी कोई दिशा या वैचारिक छवि विकसित नहीं की।

लेकिन 'दिनमान' (रघुवीर सहाय) और 'रविवार' (सुरेन्द्र प्रताप सिंह) के बंद होने की टीस आज भी हिंदी पाठकों के दिल में है। वे 'साप्ताहिक हिंदुस्तान' के बंद होने से भी दुखी हैं। 'सारिका' बंद होने के बाद हिंदी पाठकों के घरों में साहित्य चर्चा बंद हो गयी है। सवाल उठता है कि इतनी गंभीर वैचारिक दृष्टियों के बावजूद ये पत्रिकाएँ क्यों बंद हो गयीं? क्यों मूल को टेरने गये राष्ट्रीय हिंदी अखबार निराश हो कर लौट आये? क्यों अपनी गुणवत्ता की कमी और संकुचित दृष्टि के वावजूद क्षेत्रीय हिंदी अखबार जमे हुए हैं?

अगर हिंदी अखबारों की प्रसार संख्या पर नजर दौड़ायें तो कुछ दिलचस्प संकेत मिलेंगे। अपनी श्रेष्ठता का आत्मविश्वास लिये 'मूल को टेरने' के नारे के साथ राष्ट्रीय दैनिक 'जनसत्ता' कलकत्ता गया था। लेकिन चार साल में भी वह 'सन्मार्ग' को पीछे नहीं छोड़ सका है। ऑडिट ब्यूरो ऑफ सर्कुलेशन के 1993 के जनवरी से जून तक के आँकड़ों के अनुसार 'जनसत्ता' के सभी केंद्रों की कुल प्रसार संख्या (कलकत्ता को छोड़ कर) 1,56,478 थी। इसमें देश के चार महानगरों से निकलनेवाले उसके कई संस्करण शामिल हैं। दूसरी तरफ इसी अवधि में पश्चिमी उत्तर प्रदेश के क्षेत्रीय अखबार 'अमर उजाला' की प्रसार संख्या 2,66,683 थी। इसी तरह राजस्थान के क्षेत्रीय अखबार 'राजस्थान पत्रिका' की कुल प्रसार संख्या 3,00,563 (1993) है। मध्य प्रदेश के क्षेत्रीय अखबार 'नव भारत' की प्रसार संख्या भी राष्ट्रीय दैनिक 'जनसत्ता' से आगे है। 1993 में 'नव भारत' की प्रसार संख्या 2,78,265 थी। 'दैनिक भास्कर' 1,40,478 और 'नई दुनिया' 97,165 बिकते हैं। हालांकि 'जनसत्ता' ने अभी क्षेत्रीय संस्करण निकालने की पहल नहीं

है, पर जिस अखबार ने की, वह सफल नहीं हुआ।

'नवभारत टाइम्स' (कुल प्रसार संख्या 4,18,607) ने क्षेत्रीय संस्करण निकालने का प्रयोग किया, जो बुरी तरह विफल रहा। उसका लखनऊ संस्करण बंद हो गया और पटना व जयपुर के संस्करण हाँफ रहे हैं। जयपुर संस्करण की प्रसार संख्या आधी हो गयी है। 1992 में जयपुर का 'नवभारत टाइम्स' 42,549 बिकता था, पर '93 में यह संख्या 26,604 पर आ गयी।

दूसरी तरफ एक राष्ट्रीय दैनिक के प्रयोग का विपरीत परिणाम निकला है। क्षेत्रीय संस्करण निकालने का 'दैनिक हिंदुस्तान' का प्रयोग सफल रहा। पटना का दैनिक हिंदुस्तान दिल्ली के हिंदुस्तान पर बोझ नहीं, बल्कि उसका सहारा है। पटना हिंदुस्तान की प्रसार संख्या में लगातार बढ़ोत्तरी हो रही है, जबकि दिल्ली के हिंदुस्तान की प्रसार संख्या घट रही है। 1992 के जुलाई-दिसंबर सर्वेक्षण में पटना के हिंदुस्तान की प्रसार संख्या 1,84,836 थी, जो जनवरी से जून '93 के सर्वेक्षण में बढ़ कर 1,93,475 हो गयी, जबकि दिल्ली के हिंदुस्तान की प्रसार संख्या 1,11,918 से घट कर 1,09,010 पर आ गयी। इसकी सबसे बड़ी वजह यह बतायी जाती है कि पटना के हिंदुस्तान ने राष्ट्रीय ठसक छोड़ कर वहाँ अपनी पहचान बनाने की कोशिश की है। यों कहा जाये तो ज्यादा सटीक होगा कि पटना का हिंदुस्तान एक क्षेत्रीय अखबार है।

इन आँकड़ों से एक बात दिखाई पड़ती है कि हिंदी पत्रकारिता का पलड़ा क्षेत्रीयता की तरफ झुका है। या यह कि राष्ट्रीय अखबारों की अपनी भूमिका है और क्षेत्रीय अखबारों की अपनी। वे एक-दूसरे की जगह नहीं ले सकते। वे एक-दूसरे से गड्डमड्ड नहीं हो सकते। क्षेत्रीय अखबारों का व्यावसायिक पक्ष भी ज्यादा मजबूत है। कई क्षेत्रीय अखबार हैं, जिनका विज्ञापन राजस्व राष्ट्रीय अखबारों से ज्यादा है। इसकी वजह यह है कि विज्ञापन प्रसार सघनता के आधार पर मिलता है। अगर कोई अखबार पूरे प्रदेश में 20 हजार बिकता है और कोई अखबार एक अंचल में 15,000, तो आंचलिक अखबार को ज्यादा विज्ञापन मिलेंगे। इसीलिए राष्ट्रीय अखबारों में भी इस तरफ चिंतन चल रहा है कि बड़े क्षेत्र में छितराने के बजाय छोटे क्षेत्र में सघन होने पर जोर दिया जाये।

क्षेत्रीय अखबारों को इतनी सकारात्मक स्थितियों में देखने का मतलब यह नहीं है कि उनका समाचार संकलन, संपादकीय नीतियाँ और वहाँ काम की स्थितियाँ आदर्श हैं। वैसे भी सिर्फ प्रसार संख्या के नाते कोई अखबार श्रेष्ठ नहीं हो जाता। बहुत-से क्षेत्रीय अखबार हैं, जो सिर्फ धंधे के लिए निकलते हैं। पीत पत्रकारिता उनका आदर्श है और विज्ञापन उनका लक्ष्य। बल्कि बड़े-बड़े क्षेत्रीय अखबार खास-खास मौकों पर सांप्रदायिक और जन विरोधी आचरण करते हैं। उनकी संपादकीय नीति में लोकतांत्रिक चेतना का गहरा अभाव है। मंडल आंदो-

लन और अयोध्या आंदोलन के दौरान तो कई हिंदी अखबारों ने सांप्रदायिक और जातीय विद्वेष को बढ़ाने के लिए पत्रकारिता की मूलभूत मर्यादाएँ तक तोड़ दीं।

हालाँकि कुछ राष्ट्रीय अखबारों ने कई नाजुक मौकों पर संयम और सूझ-बूझ से काम लिया, पर कई बार वे सामाजिक परिवर्तन को न समझ पाने की अपनी सीमाएँ प्रकट कर देते हैं। मीडिया को सिर्फ समाज का प्रतिबिंब मानना उचित नहीं है। वह समाज को प्रेरणा भी देता रहा है। लेकिन आज समाज जितनी तेजी से बदल रहा है, मीडिया उसके पीछे छूट गया है। मीडिया कई मौकों पर या तो प्रतिक्रियावादी रवैया अपनाता है या हतप्रभ रह जाता है। मीडिया पर लंबे समय से सवर्णों का कब्जा रहा है, इसलिए इसमें एक ब्राह्मण-वादी पूर्वाग्रह है। यह बात हिंदी के राष्ट्रीय और क्षेत्रीय अखबारों पर ही नहीं, अंग्रेजी मीडिया पर भी लागू होती है। दलितों के आंदोलन व मायावती के बयान पर जतायी जानेवाली कड़ी प्रतिक्रिया इसका प्रमाण है।

आज हिंदी पत्रकारिता को अपनी वैचारिक मान्यताओं को खँगालने और उसे ज्यादा लोकतांत्रिक बनाने की जरूरत है। यह हिंदी पत्रकारिता के सामने सबसे बड़ी चुनौती है। अगर वह पिछड़ी जातियों, दलितों, अल्पसंख्यकों और स्त्रियों के विरोध को अपना वैचारिक आधार बनाना चाहती है, तो वह ज्यादा दिन चल नहीं सकती। पश्चिमीकृत होता अभिजात्य वर्ग लगातार हिंदी पत्र-कारिता के हाथों से फिसलता जा रहा है। शायद वह कभी उसकी पकड़ में रहा ही नहीं। दरअसल, हिंदी उभरती सामाजिक शक्तियों की भाषा है और उनकी पक्षधरता से बच कर वह चल नहीं सकती।

हिंदी पत्रकारिता के सामने एक बड़ी चुनौती आर्थिक उदारीकरण और भूमंडलीकरण की नीतियाँ हैं। अंग्रेजी अखबार तो इन नीतियों के मुखपत्र बन गये हैं, लेकिन हिंदी अखबार दुविधा में हैं। इनके पास इन नीतियों को समझने व विश्लेषण करने के उपकरण नहीं हैं। हिंदी अखबारों के स्वभाव में ही शोध की प्रवृत्ति नहीं है। न तो वे गम्भीर लेख छाप सकते हैं और न ही गम्भीर लोगों को झेल सकते हैं। ऐसी स्थितियों में वे या तो आर्थिक नीतियों के ढिंढोरची बन सकते हैं या उनका अधकचरा विरोध कर सकते हैं। ये दोनों ही स्थितियाँ खतरनाक हैं। हैरत की बात है कि आम जनता से नाता रखने की बात करनेवाले हिंदी अख-बारों की चिंता गरीबी नहीं, नागरिक सुविधाएँ हो चली हैं, जबकि अंग्रेजी अख-बार 'टाइम्स आफ इंडिया' 'फेस ऑफ पावर्टी' नाम का स्तंभ चलाता है।

व्यावसायिकता और वैचारिकता की इन्हीं चुनौतियों के बीच हिंदी पत्र-कारिता को अपना मार्ग बनाना होगा। हिंदी इलाके में क्षेत्रीय स्तर पर बाजार बन रहे हैं। हिंदी पत्रकारिता वहाँ के आर्थिक, सांस्कृतिक और राजनीतिक जीवन में सार्थक हस्तक्षेप कर अपनी जड़ें मजबूत कर सकती है। महानगरों की तरफ

भागते हिंदी बुद्धिजीवियों को अपने मूल को टेरना होगा। लेकिन बात सिर्फ मूल को टेरने से नहीं बनेगी। मूल को सींचना भी होगा, क्योंकि मूल को सींचने से ही फूलने-फलने और अघाने की उम्मीद बंधती है।

हिंदी पत्रकारिता के व्यावसायिक बनने और टिकाऊ होने से किसी को कोई आपत्ति नहीं हो सकती। लेकिन यह काम अपनी प्रतिभाओं की उपेक्षा कर नहीं किया जा सकता। पत्रकारों के लिए पालेकर और बच्छावत जैसे दो वेतन बोर्डों की रपट लागू करने का आदेश हो चुका है। लेकिन कई अखबारों ने आज तक इन्हें लागू नहीं किया है। जहाँ ये रिपोर्टें लागू भी हुई हैं, गुटबाजी और खींचतान से काम करने की स्थितियाँ बिगड़ गयी हैं। हिंदी पत्रकार को कैरियर की एक सीढ़ी चढ़ने के लिए दस साल तक इंतजार करना पड़ता है, जबकि उसी संस्थान में अंग्रेजी पत्रकार तीन साल में चार तरक्की पाते हैं। हिंदी में निजी पूर्वाग्रह संस्थान खड़ा करने में आड़े आते हैं। आज हिंदी पत्रकारिता में आत्ममंथन, कर्मठता और राष्ट्रीय व क्षेत्रीय तालमेल की जरूरत है। तभी मौजूदा संकट से उबरा जा सकता है।

कहाँ है गाँव

कुंवर प्रसून

आज जब पत्रकारिता में 'सबकी खबर ले, सबको खबर दे', 'खबरों के आगे, खबरों के पीछे' और 'देश की भाषा में देश की धड़कन' जैसे बड़े-बड़े दावे किये जा रहे हैं, गाँवों में समाचारों का प्रमुख स्रोत रेडियो ही है। रेडियो की अपनी सीमाएँ हैं। वह समाचार तत्काल गाँववालों तक पहुँचा तो देता है, लेकिन बदले में कुछ लेता नहीं, जबकि पत्र-पत्रिकाओं में खबर देने और लेने का दोतरफा संबंध होता है। उनके व पाठक के बीच एक संवाद होता है। जहाँ तक उनका प्रसार रहता है, वहाँ तक की खबरें व रिपोर्टें तो उनमें आ ही जाती हैं। यह जरूर है कि आकाशवाणी के हर केन्द्र से ग्रामीण भाइयों या किसान भाइयों के लिए 'ग्राम जगत' या 'कृषि जगत' जैसे कार्यक्रम प्रसारित होते रहते हैं, मगर उनमें भी गाँव की शहरी जानकारियाँ अथवा किताबों की जुगलबंदियाँ ही प्रस्तुत की जाती हैं। कहीं-कहीं दूरदर्शन भी आ पहुँचा है, लेकिन उसे समाचार स्रोत के रूप में कम और मनोरंजन के माध्यम के रूप में अधिक जाना जाता है। फिलहाल हम उससे यह उम्मीद नहीं कर सकते कि वह ग्रामीण समाचारों या कार्यक्रमों को ज्यादा महत्व देगा। जहाँ तक विश्वसनीयता का सवाल है, तो आकाशवाणी या दूरदर्शन के मुकाबले बी० बी० सी० लंदन को गाँवों में अधिक प्रतिष्ठा मिली हुई है।

सुदूर ग्रामीण अंचलों में अखबार एक घटना की तरह पहुँचते हैं। ठीक उसी तरह जैसे नारायणपुर, परस बिगहा, पिपरा, कफल्टा, बेहमई, देहुली, साढ़ूपुर, सोलकिया तला, सिरवाड़ी, दिवराला, नोनही, नगवां आदि गाँव अखबारों तक खबर बन कर पहुँचते हैं।

देवरिया (उत्तर प्रदेश) जिले का नारायणपुर गाँव पत्र-पत्रिकाओं के प्रमुख शीर्षकों में तब दिखाई दिया, जब 14 जनवरी 1980 को पुलिस ने वहाँ चार लोगों को बर्बर ढंग से मौत के घाट उतार दिया और एक दर्जन औरतों के साथ बलात्कार कर दिया। हड्डियाँ-पसलियाँ तो न जाने कितने ही लोगों की तोड़ डालीं।

जहानाबाद (बिहार) जिले का परस बिगहा गाँव इसलिए समाचारों का

विषय बना, क्योंकि 6 फरवरी 1980 को वहाँ 11 हरिजनों को गोलियों से भून दिया गया था और 8 फरवरी '80 को उसी के पड़ोसी गाँव डहिया में भी 12 हरिजनों को खत्म कर दिया गया। डहिया कांड के 17 दिनों बाद पटना का पिपरा गाँव 14 हरिजनों की सामूहिक मौत का समाचार ले कर आया। 9 मई '80 को अल्मोड़ा (उत्तर प्रदेश) जनपद का कफल्टा गाँव अखबारों की दिलचस्पी का केन्द्र बना। उस दिन श्याम लुहार की बारात पर हमला कर सवर्णों ने 15 बारातियों को मार गिराया था।

फरवरी 1981 में कानपुर जिले का बेहमई गाँव स्त्री डाकू फूलन देवी द्वारा 25 लोगों की नृशंस हत्या करने के कारण समाचारों में आया। फिर 18 नवंबर '81 को मैनपुरी (उत्तर प्रदेश) जनपद के देहुली गाँव में राधे और संतोषा गिरोह ने 24 हरिजनों का संहार कर समाचार माध्यमों का ध्यान आकर्षित किया तथा 30 दिसम्बर '81 को इसी जिले के साढ़ूपुर गाँव ने 10 हरिजनों की हत्या के बाद समाचार जगत में स्थान पाया।

जोधपुर (राजस्थान) जिले का सोलंकिया तला गाँव भी 1983 में समाचारों के शीर्ष पर था। यहाँ एक-डेढ़ महीने के भीतर भूख से 100 से ज्यादा मौतें हो गयी थीं, यद्यपि सरकार लोगों की भूख से मृत्यु होने की खबरों से इनकार कर रही थी। 17 जुलाई 1986 को टिहरी गढ़वाल (उत्तर प्रदेश) जिले का सिरवाड़ी गाँव भूस्खलन से 13 लोगों की कब्र बन कर सामने आया और 4 सितंबर '87 को तो सीकर (राजस्थान) जिले के दिवराला गाँव में 18 वर्षीय रूप कंवर ने अपने पति की चिता पर सती हो कर समाचार माध्यमों में जैसे भूचाल ही ला दिया, जिसके कंपन इन माध्यमों में महीनों तक महसूस किये जाते रहे। जहानाबाद तो अभी तक खबरों में है। 16 जून 1988 को यहाँ के नोनही और नगवाँ गाँवों में वामपंथी गुटों की आपसी प्रतिद्वंद्विता के कारण 19 हरिजन मौत के घाट उतारे गये।

लेकिन इन समाचारों में ग्रामीण भारत की कोई तसवीर नहीं उभरती। आखिर हत्या, बलात्कार और दुर्घटना ही तो गाँव के समाचार नहीं हैं। कभी-कभार यदि किसी पत्र-पत्रिका में गाँव के सामाजिक-आर्थिक जीवन से संबंधित कोई खबर या रिपोर्ट प्रकाशित हो गयी, तो वह शहर एवं राजनीति के समाचारों में इस तरह बिला जाती है, मानो उसका छपना ही व्यर्थ था। दरअसल, देश व प्रदेशों की राजधानियों से निकलनेवाले बड़े-बड़े अखबार समाचार एकत्रित करने के लिए खास-खास शहरों में अपने संवाददाता नियुक्त कर देते हैं और निश्चित हो जाते हैं। कुछ तो संवाददाताओं को विज्ञापन प्रतिनिधि भी मान लेते हैं। शहरों में रहनेवाले संवाददाता अकसर बूढ़े बाघ की तरह आचरण करते हैं। बाघ जब बूढ़ा हो जाता है, तो वह शिकार के पीछे दूर-दूर तक नहीं भाग सकता, इसलिए बस्तियों

के आस-पास ही पालतू पशुओ का शिकार करने लगता है अथवा मरे हुए जानवरों से ही गुजारा कर लेता है। चूंकि इन पत्रकारों का मुख्य काम दूसरा होता है, इसलिए उनकी इच्छा रहती है कि लोग उन्हें खबरें दिया करें। और, होता भी अकसर यही है। वे या तो शहरों के मामूली से मामूली समाचार भेजते रहते हैं या फिर छुटभैया ग्रामीण नेताओं से पूछताछ कर काम चला लेते हैं। इस तरह अखबार शहरी समाचारों से अटे पड़े होते हैं और यदा-कदा गांव का कोई समाचार छप गया, तो वह अधकचरा ही होता है। साप्ताहिक, पाक्षिक एवं मासिक पत्रिकाओं की पहुंच तो गांव तक और भी कम होती है। उनके पास अपने प्रतिनिधि होते हैं, जिन्हें वे हर घटना या दुर्घटना के बाद दौड़ाती हैं तथा नारायणपुर, कफल्टा, बेहमई, दिवराला आदि की रिपोर्टें छाप कर फिर नयी खबर की ओर दृष्टि गड़ा देती हैं। उन्हें लगता है कि वे दिल्ली, बंबई, कलकत्ता तथा मद्रास में बैठ कर देश की हर गतिविधि पर नजर रख सकती हैं और अपने प्रतिनिधियों से किसी भी घटना की वस्तुपरक रिपोर्ट मंगा सकती हैं—जैसा अकसर दिल्ली का शासक वर्ग सोचा करता है। कभी-कभी पत्रिकाओं में बाहरी लेखकों की रिपोर्टें भी स्थान पा जाती हैं, किंतु उन्हें भी उनकी जरूरतों के हिसाब से लिखना पड़ता है।

जाहिर है कि जब पत्र-पत्रिकाओं में गांव की चर्चा नहीं के बराबर होती है, तो उसमें उनका प्रसार भी नहीं के बराबर होगा। शहर में लोग सुबह-सुबह अखबार पढ़ते हैं और जिस दिन अखबार नहीं पहुंचता, उस दिन वे बहुत खाली-खाली महसूस करते हैं। किंतु शहर व सड़क से मिले हुए गांवों में दोपहर तक पढ़े जाते हैं और उससे दूर के गांवों में अखबार इक्का-दुक्का ही पहुंचें, पर शाम तक बासी नहीं पड़ते। इससे आगे वे नहीं जाते। लेकिन इसका मतलब यह नहीं है कि आगे वे पहुंच ही नहीं सकते। यातायात की कठिनाइयों के बावजूद सुदूर गांवों तक अखबार जा सकते हैं, किंतु वहांवालों में समाचारों की भूख पैदा नहीं होती। ऐसा नहीं है कि खबरों से उन्हें अजीर्ण होता हो, बल्कि इसलिए कि अखबारों में उनकी अपनी खबरें नहीं होतीं। यह बात तब अधिक स्पष्ट होती है, जब एक क्षेत्र का अखबार दूसरे क्षेत्र में पहुंच जाता है और दूसरे क्षेत्र का पाठक उसे उलट-पलट कर छोड़ देता है। मान लीजिए कि लखनऊ से छपनेवाला 'स्वतंत्र भारत' या वाराणसी से छपनेवाला 'आज' यदि पश्चिमी उत्तर प्रदेश में पहुंच जाये, तो वहां का पाठक उसे सरसरी नजर से देखने के बाद एक किनारे रख देगा। इसके विपरीत मेरठ से छपनेवाला 'दैनिक जागरण' या देहरादून से छपनेवाला 'दून दर्पण' उसके पास आता है, तो वह उसमें गहन दिलचस्पी लेगा। यही वजह है कि जब किसी पत्र-पत्रिका में किसी क्षेत्र विशेष पर कोई रिपोर्ट होती है, तो वहां उसकी अधिक बिक्री हो जाती है या प्रसार बढ़ जाता है। गांव पर जब अखबारों में सामग्री नहीं होगी, तो उसमें उनका प्रसार भी नहीं होगा।

और, यहीं से स्थानीय अखबार अपना काम शुरू करते हैं। वे हफ्ता-पंद्रह दिन में दूरस्थ ग्रामीण क्षेत्रों में किसी-किसी के पास पहुँच जाते हैं तथा उनमें गाँव की खबरों का प्रतिशत थोड़ा अधिक भी रहता है। लेकिन उनके साथ विडंबना यह है कि उनके संपादक, प्रकाशक व मालिक या तो किसी राजनीतिक दल के व्यक्ति होते हैं या बेरोजगारी के मारे खाक छाननेवाले लोग। बड़े अखबारों के संवाददाताओं की तरह उनका भी मुख्य धंधा दूसरा होता है और वे अखबार या तो अपनी नेतागीरी चमकाने के लिए निकालते हैं या बेरोजगारी दूर भगाने के लिए। इसलिए वे समाचारों के प्रति ज्यादा गंभीर नहीं होते। उनसे अपेक्षा रहती है कि वे स्थानीय समाचारों को अधिक महत्व देंगे, परंतु बड़े अखबारों की देखादेखी वे भी मुखपृष्ठ पर कभी सोवियत संघ की हाँक देते हैं, कभी नयी दिल्ली की और कभी ईरान-ईराक की। अगर दिवराला, बेहमई या देहुली जैसी घटना घट गयी, तो वे एक हफ्ते या पखवाड़े के बाद भी उसे दैनिक समाचार पत्र की तरह छापेंगे। वे घटना स्थल पर जाना जरूरी नहीं समझते और न खबरों के बाद की खबरें उठाना जानते हैं। भाषा एवं तथ्यों के प्रति वे अकसर लापरवाह होते हैं तथा सरकारी विज्ञप्तियों के बिना उनका अखबार पूरा नहीं होता। ऐसे में यदि स्थानीय समाचार पत्र अधिक दूर तक जाते हैं और उनमें गाँव के समाचारों का प्रतिशत थोड़ा ज्यादा रहता है, तो क्या फायदा!

वस्तुतः ग्रामीण भारत अभी गूँगा ही है। यदि संवाददाता उसकी खोज में निकलें, तो पता चलेगा कि उसमें एक से एक दिलचस्प विषय भरे पड़े हैं, जिनके प्रकाशन से पत्र-पत्रिकाओं का स्वरूप ही बदल जायेगा। तब नेताओं के थके हुए बयानों को अखबारों में अधिक स्थान नहीं मिलेगा और न फिल्म तथा व्यावसायिक खेलों की प्रचुरता उनमें रहेगी। दरअसल, तब पत्रकार अपने वास्तविक देश से ही साक्षात्कार कर रहे होंगे। आखिर भारत 80 प्रतिशत गाँवों का देश है। क्या यह जानना दिलचस्प नहीं होगा कि देश एवं प्रदेशों की राजधानियों में गाँव के लिए जो योजनाएँ बनायी जा रही हैं, वे कितनी उपयुक्त हैं तथा धरातल पर किस तरह लागू की जा रही हैं? यह जानना क्या कम महत्वपूर्ण है कि बहुराष्ट्रीय कंपनियाँ राष्ट्र के जीवन में कितना दखल दे रही हैं और गाँवों को अपने प्रभाव में कैसे ला रही हैं? क्या यह देखना आवश्यक नहीं है कि नये-नये वैज्ञानिक आविष्कार कितने समय बाद गाँव में पहुँचते हैं और ग्रामीणों के लिए उनकी उपयोगिता क्या है? क्या यह बताना जरूरी नहीं है कि गाँववाले जिस प्रतिनिधि को विधान सभा या लोक सभा में चुन कर भेजते हैं, वह गाँवों में चुनाव जीतने के बाद कितनी बार आता है?

लोकतंत्र की सबसे निचली इकाई ग्राम सभा कैसे काम कर रही है? नये बीजों का खेती पर क्या असर पड़ेगा? सिंचाई व पेय जल की क्या स्थिति है?

चारा तथा इंधन के लिए महिलाओं को कितना भटकना पड़ता है, ग्रामीणों का स्वास्थ्य कैसा है, परिवार कल्याण कार्यक्रम किस तरह चल रहा है, शिक्षा का क्या हालचाल है, यातायात की सुविधा कैसी है, मजदूरी के लिए बाहर कितना पलायन हो रहा है, गाँव का सामाजिक और सांस्कृतिक ढांचा किस तरह चरमरा रहा है, छोटी-छोटी योजनाओं को भ्रष्टाचार कैसे निगल रहा है आदि सवालों की ओर पत्रकार जब अपना ध्यान मोड़ेंगे और उनका वस्तुपरक विवरण सामने लायेंगे, तब आप देखेंगे कि अखबार कितने रोचक हो गये हैं।

एक तरफ कर्नाटक व तमिलनाडु के बीच कावेरी जल विवाद की रिपोर्ट छपी होगी, तो दूसरी तरफ गाँव की गूल पर दो गुटों में संघर्ष का समाचार होगा। एक तरफ आदमी के मंगल ग्रह पर पहुँचने की खबर होगी, तो दूसरी तरफ चारा लेने गयी किसी पहाड़ी महिला के ढँगार से गिर कर चकनाचूर होने की खबर। इधर अखिल भारतीय आयुर्विज्ञान संस्थान में किसी सफल ऑपरेशन का समाचार होगा तो उधर गाँव से अस्पताल ज्यादा दूर होने पर किसी आदमी के पास ही मुरदा घाट पर जाने का समाचार। एक समाचार परख नली शिशु के जन्म लेने का छपा होगा, तो एक गोशाला में किसी औरत के बच्चा जनने का। एक फोटो अगर दून स्कूल के सालाना समारोह का प्रकाशित होगा, तो एक किसी अंदरूनी गाँव की ध्वस्त पाठशाला का भी मिल जायेगा। जहाँ चीनी घोटाले की रिपोर्ट छपी होगी, वहीं ग्रामीण विकास योजना में हुए भ्रष्टाचार की भी पोल खुली होगी।

सच, तब पत्र-पत्रिकाओं में रंगों का फर्क स्पष्ट दिखाई देगा और 'नो मैंस लैंड' समझे जानेवाले असली भारत में भी उनकी माँग होने लगेगी।

पीत पत्रकारिता का बदलता चेहरा

सुभाष धूलिया

पीत पत्रकारिता सामाजिक और राजनीतिक माहौल की ही उपज है। यह पत्रकारिता का एक ऐसा स्वरूप है, जिसे खारिज भी किया जाता रहा और अपनाये भी रखा गया। अतः पत्रकारिता के विकास के साथ-साथ पीत पत्रकारिता के स्वरूप और तौर-तरीकों में भी परिवर्तन आते गये। बदलती राजनीतिक और सामाजिक परिस्थितियों ने भी इस पर अपनी छाप छोड़ी। विज्ञान और टेक्नोलॉजी के क्षेत्र में तेजतर उन्नति से पूरा मीडिया भी जबरदस्त परिवर्तन के दौर से गुजर रहा है और पीत पत्रकारिता भी बदलते माहौल में जिंदा रहने के लिए नये-नये रूप में सामने आ रही है। भोंडेपन को त्याग कर उसने अपने कुछ सलीके भी विकसित कर लिये हैं।

सूचनाओं और तथ्यों के विशाल भंडार में से चंद को ही पत्रकारिता अपने पाठकों, श्रोताओं, दर्शकों तक पहुँचाती है। इस प्रक्रिया के विभिन्न रूपों से विभिन्न तरह की पत्रकारिता विकसित होती है। मोटे तौर पर पीत पत्रकारिता तथ्यों की तोड़मरोड़ का ही इस्तेमाल करती है। तथ्यों की यह तोड़मरोड़ या तो तथ्यों को उनके संदर्भ से तोड़ कर पेश करने से हो सकती है या कुछ खास तरह के तथ्यों को बढ़ा-चढ़ा कर पेश करने और कुछ अन्य तथ्यों को नजरअंदाज करने से की जा सकती है।

इस दृष्टि से मुख्यधारा पत्रकारिता और पीत पत्रकारिता के बीच की विभाजन रेखा धूमिल पड़ती दिखाई देती है। हाल ही में यह विभाजन रेखा धूमिल ही नहीं पड़ी, बल्कि किन्हीं-किन्हीं मामलों में तो यह तय कर पाना ही मुश्किल हो गया कि यह रेखा खींची जाये तो कहाँ खींची जाये ?

एक समाचार में तथ्यपरकता, संतुलन, न्यायसंगतता और वस्तुपरकता के तत्व होने चाहिए। इसके अलावा उसमें स्रोत का भी समुचित रूप से उल्लेख होना चाहिए। दरअसल, समाचार के इन्हीं मूलभूत तत्वों के प्रति दृष्टिकोण में भिन्नता से एक ही घटना के कई रूप सामने आते हैं जो अकसर समान नहीं होते और

यदा-कदा परस्पर विरोधी भी होते हैं। समाचार के इन मूलभूत तत्वों को जानबूझ कर विकृत करने से विकृत रूप पैदा होते हैं। पीत पत्रकारिता इसमें सबसे प्रमुख है।

पीत पत्रकारिता के भी अनेक रूप हैं। अनेक तरकीबें हैं। इन सबमें एक ही समानता है कि खास तरह के तत्वों को उछाल कर, उन्हें सनसनीखेज बना कर पाठकों के मस्तिष्क में एक खास प्रभाव पैदा कर दिया जाये। कई बार वस्तुपरक परिस्थितियाँ ऐसी होती हैं कि एक विशेष तरह की सूचनाओं को लोग स्वीकार करने को पहले से तैयार होते हैं। अफवाहें इसका ही उदाहरण हैं। अफवाह झूठ होती है, लेकिन वह इतनी तेजी से इसीलिए फैलती है कि उस खास परिस्थिति में लोगों को उस तरह की घटना घटने का अंदेशा होता है। आशय यह है कि एक अफवाह के फैलने के लिए अनुकूल वस्तुपरक परिस्थितियों का होना आवश्यक है। पीत पत्रकारिता इसी सिद्धांत के आधार पर काम करती है कि कुछ ऐसी सूचनाएँ गढ़ ली जायें, जिन पर लोग यकीन कर लें या कम से कम उन पर एक बार सोचने को मानसिक रूप से तैयार हों। मसलन अगर एक राजनेता के भ्रष्टाचार के बारे में लगातार कुछ-न-कुछ छपता रहता है और उसकी छवि एक भ्रष्ट राजनेता के रूप में बन चुकी है, तो उस पर भ्रष्टाचार का कोई नया आरोप भले ही बेबुनियाद क्यों न हो, लोग उस पर विश्वास करने की ओर ही उन्मुख होंगे।

जब समाज में इस तरह की परिस्थितियाँ हों कि किसी भी तरह की सूचना पर विश्वास कर लिया जाये, तब पीत पत्रकारिता फलती-फूलती है। यह माहौल उसे खूब भाता है। पीत पत्रकारिता तथ्यात्मक भी हो सकती है और झूठ की बुनियाद पर भी खड़ी हो सकती है। 'तथ्यात्मक' से आशय है खास तरह के तथ्यों को बढ़ा-चढ़ा कर पेश कर अंततः एक झूठा संदेश लोगों को पहुँचाना। तथ्यात्मकता का यह तत्व बहुत ही जटिल है। सुनने में यह बात अजीब-सी लग सकती है कि तथ्यों का सहारा ले कर झूठ भी कहा जा सकता है, लेकिन है यह सच। हालाँकि तथ्य अपने आपमें सच ही होता है, लेकिन जब संदर्भ से अलग कर पेश किया जाता है, तब वह झूठ का वाहन बन जाता है। पीत पत्रकारिता का यह एक प्रभावशाली हथियार है।

अब आम तौर पर यह माना जाने लगा है कि स्वतंत्र और वस्तुपरक पत्रकारिता एक ऐसा सपना है, जिसे असमान दुनिया या असमान समाज में कभी साकार नहीं किया जा सकता। हाल के वर्षों में पत्रकारिता के क्षेत्र में एक बड़ा परिवर्तन यह आया है कि समाचारों का बाजार भी एक जबरदस्त दौड़ का सामना कर रहा है। इस होड़ के तीव्र होने के अनेक कारण हैं। पहला तो यह है कि राजनीतिक स्तर पर विचारधाराओं के संघर्ष में सह-अस्तित्व या सहवास का रुझान प्रबल हुआ है। इससे समाचार तंत्र पर विचारधारा के स्थान पर व्यावसायिकता

का प्रभाव बढ़ा है और समाचार एक ऐसी वस्तु बन गया है, जिसे बेचना होता है। दूसरे, पाठक वर्ग का तीव्र विस्तार हुआ है। अनेक नये-नये सामाजिक तबके पैदा हुए हैं। इनकी सामाजिक जरूरतें भिन्न-भिन्न हैं। इन जरूरतों को पूरा करने के लिए नये-नये प्रकार के अखबार निकले। हरेक ने इस फैलते बाजार को हथियाने की कोशिश की। तीसरे, रेडियो और टेलीविजन के विस्तार से अखबारी दुनिया में समाचार का मतलब बदल गया। इसने नये रूप-स्वरूप ग्रहण कर लिये।

इस होड़ का एक मुख्य परिणाम यह हुआ कि जहाँ पहले पीत पत्रकारिता को मुख्यधारा पत्रकारिता से काफी हद तक अलग कर देखा जा सकता था, वहीं अब दोनों की सीमारेखा अनेक मामलों में खत्म होती नजर आती है। मुख्यधारा पत्रकारिता के बदलते चरित्र के कारण पीत पत्रकारिता अपने स्वतंत्र अस्तित्व को बनाये नहीं रख सकी है। पीत पत्रकारिता का खोखलापन जल्द ही पाठकों के सामने आ गया। इन परिस्थितियों के पैदा होने और होड़ के तेज होने से पीत पत्रकारिता का जहर समूची पत्रकारिता में फैलता गया है। पीत पत्रकारिता अपने प्रारंभिक दिनों में व्यापक तौर पर अलग से ही नजर आती थी, लेकिन अब स्थिति यह है कि इसके तत्व मुख्यधारा पत्रकारिता के हर हिस्से में किसी-न-किसी रूप में विद्यमान दिखाई पड़ते हैं।

पीत पत्रकारिता का स्थान 'सनसनीखेज' पत्रकारिता ले चुकी है, हालाँकि 'सनसनी' का तत्व किसी समाचार में उसकी प्रकृति से ही निहित हो सकता है। पीत पत्रकारिता का भी सबसे महत्वपूर्ण तत्व 'सनसनी' ही था। लेकिन अब कुछ ऐसे अखबार हैं, जो 'सनसनीखेज' खबरों को ही सर्वोच्च प्राथमिकता देते हैं। इसे आम तौर पर 'टेबलाइड' पत्रकारिता के रूप में जाना जा रहा है। पामेला प्रकरण में ब्रिटेन के 'टेबलायड' पत्रों की भूमिका को देखा जा सकता है। इस पूरे प्रकरण के सामने आते ही सलमान रुश्दी और गोर्बाचोव की ब्रिटेन यात्रा जैसे मसले पृष्ठभूमि में चले गये। पूरे ब्रिटिश समाज और एक हद तक कई अन्य देशों में भी पामेला और उसकी गतिविधियाँ, उसके नयन-नक्श सुर्खियों में छाये रहे। लोग चटखारे लेते रहे। इस प्रकरण के चलते अनेक लोग रातोंरात सुर्खियों में आ गये। पूरा प्रेस पामेला के बारे में छोटी-छोटी जानकारियाँ हासिल करने में जुट गया। बड़े-बड़े खोजी पत्रकार लंदन से दिल्ली भेजे गये। भारत में भी एक मिनी भू-चाल लाने की कोशिश की गयी। कुछ राजनीतिज्ञों को भी पामेला की माँ के साथ घसीटा गया। दिल्ली के पत्रकारों में पामेला की माँ का इंटरव्यू लेने के लिए होड़ मच गयी। मीडिया ने एक ऐसा माहौल पैदा कर दिया कि हरेक संबंधित व्यक्ति पामेला की 'प्रसिद्धि' में एक दाना पाने के लिए लालायित था।

आज के संदर्भ में पीत पत्रकारिता का यह एक अच्छा उदाहरण कहा जा सकता है। इसे पीत पत्रकारिता से अलग करने के लिए 'टेबलॉयड' पत्रकारिता का

नाम दिया गया है, लेकिन इस पूरे प्रकरण के मूल में पीत पत्रकारिता के सारे तत्व मौजूद हैं । सेक्स का तत्व होने और इसमें अनेक नामी-गरामी लोगों का नाम खिंचने से 'टेबलॉयड' पत्रों के लिए यह आदर्श आहार साबित हुआ। फिर लीबिया के संबंध की खोज और राष्ट्रीय सुरक्षा से इसे जोड़ कर जैसे इस पत्रकारिता ने अपना मुंह छिपाने की कोशिश की हो। सच तो यह है कि इन तमाम 'टेबलॉयडों' को सुरक्षा की कोई चिंता ही नहीं थी, उनकी नजर इसके मसालेदार पहलुओं पर थी, जिन्हें उन्होंने पूरी तरह भुनाया । इस प्रकरण की आड़ में इन्होंने कथित 'हाई सोसायटी' और व्यवस्था पर कहीं कोई चोट नहीं की । कोई बुनियादी सवाल नहीं उठाया। पामेला के किससे सेक्स संबंध थे, उसका आचरण कैसा था, कॉल गर्ल के रूप में उसकी गतिविधियां क्या थीं, यही सवाल चर्चा का विषय बने रहे । दिल्ली के एक हिंदी पत्र के संपादकीय का शीर्षक था : पामेला एक रात के 32 हजार रुपये लेती थी। होड़वाले बाजार में इससे अधिक बिकनेवाली क्या चीज हो सकती है !

भारत के संदर्भ में ही देखें । कुछ वर्ष पहले तक बंबई का एक साप्ताहिक पीत पत्रकारिता का अगुआ माना जाता था। उस समय इस अखबार ने एक खास तरह का प्रभाव भी पैदा किया। इसकी पत्रकारिता के कुछ खास राजनीतिक पहलू भी थे। लेकन धीरे-धीरे पाठकों की जागरूकता बढ़ती गयी । पीत पत्रकारिता का यह रूप अब पाठकों को स्वीकार नहीं है । पीत पत्रकारिता के पराभव का एक अन्य कारण यह भी था कि अगर इसने कहीं कोई प्रभाव पैदा भी किया हो तो वह टिकाऊ नहीं रह पाया । इसी बीच समाचारों के बाजार की होड़ भी तेज होने लगी । पीत पत्रकारिता के कई प्रमुख तत्वों को मुख्यधारा पत्रकारिता ने अपना लिया। पीत पत्रकारिता के तत्वों ने बेचे जानेवाले समाचारों को एक अच्छी पैकिंग और खुशबू प्रदान की, भले ही असली चीज गायब हो। पीत पत्रकारिता जब एक तरह से अलग थी, तो लोग उसे देख सकते थे, जान सकते थे । अब यह मुख्यधारा पत्रकारिता से मिल कर खतरनाक हो चुकी है। अब इसे पहचान लेना आसान नहीं रह गया है। अतः सच्चाई पर प्रहार करने और झूठ को सच बनाने की इसकी क्षमता कहीं अधिक बढ़ गयी है। अब झूठ सच के बीच छिप कर पाठकों तक पहुंचता है । सच की हत्या अब केवल पीत पत्रकारिता के जिम्मे नहीं रह गयी है । असली मुद्दों को दबा कर सतही मुद्दे पैदा करने का काम केवल पीत पत्रकारिता के ही जिम्मे नहीं रह गया है। तथ्यों को पूर्वनियोजित उद्देश्य हासिल करने के लिए किसी खास परिप्रेक्ष्य में रखने का काम अब केवल पीत पत्रकारिता ही नहीं करती। नव-पीत पत्रकारिता, जो पत्रकारिता के हर क्षेत्र में प्रवेश कर चुकी है, अब इन सब कामों को अंजाम दे रही है।

भारत के संदर्भ में पीत पत्रकारिता का एक और भी आयाम है। हाल के

वर्षों में राष्ट्रीय स्तर पर शुद्ध पीत पत्रकारिता करनेवाले अखबार या तो विलुप्त हो गये या उनके दमखम में काफी कमी आ गयी है या फिर उन्होंने पत्रकारिता की नयी तकनीकें अपना ली हैं, इसलिए पीत पत्रकारिता के परंपरागत ढांचे में वे पूरी तरह फिट नहीं बैठते हैं, परंतु जिला स्तर पर निकलनेवाले छोटे समाचार पत्रों में अनेक कारणों से विकृतियाँ आयी हैं या विकृतियाँ लिये हुए नये अखबार निकले हैं। आज आम तौर पर जब पीत पत्रकारिता का जिक्र आता है, तो जिला स्तर के प्रेस की ओर इशारा किया जाता है। परंतु यह वर्णन सही नहीं है। अखबार को ब्लैकमेलिंग या तरह-तरह की रियायतें हासिल करने के लिए इस्तेमाल करना पीत पत्रकारिता नहीं कहा जा सकता। यह तो पत्रकारिता का ही दुरुपयोग है। इस दुरुपयोग के लिए पत्रकारिता के तरीके भी अपनाये जा सकते हैं और पीत पत्रकारिता का भी सहारा लिया जा सकता है। पीत पत्रकारिता में झूठी या विकृत छवि प्रतिबिंबित करने का तत्व भी होता है, लेकिन है वह भी पत्रकारिता ही— ब्लैकमेल नहीं। फिर जिला स्तर के सभी अखबार ऐसे नहीं हैं। अनेक छोटे अखबार ऐसे हैं जो मौलिक और व्यावसायिक मूल्यों और सिद्धांतों के पालन में बड़े इजारेदार अखबारों से कहीं आगे हैं। असल में भारत जैसे देश में जिला स्तरीय प्रेस की ओर कभी समुचित ध्यान नहीं दिया गया, जबकि विकास और परिवर्तन के दौर से गुजर रहे हमारे समाज में इनकी महत्वपूर्ण भूमिका हो सकती थी। सांस्कृतिक पहचान के संकट के इस दौर में जिला स्तरीय समाचार पत्रों ने महत्वपूर्ण भूमिका अदा की होती, लेकिन इन्हें ताकतवर और आत्मनिर्भर नहीं होने दिया गया। इसका अर्थ होता देश में मीडिया का विकेंद्रीकरण। सत्ताधारियों के लिए विकेंद्रीकृत मीडिया की अपेक्षा केंद्रीकृत मीडिया को काबू में रखना अधिक आसान होता है। इस कारण जनता के सबसे करीब होते हुए भी जिला प्रेस निस्सहाय और अनाथ हालत में है। जहाँ तक भ्रष्टाचार का सवाल है, क्या वह बड़े पत्रों में कम है? समाज और व्यवस्था के जीवन मूल्यों में आनेवाली गिरावट मीडिया के क्षेत्र में भी देखी जा सकती है। आखिरकार मीडिया भी व्यवस्था का ही एक अंग है।

एक मीडिया सिस्टम से पैदा होनेवाली समस्याओं को पत्रकारिता के फॉर्म के साथ भ्रमित नहीं किया जाना चाहिए। आपातकाल के दौरान देश के लगभग सभी पत्र एक ऐसे व्यक्ति का गुणगान कर रहे थे, जो न किसी पद पर था और न ही जिसे कोई राष्ट्रीय मान्यता थी। इस प्रक्रिया को क्यों नहीं पीत पत्रकारिता के रूप में देखा जाना चाहिए? दरअसल, पीत पत्रकारिता के इस बदलते स्वरूप का सीधा संबंध राजनीति, समाज और मीडिया के क्षेत्र में आये परिवर्तनों से है। पत्रकारिता हमेशा राजनीति से करीब से जुड़ी रही है। लोगों के मस्तिष्क पर नियंत्रण के वैचारिक संघर्ष ने प्रोपेगंडा को जन्म दिया। प्रोपेगंडा भी जन संचार

माध्यमों का ही इस्तेमाल करता है। प्रोपेगंडा का मूल सिद्धांत भी यही है कि कुछ खास तरह के तथ्यों (अनुकूल) को खूब उछाला जाये और दूसरी तरह के तथ्यों (प्रतिकूल) को 'ब्लैकआउट' कर दिया जाये। प्रोपेगंडा का एक दूसरा रूप यह है कि प्रचार माध्यमों की शक्ति का प्रयोग करते हुए ऐसा माहौल पैदा कर दिया जाये कि लोग झूठ को ही सच समझने लगें। विश्व युद्ध और उसके बाद शीत युद्ध के दौरान प्रोपेगंडा खूब फला-फूला। इस पूरी प्रक्रिया में तथ्य और झूठ के प्रोपेगंडा ने समय-समय पर एक-दूसरे का स्थान लिया। इसी दौरान नयी-नयी व्यावसायिक तकनीकें विकसित हुईं। आज इन तकनीकों का इस्तेमाल कर प्रोपेगंडा भी कहीं अधिक परिष्कृत रूप में है। प्रोपेगंडा के लिए हमेशा समाचार माध्यमों का प्रयोग किया जाता रहा। प्रोपेगंडा का स्वरूप और मकसद राजनीतिक था। प्रोपेगंडा, पत्रकारिता और व्यापारिक स्वार्थों के गँठजोड़ से पीत पत्रकारिता का जन्म हुआ। प्रारंभ में पीत पत्रकारिता एक दूसरे ही रूप में राजनीतिक अखबारों से जुड़ी रही। फिर उसने व्यापारिक क्षेत्र में प्रवेश कर लिया। छपाई और डिस्पले में नयी तकनीकों ने पीत पत्रकारिता को नये हथियार दिये हैं।

निष्कर्षत: यह कहा जा सकता है कि आज पीत पत्रकारिता व्यवसाय की एक अलग धारा नहीं रह गयी है, बल्कि यह उसकी एक तकनीक बन कर रह गयी है। एक धारा के रूप में उसका अब स्वतंत्र अस्तित्व नहीं रह गया है, बल्कि वह मुख्य धारा में मिल चुकी है। पत्रकारिता के विस्तार के दो किनारों पर तो गंभीर पत्रकारिता और पीत पत्रकारिता का अंतर थोड़ा दिखाई पड़ सकता है, लेकिन बीच के बड़े क्षेत्र में इनमें फर्क कर पाना मुश्किल नहीं रह गया है। पत्रकारिता में हाल ही के परिवर्तनों के उपरांत समाचार तंत्र पर नये दबाव पैदा हुए हैं। बाजार की होड़ ने पीत पत्रकारिता को अधिक सम्माननीय तरीके से जिंदा रखा है।

आचार संहिता की जरूरत

रामजी प्रसाद सिंह

संसार में नयी सूचना व्यवस्था कायम करने के उद्देश्य से संचार साधनों की स्थिति का अध्ययन करने के लिए युनेस्को द्वारा 1977 में नियुक्त मैकब्राइड आयोग की रिपोर्ट के अनुसार, 1979 में लगभग 60 देशों में प्रेस और पत्रकारों के लिए आचार संहिता बनायी जा चुकी थी। आकार-प्रकार में वह एक-दूसरे से भिन्न थे, किन्तु कुछ मामलों में सभी में समान प्रावधान मौजूद थे। कुछ देशों में सभी प्रकार के संचार साधनों के लिए समान आचार संहिता थी, तो कुछ में समाचार पत्रों के लिए अलग, प्रसारण संस्थाओं के लिए अलग और सिनेमा घरों के लिए अलग। किन्तु अधिकांश देशों में आचार संहिता का निर्माण स्वयं व्यवसाय के लोगों ने ही किया था।

प्रायः सभी देशों में निर्धारित संहिताओं में सन्तुलित, निष्पक्ष और निर्विकार रूप से सही समाचार देने और सूचना पाने के मौलिक अधिकार पर बल दिया गया है। उनमें सामाजिक और धार्मिक सौहार्द बनाने, शांति और सुरक्षा को बढ़ावा देने, अपमानजनक लेखों से परहेज करने, व्यक्ति विशेष के निजी मामलों में हस्तक्षेप न करने, व्यावसायिक गोपनीयता बरतने, स्वाधीनता और एकजुटता की शक्तियों को बढ़ावा देने, धन के लालच में समाचार देने या दबाने की प्रवृत्ति को रोकने इत्यादि का संकल्प शामिल था। कुछ देशों ने सांस्कृतिक, सामाजिक और जातीय आवश्यकताओं को ध्यान में रख कर कुछ विशेष प्रावधान तो किये थे, परन्तु उनमें अन्तर्राष्ट्रीय सौहार्द बनाने की दृष्टि से विशेष प्रावधान का अभाव था।

मैकब्राइड आयोग ने इस बात की ओर ध्यान दिलाया कि आचार संहिता की आवश्यकता पत्रकारों से अधिक पत्र मालिकों के लिए है, क्योंकि पत्रकारों पर उनका नियंत्रण होता है। आयोग ने पाठकों, श्रोताओं और दर्शकों के हितों के साथ-साथ पत्रकारों, संपादकों और विज्ञापनदाताओं सभी के हितों को ध्यान में रख कर सभी देशों में संचार कर्मियों के लिए आचार संहिता बनाने की

आवश्यकता महसूस की। इसके लिए उसने राष्ट्रीय और क्षेत्रीय स्तर पर आचार संहिता के निर्माण पर बल दिया। किन्तु यह सिफारिश भी की कि यह आचार संहिता स्वयं पत्र व्यवसाय के संगठनों को बनानी चाहिए। इसमें सरकार का किसी प्रकार का हस्तक्षेप नहीं होना चाहिए।

संचार माध्यमों के पास निर्माण करने की जितनी शक्ति है, उतनी ही संहार करने की शक्ति। वह अपनी शक्ति का इस्तेमाल नवनिर्माण के लिए करें, इसके लिए आचार संहिता बनाये जाने की आवश्यकता पर भारत में स्वतंत्रता प्राप्ति के समय से ही जोर दिया जा रहा है। सत्तारूढ़ राजनीतिज्ञों द्वारा इसके लिए विशेष आग्रह किया जाता रहा है। लेकिन पत्रकारों को यह मंजूर नहीं कि ऐसी कोई संहिता सरकार द्वारा लादी जाये। वस्तुत: भारतीय प्रेस अपनी स्वाधीनता के लिए अपने जन्म काल से ही लड़ता आया है। इसके लिए राजा राममोहन राय को 1823 में सरकार को स्मरणपत्र देना पड़ा था, जिसकी प्रतिलिपि राष्ट्रीय अभिलेखाकार में सुरक्षित है। अनेक पत्रकारों ने अपनी स्वाधीनता की रक्षा के लिए जान कुरबान की, कुछ फाँसी पर चढ़े और सैकड़ों ने जेल यात्राएँ स्वीकार कीं। लेकिन भारतीय पत्रकारों ने सरकार को कोई आचार संहिता बनाने की अनुमति नहीं दी, यद्यपि वे स्वयं इस ओर से गाफिल नहीं थे। वे जानते थे कि हर व्यवसाय में कोई न कोई 'काली भेड़' जरूर निकल आती है। इसलिए अखिल भारतीय संपादक सम्मेलन ने 1953 में 14 सूत्रीय आचार संहिता तैयार की। इसके पहले पंडित मदनमोहन मालवीय, गणेशशंकर विद्यार्थी और माखनलाल चतुर्वेदी ने भी अपनी-अपनी ओर से आचार संहिता बना कर प्रचारित की थी। हिन्दी पत्रकारिता के भीष्म पितामह बाबूराव विष्णुराव पराड़कर ने भी दैनिक 'आज' के लिए एक आचार संहिता निर्धारित की थी, जिसके कारण उक्त दैनिक के मालिक शिवप्रसाद गुप्त को एक बार स्वयं अपना भाषण विज्ञापन के रूप में छपवाना पड़ा था। पराड़कर जी ने उसे समाचार के रूप में छापने से इनकार कर दिया था।

जिस पत्रकार समाज में मूल्यों और आदर्शों के प्रति इतनी निष्ठा हो, वहाँ सरकार की ओर से कोई आचार संहिता थोपने का प्रयास विफल होना स्वाभाविक था, यद्यपि इसकी कोशिश बराबर होती रही। भारतीय प्रेस ने 1951 में प्रेस (आपत्तिजनक सामग्री) अधिनियम के निर्माण के समय उसका जोरदार विरोध किया। प्रथम संविधान संशोधन अधिनियम पर विचार के समय भी भारतीय प्रेस ने अपनी स्वाधीनता की माँग बुलन्द की, जिसके फलस्वरूप प्रधानमंत्री जवाहरलाल नेहरू ने प्रथम प्रेस आयोग की नियुक्ति की घोषणा की। उसके बाद भी भारत में प्रेस पर पाबंदी लगाने की कोशिश होती रही, जिसकी अंतिम कड़ी राजीव राज में प्रस्तुत मानहानि विधेयक था, लेकिन पत्रकार जमात के प्रबल

विरोध तथा तगड़े जन समर्थन के कारण कोई भी ऐसा प्रयत्न सफल न हो सका।

जब प्रथम प्रेस आयोग ने 1954 में यह सिफारिश की कि भारतीय प्रेस की स्वतंत्रता की सुरक्षा के लिए भारतीय प्रेस परिषद की स्थापना की जाये और उसे समाचार पत्रों और पत्रकारों के लिए एक आचार संहिता बनाने का अधिकार दिया जाये, तो भारतीय प्रेस में इसकी मिश्रित प्रतिक्रिया हुई। जो इसके विरुद्ध थे, उनकी दलील थी कि भारतीय प्रेस की आचार संहिता संविधान ने अनेक धाराओं में निर्धारित कर दी है। संविधान के अनुसार संसद, सांसदों, विधायकों और विधानमण्डलों की मर्यादा का उल्लंघन करना, भारत की प्रभुता और अखण्डता तथा राज्य की सुरक्षा और विदेशी राज्यों के साथ मैत्रीपूर्ण सम्बन्धों पर आघात पहुँचाना और लोक व्यवस्था, शिष्टाचार या सदाचार के नियमों का उल्लंघन निषिद्ध है। इसी तरह किसी के विरुद्ध अपमानजनक या मानहानिकारक लेख आदि लिखना या हिंसा भड़काने की प्रेरणा देना भी वर्जित है। इसके अलावा भारतीय श्रमजीवी पत्रकार संघ, अ० भा० समाचार पत्र संपादक सम्मेलन, राष्ट्रीय पत्रकार संघ आदि ने आचार संहिता पहले से निर्धारित कर रखी है, इसलिए किसी नयी आचार संहिता की आवश्यकता नहीं है।

फिर भी भारतीय प्रेस परिषद की रूपरेखा में कुछ आकर्षक बातें थीं, जिसके कारण उसका अधिक विरोध नहीं हुआ। संयोगवश उन्हीं दिनों संयुक्त राष्ट्र संघ ने भी प्रेस के अधिकारों का एक प्रारूप तैयार कर प्रसारित किया था, जिसमें प्रेस के लिए आचार संहिता भी शामिल थी। उसमें सूचनाधिकार को मूल मानवाधिकार माना गया था, साथ ही प्रेस के लिए लोक हित में सही समाचार देने, निजी मामलों से परहेज करने आदि का प्रावधान भी उसमें शामिल था। इसका भारत पर भी प्रभाव पड़ा और भारत सरकार ने प्रथम प्रेस आयोग (1954-36) की सिफारिश के आधार पर प्रेस काउंसिल ऑफ इंडिया ऐक्ट, 1965 पारित कराया।

1966 में न्यायाधीश जे० आर० मधालकर की अध्यक्षता में भारत की प्रथम प्रेस काउंसिल (भारतीय प्रेस परिषद) की स्थापना की गयी। पत्रकारों के लिए आचार संहिता बनाना उसका प्रमुख उद्देश्य था। उसके अन्य उद्देश्य थे : संचार कर्मियों को उनके मौलिक अधिकारों तथा उत्तरदायित्वों से परिचित कराना, उनमें उत्तरदायित्व की भावना जाग्रत करना, समाचार पत्रों पर एकाधिकार समाप्त करने के उपाय बताना, संचार जगत में अनुसंधान एवं विकास को बढ़ावा देना आदि। भारतीय प्रेस परिषद को समाचारों के विरुद्ध शिकायतों की जाँच करने तथा समाचार पत्रों एवं समाचार पत्र कर्मियों पर नाजायज दबाव की शिकायतों की जाँच के लिए अपनी प्रक्रिया निर्धारित करने का भी अधिकार

दिया गया। साथ ही उसे पत्रकारिता के सर्वमान्य सिद्धांतों की अवहेलना कर पीत या अश्लील पत्रकारिता करने, हिंसा उकसाने अथवा चरित्र हनन करनेवाले समाचार पत्रों और पत्रकारों को चेतावनी देने तथा उनकी निंदा या भर्त्सना करने का अधिकार भी दिया गया।

परिषद के अध्यक्ष सर्वोच्च न्यायालय अथवा उच्च न्यायालय के न्यायाधीश स्तर के व्यक्ति होते हैं। इसमें कुल 28 सदस्य होते हैं। इनमें 20 श्रमजीवी पत्रकारों, पत्र मालिकों, संपादकों और संवाद समितियों की प्रतिनिधि संस्थाओं द्वारा चुने जाते हैं। एक-एक प्रतिनिधि विश्वविद्यालय आयोग, बार काउंसिल ऑफ इंडिया और साहित्य अकादमी का होता है। संपादकों में तीन अंग्रेजी समाचार पत्रों से और तीन भाषाई समाचार पत्रों से लिये जाते हैं। श्रमजीवी पत्रकारों के 7 और प्रेस मालिकों एवं व्यवस्थापकों के 6 प्रतिनिधि होते हैं। संसद सदस्यों में 3 लोक सभा और 2 राज्य सभा के सदस्य होते हैं। इनका कार्यकाल तीन वर्ष का होता है।

अपने तीन दशक के इतिहास में भारतीय प्रेस परिषद को अपने कर्तव्यों के निर्वाह में अनेक संकटों का सामना करना पड़ा है। दो-तीन वर्षों तक भारतीय श्रमजीवी पत्रकार महासंघ ने इसका बहिष्कार किया। उसकी शिकायत थी कि परिषद में मनोनयन की पद्धति त्रुटिपूर्ण होने के कारण श्रमजीवी पत्रकारों को समुचित प्रतिनिधित्व नहीं मिलता। 1970 में भारतीय प्रेस परिषद अधिनियम में संशोधन के बाद भी राष्ट्रीय पत्रकार संघ को प्रतिनिधित्व दिये जाने के सवाल पर विवाद बना रहा। 1976 में आपातकाल में प्रेस काउंसिल ऐक्ट को एक अध्यादेश द्वारा समाप्त कर दिया गया था। इसका औचित्य प्रतिपादित करते हुए तत्कालीन सूचना मंत्री विद्याचरण शुक्ल ने भारतीय प्रेस परिषद पर यह आरोप लगाया था कि पत्रकारों के लिए आचार संहिता तैयार करने की अपनी जिम्मेदारी उसने 10 वर्षों में भी पूरी नहीं की। अतः यह संस्था निरर्थक सिद्ध हुई है।

जनता पार्टी की सरकार ने भारतीय प्रेस परिषद अधिनियम 1978 में फिर से पारित कराया, सर्वोच्च न्यायालय के भूतपूर्व न्यायाधीश ए० एम० ग्रोवर की अध्यक्षता में परिषद की फिर से स्थापना की और समाचार पत्र संगठनों के प्रतिनिधित्व का विवाद सभी पक्षों से बातचीत कर निपटा दिया। तब से यह संस्था निरंतर काम कर रही है। उसने सैकड़ों समाचार पत्रों के विरुद्ध शिकायतों की जाँच की है और अनेक की निंदा और भर्त्सना की है। प्रेस की स्वाधीनता को सरकारी दबाव अथवा विज्ञापनदाताओं के दबाव से मुक्त रखने के लिए उसने कई राज्य सरकारों अथवा विज्ञापन देनेवाले संगठनों के विरुद्ध कड़ी टिप्पणी की। एक बार हरियाणा सरकार ने राज्य सरकार की विज्ञापन नीति में दखल देने के प्रेस

परिषद के अधिकार को चुनौती देने की चेष्टा की थी, किंतु वह सफल नहीं हो सकी।

समाचार पत्रों के विरुद्ध प्रेस परिषद के समक्ष शिकायत करने के पहले परिषद यह अपेक्षा करती है कि शिकायतकर्ता सम्बन्धित संपादक के पास शिकायत करें और उनके स्तर से न्याय न मिले, तभी प्रेस परिषद के पास आयें। प्रेस परिषद अर्धन्यायालीय संस्था के रूप में शिकायतों की जांच करती है। अत: उसकी जांच की कार्यवाही को न्यायालय की कार्यवाही की तरह भारतीय दण्ड संहिता की धारा 193 और 228 का संरक्षण प्राप्त है, परन्तु पर्याप्त साधनों के अभाव में वह यथेष्ट कार्य नहीं कर पाती। उसे किसी पत्र या पत्रकार को दण्ड देने का अधिकार भी नहीं है। फिर भी संसद, शीर्ष शैक्षिक संस्थाओं और पत्रकारों के सभी वर्गों का प्रतिनिधित्व प्राप्त सर्वोच्च संस्था होने के नाते उसकी टिप्पणियों और अभियुक्तियों की सारे देश में कदर होती है। द्वितीय प्रेस आयोग ने उसे दंडात्मक शक्ति प्रदान करने की सिफारिश की है। उसने सुझाव दिया है कि जिस पत्र के विरुद्ध भारतीय प्रेस परिषद तीन बार प्रतिकूल टिप्पणी दे, उसका पंजीकरण समाप्त कर दिया जाये। इस सुझाव से आयोग के कुछ सदस्यों की असहमति थी। फलतः सरकार ने प्रेस परिषद को दण्डात्मक शक्ति देने का सुझाव अमान्य कर दिया।

प्रथम प्रेस आयोग ने प्रस्तावित भारतीय प्रेस परिषद को यह दिशा निर्देश दिया था कि समाचार पत्रों और पत्रिकाओं के लिए आचार संहिता बनाते समय निम्न बातों पर ध्यान रखा जाये :

1. प्रेस जनमत बनाने का मुख्य साधन है। वह अपने इस कर्तव्य का पालन एक न्यासी (ट्रस्टी) के रूप में करे।
2. प्रेस मूल मानवीय एवं सामाजिक अधिकारों को समुचित आदर दे।
3. सही समाचारों का संकलन, विवरण और प्रकाशन हो और प्रेस द्वारा टीका-टिप्पणी करने का समुचित अधिकार सुरक्षित हो।
4. तनाव एवं हिंसा भड़कानेवाली खबरों से बचें।
5. समाचार तोड़-मरोड़ कर न दें।
6. प्रेस अपने समाचारों के लिए जिम्मेदारी स्वीकार करे।
7. अपुष्ट खबरों के बारे में स्वयं यह संकेत दें कि अमुक-अमुक खबरें किन सूत्रों से और किस अवस्था में प्राप्त हुईं।
8. प्रेस को अपने समाचार सूत्र का उद्घाटन करने के लिए बाध्य नहीं किया जाये, किंतु न्यायालय और प्रेस परिषद को आवश्यक होने पर सूत्र जानने का अधिकार हो।

9. पत्रकार व्यावसायिक आचरण को वरीयता दें। अपने व्यक्तिगत हितों को प्रश्रय न दें।
10. गलत समाचार का निराकरण तत्परता से करें और खंडन/प्रतिवाद इत्यादि का समुचित ढंग से प्रकाशन करें।
11. प्रेस अपने व्यवसाय की प्रतिष्ठा के अनुकूल आचरण करे और अपनी प्रतिष्ठा का नाजायज फायदा उठाने की चेष्टा न करे।
12. लालच में आ कर न कोई समाचार दें और न किसी समाचार को दबाने की चेष्टा करें।
13. व्यक्तिगत विवादों को, जिनका समाज के हित से कोई संबंध नहीं हो, उजागर न करें।
14. निजी जीवन के संबंध में कोई अफवाह न फैलायें और निजी मामलों को तब तक उजागर नहीं करें, जब तक समाज के व्यापक हित में उनका प्रकाशन अनिवार्य न हो।
15. निराधार आरोप लगाने से परहेज करें।
16. साहित्यिक चोरी को गंभीर व्यावसायिक अपराध मानें।
17. संकटग्रस्त और आक्रांत परिवारों के समाचार, फोटो इत्यादि समझ-बूझ कर दें। उन्हें ऐसा समाचार देने के लिए बाध्य न करें, जिसके कारण उनका कष्ट बढ़े।

भारतीय प्रेस परिषद ने इन दिशा निर्देशों को सामने रख कर पत्रकारों और समाचार पत्रों के लिए आचार संहिता बनाने का प्रयास आरंभ कर दिया। किंतु परिषद अंततः इस निष्कर्ष पर पहुँची कि आचार संहिता एक साँस में नहीं बनायी जा सकती। परिषद के फैसले और परिषद द्वारा दी गयी व्यवस्थाएँ स्वतः कालक्रम में आचार संहिता का रूप ले लेंगी। 1984 में भारतीय प्रेस परिषद ने अपने 18 वर्षों के कार्यकाल में घोषित निर्णयों का सारांश, भारतीय विधि आयोग की सहायता से, प्रकाशित किया। उसमें परिषद द्वारा प्रेस के लिए प्रतिपादित सिद्धांतों की अंतरिम सूची दी गयी है। इसमें सांप्रदायिक लेखन, प्रतिवाद प्रकाशन, अपुष्ट समाचार, मानहानिकारक समाचार, अश्लील समाचार और पत्रकारीय सदाचार संबंधी सिद्धांत शामिल हैं।

वैसे समाचार पत्र संगठनों ने 1950 के आसपास ही आचार संहिता बनाने का निर्णय कर लिया था। उसके बाद श्रमजीवी पत्रकार संघ समेत विभिन्न संगठनों ने अपनी आचार संहिता प्रकाशित की। अखिल भारतीय समाचार पत्र संपादक सम्मेलन द्वारा पारित आचार संहिता में कहा गया है :

1. प्रेस जन मत निर्धारण का मुख्य साधन है। अतः पत्रकारों को अपना कार्य ट्रस्टी समझ कर करना चाहिए तथा जन हित की सेवा और देश की सुरक्षा के

लिए उन्हें सदा तत्पर रहना चाहिए।

2. पत्रकारों को मूल मानवीय और सामाजिक अधिकारों का उचित आदर करना चाहिए। अपनी वृत्ति या पेशे को पुनीत मान कर समाचार देते समय पत्रकार को हमेशा निष्ठावान और न्यायनिष्ठ होना चाहिए।
3. जातीय, धार्मिक और आर्थिक मतभेदों से उत्पन्न विवादों के समाचार देते समय या उन पर टीका-टिप्पणी करते समय पत्रकारों को संयम बरतना चाहिए।
4. पत्रकार यह देखें कि समाचारों में तथ्य की कोई गलती न हो। जानबूझ कर गलत बात न छापी जाये और न आवश्यक तथ्य छिपाया जाये। जो कुछ छपे, उसकी सारी जिम्मेवारी पत्रकार स्वीकार करें। यदि किसी लेख विशेष की जिम्मेदारी अपने ऊपर लेने में असमर्थ हों, तो पत्र में इसका उल्लेख कर दिया जाये।
5. अफवाह और अपुष्ट समाचारों को अफवाह और अपुष्ट समाचार बता कर ही लिखा जाये।
6. वृत्तिक (व्यावसायिक) गोपनीयता की रक्षा पत्रकारों का कर्तव्य है।
7. व्यक्तिगत हितों की साधना के लिए पत्रकारिता का दुरुपयोग नहीं होना चाहिए।
8. गलत समाचारों का तुरंत और स्वेच्छया खंडन किया जाये।
9. ऐसे उद्देश्यों के लिए, जिनका संबंध पत्रकारिता से नहीं है, इस व्यवसाय की सहायता लेना पत्रकारिता का दुरुपयोग है।
10. किसी बात को प्रकाशित करने या प्रकाशित न करने के लिए घूस मांगने या घूस स्वीकार करने से बढ़ कर पत्रकार के लिए और कोई बुरी बात नहीं। समाचारों तथा तथ्यों के संकलन और प्रकाशन की स्वतंत्रता तथा उचित टीका-टिप्पणी करने का अधिकार ऐसे सिद्धांत हैं, जिनकी रक्षा करने के लिए हर पत्रकार को हमेशा तत्पर रहना चाहिए।
11. पत्रकार अनुचित तरीकों से अपने सहयोगियों का कैरियर खराब करने का प्रयत्न न करें और न ही अपने पद या व्यवसाय का किसी अन्य काम के लिए दुरुपयोग करें।
12. पत्रकारों को अपने सहयोगी पत्रकारों और सार्वजनिक कार्यकर्ताओं का हमेशा विशेष सम्मान करना चाहिए।
13. समाचार पत्रों में व्यक्तिगत वाद-विवाद जारी रखना पत्र व्यवसाय की प्रतिष्ठा के प्रतिकूल मानना चाहिए।
14. किसी के व्यक्तिगत जीवन के संबंध में निराधार बातें तथा अफवाहें छापना निषिद्ध है। जन हित में आवश्यक हो, तभी निजी मामलों का प्रकाशन प्रामा-

णिक रूप से किया जाना चाहिए।

अखिल भारतीय समाचारपत्र संपादक सम्मेलन ने संपादकों का अधिकार पत्र भी तैयार किया था। इसका उद्देश्य समाचार पत्रों में संपादकीय स्वाधीनता की रक्षा करना और स्वत्वाधिकारियों की मनमानी पर किंचित अंकुश लगाना था। 'संपादकों का चार्टर' के नाम से मशहूर यह घोषणा पत्र निम्न प्रकार था—

1. संपादकीय नीति लागू करने, संपादकीय विभाग के कर्मियों को अनुदेश देने तथा पत्र संचालन में संपादक को पूर्ण स्वतंत्रता होगी।
2. समाचार पत्र का प्रबंध बोर्ड संपादक के साथ विचार-विमर्श करवार्षिक बजट तैयार करेगा।
3. संपादकीय स्टाफ तथा पत्र की विषयवस्तु के संपादक का निर्णय अंतिम होगा।
4. संपादकीय विभाग से संवंधित सभी मामलों में संपादक प्रबंध मंडल से सीधा संपर्क रखेगा।
5. संपादकीय विभाग के किसी कर्मचारी की विशेष योग्यता को मान्यता देते हुए उसे विशेष वेतन वृद्धि देने का अधिकार संपादक को होगा।
6. संपादक ही पत्र की नीति का संचालन करेगा, उच्च मानदंडों को बनाये रखेगा, सभी प्रकार के दबावों का प्रतिरोध करेगा, संपादकीय विभाग के सदस्यों में सामुदायिक भावना विकसित करेगा तथा समाज के हितों की निष्पक्षता से रक्षा करेगा।
7. संपादक को सरकार तथा मालिकों से उनके आपसी संबंधों में समाचार पत्र की संपादकीय नीति के संदर्भ में अपने कार्यों के निर्वाह में स्वतंत्रता दी जानी चाहिए।
8. प्रबंध मंडल तथा संपादक के वीच मतभेदों के कारण यदि संपादक त्यागपत्र दे अथवा उसे हटा दिया जाये, तो वह शेष छुट्टियों के बदले में वेतन तथा छह माह की ग्रेच्युटी तथा वेतन का हकदार होगा।

अखिल भारतीय समाचार पत्र संपादक सम्मेलन ने ही 1976 में आपात स्थिति के दौरान केंद्र सरकार की पहल पर 17 प्रमुख संपादकों की एक समिति की सिफारिश पर एक 14 सूत्री आचार संहिता तैयार की थी। इसे तत्कालीन सूचना एवं प्रसारण मंत्री विद्याचरण शुक्ल ने संसद के दोनों सदनों में जनवरी 1976 में पेश किया था। इसमें यह प्रावधान था कि पत्रकार और समाचार पत्र ऐसे समाचार प्रकाशित नहीं करेंगे, जिनके कारण उथल-पुथल मच जाये या विद्रोह या बगावत की संभावना उत्पन्न हो। प्रेस पर लोकतंत्र, धर्मनिरपेक्षता और समाजवाद को बढ़ावा देनें का भी दायित्व सौंपा गया। इस आचार संहिता का सबसे हास्यास्पद पक्ष यह था कि उसमें आपातकाल के दौरान लगायी गयी सेंसरशिप का

कोई जिक्र ही नहीं था।

आपातस्थिति होने के कारण इन प्रावधानों का प्रकट रूप से विरोध नहीं किया गया, लेकिन आपातस्थिति समाप्त होने के बाद देश के पत्रकार पूरी तरह दो भाग में बँट गये। नेशनल यूनियन ऑफ जर्नलिस्ट्स ने इन प्रावधानों का विरोध किया और अपनी एक नयी आचार संहिता बनायी। उनका संपूर्ण घोषणा पत्र तथा 12 सूत्री आचार संहिता इस प्रकार है :

'हम भारत के श्रमजीवी पत्रकार, जो अपने व्यवसाय को ट्रस्ट समझते हुए, स्वतंत्र तथा निष्पक्ष ढंग से समाचारों तथा टिप्पणियों को प्रकाशित कर, जन हित की रक्षा में विश्वास रखते हैं, यह मत व्यक्त करते हैं कि प्रेस की स्वतंत्रता तथा जानने का अधिकार अहरणीय है तथा लोकतांत्रिक प्रक्रिया में अंतर्निहित है और यह महसूस करते हैं कि प्रेस तथा समाज तभी विकास कर सकते हैं जब प्रत्येक व्यक्ति स्वतंत्र रूप से मौलिक मानवीय अधिकारों का उपयोग करे और इन्हें मजबूत बनाये। अतः हम इन अधिकारों का समर्थन एवं इनकी रक्षा का संकल्प करते हैं तथा यह मानते हैं कि पत्रकार का यह दायित्व है कि वह व्यक्तिगत एवं वृत्तिक गरिमा तथा अखंडता के मानदंडों को बनाये रखे; वह सिर्फ भय और पक्षपातरहित ही नहीं हो, वरन व्यावहारिक रूप में भी ऐसा ही दीख पड़े।

'हम यह प्रतिज्ञा करते हैं तथा घोषित करते हैं—

1. हम किसी भी कीमत पर तथ्यों को संकलित करने, प्रकाशित करने तथा निष्पक्ष टिप्पणी और आलोचना के अधिकार की रक्षा करेंगे।
2. हम समाचारों को लिखने तथा उनका विश्लेषण करते समय ईमानदारी बरतने का प्रयास करेंगे, सभी प्रकार के दबावों के होते हुए भी आवश्यक तथ्यों को नहीं दबायेंगे तथा सही ढंग से कार्य करने के नियमों की रक्षा व अनुपालन करेंगे।
3. हम किसी भी अधिकारी के द्वारा किसी भी रूप में लागू की गयी सेंसरशिप को स्वीकृत अथवा न्यायपूर्ण नहीं बतायेंगे तथा हम स्वयं किसी अन्य पर सेंसरशिप लगाने का प्रयास नहीं करेंगे।
4. मानवीय मौलिक अधिकारों तथा जन हित की रक्षा का हम प्रयत्न करेंगे।
5. व्यक्तिगत स्वार्थों के लिए हम अपने पद के द्वारा न तो किसी का शोषण करेंगे और न ही स्वयं का शोषण होने देंगे। व्यावसायिक आचरण को व्यक्तिगत मामलों में प्रभावित नहीं होने देंगे। पत्रकारिता के व्यवसाय की प्रतिष्ठा व अखंडता के प्रति जन विश्वास बनाये रखेंगे। केवल वही कार्य करेंगे, जो पत्रकारिता की गरिमा और अखंडता के अनुकूल हो।
6. हम जान-बूझ कर किसी व्यक्ति के व्यक्तिगत अधिकारों तथा भावनाओं का अतिक्रमण नहीं करेंगे, किंतु हम सार्वजनिक रूप से प्रभावशाली व्यक्तियों के

कुकर्मों का जन हित में परदाफाश करने के अधिकार पर समझौता नहीं करेंगे, क्योंकि सार्वजनिक मामले सार्वजनिक रूप से ही हल किये जाने चाहिए।

7. किसी समाचार को प्रकाशित करने या न करने के लिए रिश्वत लेने को हम गम्भीर वृत्तीय अपराध मानेंगे।
8. व्यावसायिक दायित्वों का निर्वाह करते समय पत्रकार तथा प्रेस पर किसी भी क्षेत्र से किसी भी रूप में पड़नेवाले दबावों का हम एक साथ तथा व्यक्तिगत स्तर पर विरोध करेंगे।
9. हम विश्वास का सम्मान करेंगे और वृत्तिक गोपनीयता की रक्षा करेंगे।
10. व्यावसायिक स्तरोन्नयन तथा कार्य की गुणात्मक वृद्धि के लिए हम सतत प्रयत्न करते रहेंगे।
11. सांप्रदायिक उन्माद तथा सामाजिक तनाव की स्थिति में जनता के जानने के अधिकार के प्रति किसी प्रकार का पूर्वाग्रह न रखते हुए हम आत्मनियंत्रण तथा विवेक से काम लेंगे।
12. अपने कार्य, दायित्व तथा स्थिति को देखते हुए हम सामूहिक रूप से अच्छा वेतन तथा बेहतर सेवा शर्तें प्राप्त करने के लिए सतत प्रयत्न करते रहेंगे। हम अपने साथी पत्रकारों के आर्थिक अथवा व्यावसायिक हितों को गलत तरीके से हानि नहीं पहुँचायेंगे।'

12 मार्च 1989 को पटना उच्च न्यायालय के न्यायाधीश प्रभाशंकर मिश्र तथा विनोद कुमार राय के खंडपीठ ने हिन्दुस्तान टाइम्स, पटना संस्करण के मामले में पत्रकारों के लिए यह आचार संहिता प्रस्तावित की थी :

1. प्रेस जन मत बनाने का मूल साधन है, इसलिए पत्रकारों को एक न्यासी के रूप में काम करना चाहिए तथा जन हित की रक्षा/सेवा करनी चाहिए।
2. अपने कर्तव्यों के निर्वाह में पत्रकारों को नागरिकों के मौलिक अधिकारों और समाज के अधिकारों का खयाल रखना तथा समाचारों को और विश्वस्त बनाना चाहिए।
3. पत्रकारों को ईमानदारी से समाचार संकलित और प्रकाशित करने तथा सिद्धांतों के आधार पर समुचित टीका-टिप्पणी करने का अधिकार होना चाहिए।
4. पत्रकारों को ऐसी टीका-टिप्पणियों से परहेज करना चाहिए, जिनके कारण तनाव और हिंसा भड़कने की संभावना हो।
5. पत्रकारों को यह प्रयास करना चाहिए कि उनके द्वारा प्रेषित समाचार सर्वथा सही हों, कोई तथ्य तोड़ा-मरोड़ा नहीं जाये और न ही आवश्यक सूचनाएँ दबायी जायें। गलत जान पड़नेवाली सूचनाएँ प्रकाशित न करनी

चाहिए।

6. प्रकाशित समाचारों और टिप्पणियों के लिए जिम्मेदारी स्वीकार करनी चाहिए और अगर जिम्मेदारी नहीं लेनी हो, तो इसका उल्लेख समाचार में स्पष्ट रूप से कर देना चाहिए।
7. अपुष्ट समाचारों के बारे में स्पष्ट लिखना चाहिए कि अमुक समाचार की पुष्टि नही हुई है।
8. पत्रकारों को गोपनीयता बरतनी चाहिए, लेकिन भारतीय प्रेस परिषद और न्यायालय के समक्ष इस पर जोर नहीं देना चाहिए।
9. पत्रकारों को अपने व्यावसायिक हितों पर आँच नहीं आने देना चाहिए। साथ ही व्यक्तिगत स्वार्थों के लिए सामाजिक हितों को तिलांजलि नहीं देनी चाहिए।
10. अपूर्ण समाचारों को स्वयं सुधारना चाहिए।
11. पत्रकारों को अपने व्यवसाय की गरिमा और प्रतिष्ठा बनाये रखनी चाहिए और अपने व्यवसाय का दुरुपयोग नहीं होने देना चाहिए।
12. पत्रकारों द्वारा घूस लेने से कोई और बुरी बात नहीं हो सकती।
13. पारस्परिक विवादों को, जिसका जन हित से कोई ताल्लुक न हो, जारी रखना, पत्रकारिता के सिद्धांतों के विरुद्ध है।

कुल मिला कर स्थिति यह है कि पत्रकारिता के क्षेत्र में आचार संहिता की जरूरत बराबर महसूस होती रही है और उसका एक तरह से विकास भी होता रहा है। लेकिन आचार संहिता का कोई ठोस रूप अभी तक उभर नहीं सका है। यह अब भी मुख्यत: निजी विवेक का मामला है। संभवत: प्रत्येक प्रकार की स्वतंत्रता के साथ यही स्थिति है। बहरहाल, पत्रकारों की आचार संहिता के सवाल पर महात्मा गाँधी की यह उक्ति हमेशा प्रासंगिक रहेगी :

'समाचार पत्रों का मुख्य उद्देश्य जन सेवा होना चाहिए। समाचार पत्र शक्ति का विराट स्रोत होता है, लेकिन जिस प्रकार अनियंत्रित नदियां गांवों को डुबा देती हैं, फसलों को नष्ट कर देती हैं, उसी प्रकार अनियंत्रित कलम निर्माण के बदले विध्वंस कर देती है। लेकिन इस पर बाहर का नियंत्रण और अधिक घातक होगा। सच्चे अर्थों में लाभ तभी होगा, जब इसमें आत्मानुशासन हो।'

□□□